Ulrike Vinmann
Reinkarnationstherapie zur Heilung der Seele

Ulrike Vinmann

Reinkarnationstherapie
zur Heilung der Seele

Die Ursprünge psychischer Verletzungen
erkennen und überwinden

Aquamarin Verlag

1. Auflage 2004
© Aquamarin Verlag GmbH
Voglherd 1 • D-85567 Grafing

Umschlaggestaltung: Annette Wagner
Druck: Ebner & Spiegel • Ulm

ISBN 3-89427-270-8

Inhalt

Danksagung... 7
Einleitung 9

1. Gesellschaftliche Hintergründe für
   seelische Verletzungen...13
   1.1 Die Wurzeln unserer christlichen Kultur 14
   1.2 Die Hexenverfolgung 22
       Mona.. 25
       Birgit...27
   1.3 Traumvorstellungen und die „ewige Pubertät" . 29
   1.4 Männer und Mütter.. 34
   1.4.1 Der Fall Ernst 37
   1.5 Die kastrierte Weiblichkeit 42
   1.6 Die Enteignung des weiblichen Körpers........... 50
   1.7 Sexuelle Störungen bei Männern 54

2. Sexueller Missbrauch 61
   2.1 Babette...61
   2.2 Auswirkungen von sexuellem Missbrauch.........67
   2.2.1 Idealisierung des Missbrauchers 68
   2.2.2 Störungen der emotionalen Entwicklung......... 70
   2.2.3 Das Borderline-Syndrom 78
   2.2.4 Rollendiffusion und Pseudo-Partnerschaften 87
   2.2.5 Missbrauch und Betrug – zwei Seiten
         einer Medaille.. 92
   2.2.6 Bettina 94
   2.2.7 Schönheitsoperationen.................................... 98
   2.2.8 Süchte 103
   2.2.9 Die Übernahme fremder Energie................... 111

2.3	Sexuelle Übergriffe in Therapien	114
2.4	Wie wird ein Mann zum Missbraucher?	116

3. Chronische Krankheiten 127
    3.2   Multiple Sklerose 131
    3.3   Allergien 133
    3.4   Chronische Schmerzen 134
    3.5   Augenerkrankungen 137

4. Das Trauma des Zweiten Weltkriegs 141
    4.1   Karina 163
    4.2   Chantal 166
    4.3   Frederike 169
    4.4.   Genoveva 173

5. Heilung seelischer Verletzungen 179
    5.1   Klassische Therapiemethoden 179
    5.2   Das deutsche Gesundheitssystem 185
    5.3   Reinkarnationstherapie 189
    5.3.1 Hintergrund und Methode 190
    5.3.2 Das Durcharbeiten der Gefühle 199
    5.3.3 Was passiert bei einer Rückführung? 205
    5.3.4 Ist Reinkarnation beweisbar? 207
    5.3.5 Reinkarnation in der Geschichte
           und in den Religionen 211
    5.3.6 Reinkarnationstherapie mit Kindern 213
    5.3.7 Risiken und Kontraindikationen 215
    5.3.8 Karmische Verbindungen 223
    5.3.9 Schattenintegration 228
    5.4   „Schuld" und Vergebung 243
    5.5   Karma und Ethik 249
    5.6   Die Beziehung zu sich selbst heilen 253
    5.7   Haltung und Rolle des Therapeuten 267

6. Ausblick und Perspektiven 279
Literaturverzeichnis 288

Danksagung

Danke an Tineke Noordegraaf. Sie ist die Frau, von der ich lernte, was Therapie und Heilung bedeutet, und die mich lehrte, anders zu denken, als ich es von meinem Elternhaus, der Schule und der Universität gewohnt war. Außerdem ist sie die Frau, mit deren Hilfe ich meine Vergangenheit bearbeitete und mich von deren Lasten befreite. Tineke gab mir auch ein Vorbild für das, was in unserer Gesellschaft für eine Frau möglich ist. Sie zeigte mir, wie man sich als Frau entwickeln kann, Ehefrau und Mutter von Kindern und gleichzeitig beruflich erfolgreich sein kann, ohne jedoch die eigene Weiblichkeit zu verlieren. Tineke hat mich außerordentlich inspiriert und beflügelt und tut dies immer noch und immer wieder.

Danke an meinen Sohn Nils für all das, was ich von ihm gelernt habe. Wenn ich nicht Deine Mutter wäre, Nils, wäre ich nicht an dem Punkt, an dem ich jetzt bin. Wir beide sind durch schwere Zeiten hindurchgegangen und unsere Beziehung war nicht immer so harmonisch, wie sie es jetzt ist. Wir beide haben gekämpft und gearbeitet – und die Mühe hat sich gelohnt. Du bist ein wundervolles Kind!

Danke an meine Mutter dafür, dass sie mir vermittelt hat: „Du schaffst es!"

Danke an meine zahlreichen Wegbegleiterinnen und Wegbegleiter, und Danke an meine Klientinnen und Klienten, deren Geschichten, unter Veränderung ihrer Namen, in diesem Buch veröffentlicht sind. Danke für euer Vertrauen!

Einleitung

Dies ist ein Buch über Frauen und Männer, ein Buch über die Liebe, über den Hass und die Gleichgültigkeit, über Missbrauch, Zerstörung und Wiedergutmachung. Es ist ein Buch über gestörte Familien, gestörte Beziehungen, tiefe seelische Verletzungen und Möglichkeiten der Heilung.

Es ist auch ein Buch über die Polarität, in der wir alle mehr oder weniger leben, und darüber, wie wir in die Mitte kommen können. Dieses Buch will „depolarisieren", es will dazu anregen, bei der Betrachtung von Konflikten mehr als eine Betrachtungsweise einzunehmen und all die Schattierungen und Farben, die es zwischen weiß und schwarz gibt, wahrzunehmen.

Es ist ein Buch, das beide Gehirnhälften ansprechen möchte, sowohl die linke als auch die rechte, und das zum Verstehen von tiefen seelischen Verletzungen und Möglichkeiten der Heilung und dadurch auch zur Versöhnung beitragen will, Versöhnung zwischen Tätern und Opfern, Versöhnung zwischen Mann und Frau, Versöhnung in Familien.

Ich möchte mit diesem Buch Brücken bauen zwischen Menschen verschiedenster Herkunft und mit den unterschiedlichsten Geschichten und Berufsausbildungen, Wünschen, Hoffnungen und Träumen. Ich möchte dazu beitragen, dass wir andere Menschen und auch uns selbst besser verstehen und von diesem Verstehen aus mit schwierigen Situationen konstruktiver umgehen können.

Auch möchte ich vermitteln, dass es möglich ist, tiefe und tiefste seelische Verletzungen zu heilen, genauso wie es möglich ist, tiefe körperliche Wunden zu heilen; und ich möchte vermitteln, dass unsere körperlichen und seelischen Symptome, Verhaltensstörungen, Zwänge und Ängste oft die Folgen seelischer Verletzungen sind, die unserem Bewusstsein nicht mehr zugänglich sind, weil wir sie verdrängt haben. Meine Absicht ist es zu zeigen, dass Ängste, Zwänge und Verhaltensstörungen oft nicht Ausdruck einer wie auch immer gearteten „Verrücktheit" sind, sondern Ursachen haben, und dass man die Symptome heilen kann, wenn man ihre Ursachen findet und therapeutisch bearbeitet.

Ich selbst sehe mich in der Mitte stehend zwischen traditioneller Psychologie und moderner Spiritualität. Während meines Studiums bin ich mit vielen klassischen psychotherapeutischen Methoden in Berührung gekommen und habe mir ein Bild über ihre Vorzüge und Nachteile machen können. Parallel dazu habe ich mich für alternative und spirituelle Heilweisen interessiert und im Laufe der Jahre begriffen, dass den meisten klassischen psychotherapeutischen Methoden sowie auch der Schulmedizin die spirituelle Komponente fehlt. Ich bin zu der Überzeugung gelangt, dass es wahre und dauerhafte Heilung meist nur unter Einbeziehung der Spiritualität geben kann.

Ich habe schließlich das Lager der klassischen Psychotherapien verlassen und mich auf die Suche nach neuen Methoden begeben, weil mir das Wissenschaftsparadigma der akademischen Psychologie zu eng gefasst ist. Die Erfahrungen, die ich selbst gemacht hatte und die ich von anderen Menschen zu hören bekam, konnte ich in dieses enge Paradigma oft nicht einordnen.

Außerdem empfand ich viele der klassischen Methoden für mich als „zu männlich". Die meisten waren von Männern entwickelt worden und schienen auch zur Behandlung von Männern besser geeignet zu sein. Die weibliche Seite fehlte mir dabei oft. Ich wollte einen weiblichen Weg finden, denn ich wollte mich als Frau verwirklichen und nicht als halber Mann.

Aber ich fühle mich auch nicht ganz und gar den spirituellen Heilweisen zugehörig, denn manchmal empfinde ich sie als zu abgehoben, einseitig, ungenau oder sogar auch als Flucht vor der eigenen Verantwortung und vor tief verdrängten eigenen Themen. Auch das Suchen im esoterischen Bereich kann zu einem Suchtverhalten werden. Ich kenne Menschen, die bereits eine Vielzahl esoterischer Methoden ausprobiert und nicht die Heilung erfahren haben, die sie sich erhofft hatten.

Viele Menschen in unserer Gesellschaft sind traumatisiert. Traumatisierungen sollten mit einer dafür geeigneten Methode bearbeitet werden. Es gibt traumatisierte Menschen, die durch ungeeignete esoterische Methoden noch mehr Schaden erlitten haben. Ich habe auch Menschen erlebt, die durch ständige Meditation ihre Gefühle „wegmeditiert" haben und in ihrer persönlichen Entwicklung nicht viel weiter gekommen sind.

Auf der anderen Seite habe ich aber auch Menschen erlebt, für welche die regelmäßige Meditation eine Quelle von Freude und Introspektion ist. Ich habe mich mit vielen so genannten spirituellen Heilweisen beschäftigt, einige haben mir besser, andere nicht so gut gefallen.

Eines der zentralen Themen bei allen Arten von Heilung ist in meinen Augen das Thema Verantwortung. Wenn bei spirituellen Methoden die Verantwortung an einen Guru, einen Heiler, ein Medium oder einen Hellseher abgegeben wird, dann kann es meines Erachtens nach genauso wenig dauerhafte Heilung geben als wenn die Verantwortung an einen schulmedizinisch ausgebildeten Arzt abgegeben wird. Es handelt sich um dasselbe Muster, nur unter anderen Vorzeichen. Deshalb steht Verantwortung für mich im Mittelpunkt einer wirklichen Heilung. Erst wenn wir wirklich bereit sind, die Verantwortung für unsere eigene Heilung zu übernehmen und die dazu notwendigen Schritte selbst zu gehen, kommen wir in unsere eigene Kraft und können *heil* im Sinne von *ganz* werden.

Nachdem ich viele Methoden kennengelernt hatte, fing ich an, einen eigenen Weg zu beschreiten, mit dem ich das Beste vom Alten und das Beste vom Neuen verbinden wollte. Mein Vorbild auf diesem Weg ist meine spirituelle Lehrerin Tineke Noordegraaf. Durch die psychotherapeutische Methode, die sie gemeinsam mit Rob Bontenbal entwickelt hat und die ich von ihr gelernt habe, die *Holographische Reinkarnationstherapie*, haben viele Menschen, Kinder und Erwachsene, Männer und Frauen, Alte und Junge, tiefe und dauerhafte Heilung erfahren. Ich hoffe, dass ich mit diesem Buch auch anderen Menschen diesen Weg eröffnen kann.

Einen formalen Punkt möchte ich an dieser Stelle noch erwähnen. Um nicht zu kompliziert zu werden, habe ich meist die in unserer Sprache übliche männliche Form verwandt. Immer, wenn ich von „Menschen" oder „Seelen" spreche, meine ich natürlich Frauen und Männer gleichermaßen. Unsere männlich geprägte Sprache macht es schwer, auch die weibliche Seite angemessen auszudrücken. Deshalb möchte ich ausdrücklich betonen, dass ich mich auf beide Geschlechter beziehe, auch wenn dies sprachlich nicht vollständig ausgedrückt wird.

Vor allem aber wünsche ich den Leserinnen und Lesern mit diesem Buch Freude bei der Lektüre und den Gewinn neuer Erkenntnisse!

1.
Gesellschaftliche Hintergründe für seelische Verletzungen

Wenn wir uns in unserer Gesellschaft umschauen und die Vielzahl an zerbrochenen Ehen und Familien, Krankheiten und psychischen Fehlentwicklungen anschauen, das Ausmaß an Gewalt und Feindbildern, so drängen sich zwei Fragen auf: Zum einen die Frage, wo alle diese Probleme herkommen und zum anderen die Frage, welche Heilungsmöglichkeiten es gibt.

Feindbilder und Polarisierungen sind in unserer Gesellschaft an der Tagesordnung. Die Politik lebt davon, man findet sie in großen und kleinen Firmen, in Familien, Ehen, Beziehungen und Freundschaften. Als Beispiel will ich hier die Feindbilder anführen, die Männer und Frauen aufeinander projizieren. Früher dachte ich, es ginge nur in eine Richtung, nämlich von den Männern zu den Frauen; heute ist mir klar, dass es in beide Richtungen geht: Frauen projizieren Feindbilder auf Männer, und Männer projizieren sie auf Frauen.

Diese gegenseitigen Feindbilder ziehen sich durch alle Gesellschaftsschichten. Es gibt viele Unterschiede zwischen Menschen hinsichtlich Charakter, Aussehen, Leistung, familiärem Hintergrund, beruflichem Status oder Sportlichkeit, um nur einige zu nennen, aber die Angst der Männer vor Frauen und die Angst der Frauen vor Männern finden wir bei Angehörigen aller Gesellschaftsschichten und unterschiedlichster Ausrichtungen.

Männer halten Frauen für „kompliziert", „zickig", „schwierig" oder „hysterisch", um nur einige der gesellschaftlichen

Stereotypen zu nennen. Frauen ihrerseits halten Männer für „Machos", „Vergewaltiger", „Trottel" oder „beziehungsunfähig".

Feindbilder basieren letztlich immer auf Angst. Nur wenn es viel Angst gibt, kann ein Feindbild entstehen. Wann aber entwickelt man Angst vor einer Person oder einer Gruppe? Natürlich dann, wenn man mit dieser Person oder Gruppe in der Vergangenheit negative Erfahrungen gemacht hat, wenn man verletzt, gedemütigt oder auf andere Art und Weise geschädigt wurde. Das Unterbewusstsein speichert alle diese Erfahrungen, und in dem Moment, in dem wir es mit jemandem zu tun haben, der Ähnlichkeit mit der Person oder Gruppe hat, von der wir verletzt wurden, wird die alte Angst wieder aktiviert. Auch wenn die ursprüngliche Erfahrung verdrängt wurde, so ist doch die Angst wieder da und wird auf die aktuelle Person oder Gruppe projiziert.

In dem Moment, in dem die Projektion stattfindet, ist uns nicht bewusst, dass hinter der Person, vor der wir Angst haben, sei es unser Ehemann oder unsere Ehefrau, vielleicht die eigene Mutter oder der eigene Vater oder die Großeltern oder Personen aus vergangenen Leben stehen, die uns verletzt haben. Die Angst ist da, und wir beginnen, unsere Abwehrmechanismen zu aktivieren. Damit beginnt oft ein Kampf. Wir alle kennen diesen Machtkampf, der auf vielen Ebenen ausgetragen wird – zwischen Ehepartnern, zwischen Eltern und Kindern, zwischen Angehörigen verschiedener miteinander konkurrierender Firmen und natürlich zwischen Angehörigen verschiedener politischer Parteien.

Woher kommen diese Projektionen und Feindbilder und welche Auswirkungen haben sie?

1.1 Die Wurzeln unserer christlichen Kultur

„Da sprach Gott der Herr zu der Schlange: Weil du das getan hast, seist du verflucht, verstoßen aus allem Vieh und allen

Tieren auf dem Felde. Auf deinem Bauche sollst du kriechen und Erde fressen dein Leben lang. Und ich will Feindschaft setzen zwischen dir und dem Weibe und zwischen deinen Nachkommen und ihren Nachkommen; der soll dir den Kopf zertreten, und du wirst ihn in die Ferse stechen.

Und zum Weibe sprach er: Ich will dir viel Mühsal schaffen, wenn du schwanger wirst; unter Mühen sollst du Kinder gebären. Und dein Verlangen soll nach deinem Manne sein, aber er soll dein Herr sein.

Und zum Manne sprach er: Weil du gehorcht hast der Stimme deines Weibes und gegessen hast von dem Baum, von dem ich dir gebot und sprach: du sollst davon nicht essen -, verflucht sei der Acker um deinetwillen! Mit Mühsal sollst du dich von ihm nähren dein Leben lang. Dornen und Disteln soll er dir tragen, und du sollst das Kraut auf dem Felde essen. Im Schweiße deines Angesichts sollst du dein Brot essen, bis du wieder zu Erde werdest, davon du genommen bist. Denn du bist Erde und sollst zu Erde werden."

(Genesis, 3, 14-19)

Dieses Zitat aus der Schöpfungsgeschichte des Alten Testaments stellt eine der Wurzeln unserer Abendländischen Kultur dar. Schauen wir uns an, welche Bilder dort von Gott, vom Mann und von der Frau vermittelt werden. Gott wird als mächtig, rachsüchtig und strafend dargestellt, der Mann als schuldig, weil er der Stimme seines Weibes gehorcht hat, und die Frau als schuldig, weil sie der Stimme der Schlange gehorcht hat.

Mit diesen Worten legte der Gott des Alten Testamentes einen Fluch über Generationen von Männern und Frauen. Die Auswirkungen dieses Fluches können wir überall um uns herum beobachten.

Als Beispiel will ich das Gebären anführen; denn nicht umsonst wird in unserer Kultur das Gebären immer noch oft als ein äußerst schmerzhafter Vorgang beschrieben, der die Frau an ihre äußersten physischen und psychischen Grenzen bringt. In anderen Kulturen ist dies nicht so. Dort bringen Frauen mit Natürlichkeit und unter Verwendung natürlicher Unterstützungs- und Heilmethoden ihre Kinder auf die Welt. Sie bringen die Kinder auch nicht in Rückenlage – so wie bei uns üblich – sondern in der Hocke zur Welt. Die Stellung in der Hocke ist eine viel natürlichere Haltung, bei der die Frau wesentlich mehr Kraft hat, das Kind herauszupressen.

Der alttestamentarische Fluch stellt den Mann über die Frau. „Dein Verlangen soll nach dem Manne sein, er aber soll dein Herr sein", sagt Gott zur Frau. Wie viele Beziehungen verlaufen genau nach diesem Muster? Wie viele Frauen gibt es, die sich nach wirklicher Liebe und Zuwendung von ihrem Partner sehnen und stattdessen nur Herablassung und Erniedrigung bekommen?

Meine Klientin Hannelore erzählte mir, dass sie vor einiger Zeit entschied, sich von diesen Strukturen zu lösen. Sie trat aus der Kirche aus. Sie fühlte sich befreit und erleichtert, nachdem sie diesen Schritt vollzogen hatte. Sie wollte ihre Energie nicht mehr für diese Institution, in der Frauen so herabgewürdigt werden und in der immer noch die Erbsünde gelehrt wird, zur Verfügung stellen. Als sie austrat, entzog sie ihre Energie bewusst dieser Institution und vermittelte sich selbst, dass dieser Fluch vom Tage ihres Austrittes an für sie nicht mehr galt. Sie entschied, dass ab diesem Tag andere Regeln für sie gelten sollten, und zwar solche, die lebensbejahender und freundlicher waren, Regeln, die Mann und Frau gleichermaßen wertschätzten.

Ich habe in vielen Beziehungen Strukturen, die im Zusammenhang mit der biblischen Verfluchung stehen, gefunden und bin überzeugt, dass die jahrtausendelange Unterdrückung der Frau eine ihrer Auswirkungen darstellt. Im Folgenden möchte ich einige Beispiele von berühmten Paaren beschreiben.

Wenn man sich mit prominenten Paaren beschäftigt, fällt auf, dass „brillante", sehr talentierte oder charismatische Männer oft mit eher „blässlichen" oder unscheinbaren Frauen verheiratet sind. Auch den umgekehrten Fall gibt es – charismatische Frauen, die mit Männern verheiratet sind, die sich eher im Hintergrund halten. Allerdings tritt dieser Fall wesentlich weniger häufig auf als ersterer. Man kann sich die Frage stellen, wie es sich bei Paaren verhält, in denen sowohl der Mann als auch die Frau talentiert, charismatisch und kraftvoll ist. Beschäftigt man sich mit solchen Paaren, so fällt auf, dass oft die Frau zugunsten des Mannes ihr eigenes Talent in den Hintergrund stellt oder ganz aufgibt.

Scott Fitzgerald, der berühmte amerikanische Schriftsteller der „lost generation", heiratete Zelda, eine schöne, junge und lebenslustige Frau, die ebenfalls Schriftstellerin war. Die Ehe ging einige Zeit lang gut, das Paar lebte auf recht großem Fuß, es gab Partys, Einladungen, ein reges gesellschaftliches Leben – und es gab wohl auch Liebe zwischen beiden. Scott entwickelte sein Schriftstellertalent, kam voran und war erfolgreich, während Zelda immer weniger schrieb, später tablettensüchtig und psychisch krank wurde und im Laufe der Jahre immer mehr verfiel, so als ginge ihre Entwicklung plötzlich rückwärts und nicht mehr vorwärts. Zelda endete in einer psychiatrischen Anstalt.

Ein ähnliches Bild bietet die Ehe zwischen Paul Bowles und seiner Frau Jane. Auch Paul Bowles war Schriftsteller, ebenso wie Jane. Beide waren Amerikaner. Sie entschlossen sich, nach Marokko auszuwandern. Dort fing Paul an, erfolgreiche Bücher zu schreiben, während sich bei Jane seltsamerweise eine Schreibblockade einstellte, die sie später in tiefe Depressionen verfallen ließ. Sie suchte Hilfe in der Beziehung zu einer Frau, die auch schwarzmagisch arbeitete. Jane endete in einer psychiatrischen Anstalt in Málaga, in der sie auch starb.

Betrachten wir noch die Beziehung zwischen Camille Claudel und Auguste Rodin, beide Bildhauer. Camille war wahrscheinlich die Talentiertere von beiden. Er inspirierte sich durch ihre Arbeit. Jedoch war er derjenige, der Erfolg hatte, während sie durch die Beziehung mit ihm immer mehr

Kraft verlor und schließlich auch ihren klaren Verstand. Rodin war verheiratet und hatte Camille als Geliebte. Er verließ seine Frau nie, sondern betrog im Grunde beide Frauen. Camille wurde durch diese Beziehung zugrunde gerichtet. Sie bekam psychotische Anfälle. In einem dieser Anfälle vernichtete sie einen großen Teil ihrer Werke. Auch sie endete in einer Nervenheilanstalt.

Ich könnte noch viele andere Fälle nennen, beispielsweise die amerikanische Schauspielerin Frances Farmer, die einer Lobotomie (Gehirnoperation, bei der die Gehirnhälften durchtrennt werden) unterzogen wurde, weil sie in Hollywood als „unangepasst" empfunden wurde, oder Marilyn Monroe, die als Sex-Symbol vermarktet wurde und ihr Leben lang psychisch krank war, bis sie schließlich, angeblich durch Selbstmord, aus dem Leben schied. Oder die mexikanische Malerin Frida Kahlo, die mit dem Maler Diego de Ribera verheiratet war, der sie fortgesetzt betrog, einmal sogar mit ihrer eigenen Schwester.

Aber auch wenn wir in der heutigen Zeit und in unserem kulturellen Umfeld bleiben, so fällt immer wieder ins Auge, dass Männer oft wesentlich mehr Unterstützung erhalten als Frauen. In Familien, in denen sowohl Mädchen als auch Jungen heranwachsen, ist es immer noch häufig so, dass die Jungen in ihrer schulischen und beruflichen Entwicklung von ihren Eltern unterstützt werden, während dieselben Eltern ihren Töchtern Steine in den Weg legen. Da heißt es oft „Du heiratest doch sowieso" oder „Das lohnt sich noch nicht" oder „Das schaffst Du doch sowieso nicht", obwohl diese Mädchen oft genauso begabt oder sogar begabter sind als ihre Brüder.

Diese Ungleichbehandlung fängt bereits nach der Geburt oder oft sogar schon vor der Geburt an. Wir brauchen nur an die Länder zu denken, in denen weibliche Föten abgetrieben werden. Dies geschieht hierzulande zwar kaum, aber dennoch gibt es zahlreiche Untersuchungen, die belegen, dass männliche Babys öfter, ausgedehnter und länger gestillt werden als weibliche, dass männliche Babys mehr von ihren Müttern in den Arm genommen werden und mehr Körperkontakt und seelische Zuwendung genießen als ihre Schwestern. Von Mädchen wird schon ab einem sehr frühen Zeitpunkt erwartet, dass sie selbstständig sind und ihren Eltern Arbeiten abnehmen oder sich um ihre jüngeren Geschwister kümmern.

Eine Klientin, die drei Brüder hatte, erzählte, dass allein sie im Haushalt habe mithelfen müssen. Ihre drei Brüder mussten nichts tun! Eine andere Klientin, die einen Bruder besaß, hatte sämtliche Ausbildungen sowie ihr Studium selbst finanziert und gegen den Willen ihrer Eltern gemacht. Ihrem Bruder wurde alles finanziert. Als sie gegen alle Widerstände sogar beruflichen Erfolg hatte, reagierten die Eltern mit Desinteresse. Als ihr Bruder sich selbstständig machte, war dies hingegen zu Hause das Gesprächsthema Nr. 1, und die Eltern äußerten Stolz, Ermutigung und Bewunderung.

Eine andere Klientin, ebenfalls mit einem Bruder, der ein Jahr jünger war, wurde für sämtliche Streitigkeiten zwischen den Geschwistern verantwortlich gemacht, bekam sämtliche Prügel und wurde zudem noch von beiden Eltern abgewertet. Auch heute, wo beide Geschwister erwachsen sind, ist es noch so, dass die Mutter stundenlang von ihrem Sohn und seinen beruflichen Erfolgen schwärmt, während meine Klientin mehr oder weniger im Abseits steht.

An solchen Fällen sieht man, dass wir immer noch in einer von Männern dominierten Gesellschaft leben und von der Gleich- oder Ähnlichbehandlung der Geschlechter noch ein Stück entfernt sind.

Wir sehen, wenn wir die weitere Entwicklung verfolgen, dass einige Frauen sich mit der Rolle des blässlichen Hausmütterchens zufriedengeben, das seinen Mann bewundert und ihm treu ergeben ist, vielleicht irgendwann einmal Depressionen bekommt, die mit Antidepressiva behandelt werden, und von ihrem Mann verlassen wird, wenn sie ausgedient hat.

Die Frauen, die versuchen, ihre Potenziale zu entwickeln, haben mehr Schwierigkeiten mit der Partnerwahl, denn die meisten Männer wollen keine Frauen, die eine Konkurrenz für sie darstellen könnten. Viele Männer wollen bedingungslose Unterstützung von ihren Frauen und nicht zusätzliche Herausforderungen. Oft bleiben solche hervorragenden Frauen allein. Man fragt sich „Wie kann es sein, dass solch eine talentierte, meist auch gutaussehende Frau, allein bleibt?" Die Angst der Männer ist einer der Gründe.

Es gibt nur wenige Paare, in denen das Machtverhältnis ausgewogen ist, in denen die Frau genügend Raum zur Entfaltung ihrer Potenziale hat und in denen der Mann auch Verantwortung für die Erziehung der Kinder und die Versorgung des Haushalts übernimmt; denn diese Dinge sind die Voraussetzung dafür, dass die Frau ihren Weg gehen kann.

Allerdings meine ich, dass in den letzten Jahren erhebliche Veränderungen eingetreten sind und es weitaus mehr Männer gibt, die bereit sind, ihre Frauen zu unterstützen und sich um Kinder und Haushalt zu kümmern. Dies hängt natürlich auch damit zusammen, dass immer weniger Frauen bereit sind, mit einem Mann zusammenzuleben, der seiner Frau alle Lasten der Kindererziehung und des Haushalts überträgt. Viele Frauen bevorzugen es, lieber allein als mit einem solchen Mann zu leben.

Wenn Macht- und Konkurrenzverhältnisse zwischen Ehepartnern nicht ausgesprochen werden, wirken sie im Untergrund, was sie nicht weniger explosiv macht, sondern eher mehr. Ich glaube, dass es wichtig ist, in Beziehungen dieses Thema zur Sprache zu bringen, und ich habe das Gefühl, dass das Thema „Macht und Konkurrenz in Beziehungen" in den nächsten Jahren von großer Aktualität sein wird, auch deshalb, weil immer mehr Frauen in traditionell männliche Bereiche vordringen, männliche Posten besetzen und männliche Aufgaben erledigen. Hier wird es eine grundlegende Neudefinition geben müssen, wenn wir unsere Beziehungen verbessern wollen. Sowohl Männer als auch Frauen werden ihren Standort innerhalb einer Liebesbeziehung neu bestimmen müssen.

Ich glaube auch, dass wir, wenn wir uns diesen Zusammenhang bewusst machen und die übernommenen kulturellen Vorstellungen transparent werden, einen neuen Weg einschlagen und diese alten Wunden heilen können. Ich glaube, dass wir dann in gesünderen, glücklicheren und gleichwertigeren Beziehungen leben können.

Auch in den Fällen von sexuellem Missbrauch ist es natürlich ein großes Thema, dass oft das missbrauchte Mädchen beschuldigt wird und sich alle Erwachsenen gegen es wenden. Die Mutter entwickelt Konkurrenzgefühle oder Ablehnung gegen ihre Tochter, der Vater redet sich und seiner Tochter ein, sie habe die „Schuld". Dies ist natürlich unzutreffend und der Situation nicht angemessen.

Der enorme Umfang an sexuellem Missbrauch in jeder Schattierung, der in unserer Gesellschaft existiert, steht meines Erachtens nach in einem Zusammenhang mit der alttestamentarischen Verfluchung. Wie sonst wäre es zu erklären, dass Generationen von Frauen sich von ihren Vätern, Stiefvätern, Onkeln und Nachbarn missbrauchen ließen und immer noch lassen, ohne sich zu wehren? Wie sonst wäre es zu erklären, dass Mütter die Missbraucher schützen und nicht ihre Kinder?

Das alles ist nur mit einem kollektiv wirkenden Dogma zu erklären: Wenn Gott die Frau für schuldig erklärt, dann darf sie sich natürlich nicht wehren. Dann hat sie ja kein Recht dazu. Wenn Gott den Mann zum Herrn der Frau erklärt, dann hat er natürlich das Recht, mit ihr zu machen, was er will. Wenn er außerdem wütend auf sie ist, weil er dadurch verflucht wurde, dass er auf ihre Stimme gehört hat, dann versucht er natürlich, sie dafür zu bestrafen. Sexueller Missbrauch ist eine Form dieser Bestrafung. Jede andere Art von Unterdrückung ist es auch.

Tragisch ist es, dass letztlich niemand damit glücklich wird – Frauen nicht, Männer aber auch nicht. Im Innersten des

Menschen ist die Sehnsucht nach Glück und Liebe angelegt. Dazu gehört auch, dass man liebevolle Beziehungen zu seinen Nächsten pflegt und nicht solche, die von Herrschaft, Unterdrückung und Unterwerfung gekennzeichnet sind. Deshalb erniedrigt dieses System jeden, der daran beteiligt ist, Männer, Frauen und Kinder gleichermaßen.

Auch die Unterdrückung von Kindern hat hier ihren Ursprung. Die so genannte *Schwarze Pädagogik* basiert auf der Vorstellung, dass Kinder sündig seien und man ihnen durch Erziehung diese Sündigkeit austreiben müsse, um sie zu tugendhaften Menschen zu machen. In diesem Zusammenhang wird verständlich, warum sich ein Vater berechtigt fühlt, seine Tochter zu missbrauchen oder seinen Sohn windelweich zu schlagen; es wird auch verständlich, warum Mütter dieses System unterstützen. Sie wurden oft selber in ihrer Kindheit gedemütigt und geben diese verinnerlichten Demütigungen an ihre Kinder weiter.

1.2 Die Hexenverfolgung

Die Hexenverfolgung ist eines der dunkelsten und am wenigsten aufgearbeiteten Kapitel der christlichen Kirchen, sowohl der Katholischen als auch der Protestantischen. Die Schätzungen über die Anzahl der Frauen, die der Hexenverfolgung und -verbrennung zum Opfer fielen, bewegen sich zwischen einhunderttausend und neun Millionen. Die Wahrheit liegt wahrscheinlich irgendwo dazwischen. Vergleiche zwischen den Hexenverbrennungen und dem Holocaust drängen sich auf.

Dreihundert Jahre lang loderten die Scheiterhaufen in Europa. Unschuldige Frauen wurden der „Buhlerei mit dem Teufel" bezichtigt und ohne Anwalt oder andere Rechtsmittel nach äußerst zweifelhaften Prozessen zum Tod durch Verbrennen verurteilt.

Wenn wir uns die gesellschaftlichen Voraussetzungen anschauen, die dieses unvorstellbare Grauen ermöglicht haben, so fällt als erstes die enorme Abwertung der Frauen durch die Kirche ins Auge. Hier finden wir eine weitere direkte Auswirkung der im ersten Kapitel behandelten biblischen Verfluchung und Brandmarkung der Frau als „Sünderin".

Sie sei, so lehrt man, wie die Verführung Adams durch Eva beweise, von Natur aus dem Bösen zugetan und deshalb für den Mann eine ständige Bedrohung. Der Frau wurde erst im 14. Jahrhundert seitens der Kirche eine Seele zugestanden, und das gegen große Widerstände einiger konservativer Geistlicher. Große Kirchenväter, wie Thomas von Aquin, sein Lehrer Albert der Große sowie Tertullian (geb. um 200 n. Chr.), sahen in der Frau die „Einfallspforte des Teufels". So schreibt Tertullian: „Du bist es, die dem Teufel Eingang verschafft hat, du hast das Siegel jenes Baumes gebrochen, du hast zuerst das göttliche Gesetz im Stich gelassen, du bist es auch, die denjenigen betört hat, dem der Teufel sich nicht zu nahen vermochte. So leicht hast du den Mann, das Ebenbild Gottes, zu Boden geworfen." (Zit. nach „Hexen", Thales Themenhefte Nr. 74, S. 11-12)

Aus diesem Frauenbild resultierte die Verachtung und Herabwürdigung der Frau. Auch die Reformatoren hatten keineswegs ein besseres Frauenbild. So wurde 1591 von lutherischen Theologen in Wittenberg diskutiert, ob Frauen überhaupt Menschen seien; und noch 1672 erschien in Wittenberg die reformatorische Schrift „Femina non est homo" (Die Frau ist kein Mensch). Luther selbst hatte von den Frauen keine hohe Meinung. Er sah in ihnen „ein halbes Kind", ein „tholl Tier". Der Mann war „höher und besser", ihm gehöre das „Regiment", dem sich die Frau zu „bücken" habe. („Hexen", Thales Themenhefte Nr. 74, S. 12)

Männer, die Frauen als Hexen denunzierten, konnten seitens der Kirche mit Belohnungen rechnen. Das Gesetz bestimmte, dass ein Drittel des Vermögens der Angeklagten demjenigen zustünde, der sie angezeigt hatte. Dies stellte eine äußerst fragwürdige rechtliche Praxis dar, leistete sie doch dem Denunziantentum erheblichen Vorschub.

Auch durch diesen Umstand sehen wir eine Parallele zum Dritten Reich. Dort wurden ebenfalls Menschen belohnt, die Juden denunzierten. Denunziantentum jeder Art wurde gefördert und belohnt.

Unzählige unschuldige Frauen kamen auf diese Weise ums Leben. Es waren Frauen, die besonders „hübsch" oder besonders „hässlich" waren, die sich mit Kräuterheilkunde auskannten oder aus der Hand lasen und die Zukunft vorhersagten. Eigentlich alles, was eine Frau ausmachte, was ihr Talent oder ihre Begabung war, konnte ihr zum Verhängnis und als „Hexerei" ausgelegt werden.

Die durch diese Jahrhunderte währende Hexenjagd entstandenen tiefen seelischen Verletzungen im Kollektiv der Frauen sind auch heute noch immer zu spüren. Die Hexenverbrennung ist, wie der Holocaust, ein kollektives Trauma, das noch nicht bearbeitet ist. Im Holocaust wurden die Juden verteufelt und für alle Missstände verantwortlich gemacht, bei der Hexenverbrennung waren es die Frauen, die als Sündenböcke für die Mächtigen herhalten mussten.

Dr. Kurt Gaik schreibt: „Die Kirche will sich nicht mit dem Thema auseinandersetzen. Das vierzehnbändige „Lexikon für Theologie und Kirche", ein Standardwerk mit jeweils rund 1.400 Seiten, widmet diesem dreihundert Jahre dauernden Kesseltreiben ganze drei Spalten. Das sechsbändige „Handbuch der Kirchengeschichte", ein modernes Standardwerk in sechs Bänden zu je 600 bis 700 Seiten, behandelt das Thema auf einer einzigen Seite. (...) Der katholische Dogmatiker von Petersdorff betrachtet „die Maßnahme der heiligen Kirchen in der Hexenfrage" als „Verteidigung", die Inquisition nennt er einen „Akt der Notwehr". (...) Auch in den Rahmenrichtlinien für den Religionsunterricht kommt das Thema gar nicht erst vor." (zit. nach „Hexen", Thales Themenhefte, Heft Nr. 74, S. 44-45)

Das Trauma der Hexenverbrennung ist tief in unserem kollektiven Unterbewusstsein verankert und hat immer noch Einfluss auf die Beziehungen zwischen Mann und Frau und auf die Entwicklung von Frauen innerhalb unserer Gesellschaft. Aber nicht nur im kollektiven Unterbewusstsein existiert das Trauma noch, viele Frauen, die heute leben, wurden in einem vergangenen Leben als Hexe verbrannt und leiden immer noch unter den Auswirkungen des Erlittenen.

Ich möchte zwei Fälle von Frauen beschreiben, mit denen ich therapeutisch gearbeitet habe und bei denen Erinnerungen an eine Verbrennung als Hexe an die Oberfläche kamen.

Mona

Mona ist eine Frau Ende Dreißig, verheiratet mit zwei Kindern. Sie kommt in die Therapie wegen diverser persönlicher Probleme. Die Beziehung mit ihrem Ehemann ist belastet; insbesondere gibt es Spannungen im Bereich Sexualität. Mona hat oft das Gefühl, willenlos zu sein. Sie ist mit einem äußerst autoritären Vater aufgewachsen, der ihr, ihren Schwestern und ihrer Mutter sagte, was sie zu tun hatten.

Zu Anfang der Therapie bearbeiteten wir einige Situationen aus ihrer Kindheit, in denen ihr Vater sie zwang, sich seinem Willen zu beugen. Mona hatte Schuldgefühle, wenn sie eigene Pläne und Ziele verfolgte. Kernsatz: „Ich will niemandem schaden." Zu dem Schuldgefühl gehörte Angst und ein lähmender Druck im Magen- und Brustbereich.

Wir stiegen mit diesen Elementen ein. In der Rückführung kam als erstes eine Szene an die Oberfläche, als Mona sechzehn Jahre alt war und ihrem Vater widersprach. Er akzeptierte ihren Widerspruch nicht, und sie resignierte. Sie dachte: „Er hat ja doch Recht." Dann kommt der Satz: „Ich will nicht mehr."

Sie sieht Frauen, die um ein Feuer tanzen. Sie ist ungefähr sechzehn Jahre alt und ist auch dabei. Die Frauen sind „Hexen". Ich frage sie, wer das sagt, und sie antwortet: „Mein Bruder."

Ihr Bruder trägt eine Kutte und ist Mönch. Er will, dass sie nicht mehr zu den Treffen der Frauen geht. Er geht ihr heimlich nach und beobachtet sie. Sie hat Schuldgefühle und denkt: „Ich will ihm nicht schaden" und „Ich bin traurig, weil ich meinem Bruder nicht helfen kann". Auf der anderen Seite will sie aber zu der Gruppe der Frauen dazugehören. Sie gerät in einen inneren Konflikt zwischen ihrer Loyalität dem Bruder gegenüber und ihrem Wunsch, der Gruppe der Frauen anzugehören. Die Kirche sagt: „Das darf man nicht." Zu ihr wird gesagt: „Du bringst Unheil" und „Du musst sterben".

Die nächste Szene, die sie sieht, ist ein Scheiterhaufen. Sie wird verbrannt. Sie sieht ihren Bruder in der Nähe stehen und fühlt mehr die Gefühle ihres Bruders als ihre eigenen. Sie denkt: „Warum tue ich ihm das an" und „Ich will zu meinem Bruder". Jemand sagt: „Zündet sie an." Sie hört, wie ihr Bruder „nein" schreit. Sie spürt ihren eigenen Schmerz kaum. Sie fühlt sich schuldig, weil sie ihm wehgetan hat. Sie nimmt die Energien der Menge in Form von Gedanken und Worten wie „Du Hexe", „Weg mit Dir" und „Verbrennt sie" in sich auf.

Wir arbeiten das Sterben gründlich durch, auch auf der körperlichen Ebene. Ihr Körper bewegt sich, und sie wehrt sich gegen das Verbrennen. Sie sagt: „Ich will nicht sterben" und „Ich habe nichts getan". Es ist wichtig, dass sie endlich ihre verdrängten *eigenen* Gefühle und Schmerzen spüren kann, um das Trauma zu integrieren und zu beenden. Dann lasse ich sie spüren, wie viel Fremdenergie in Form von Worten, Gedanken und Gefühlen anderer Menschen sie aufgenommen hat. Sie atmet die aufgenommenen Fremdenergien aus und verbindet sich wieder mit ihrer eigenen Energie. Dann tritt sie mit der Seele ihres Bruders in Kontakt und bereinigt das, was noch zu bereinigen ist, damit sie das traumatische Erlebnis für sich wirklich beenden kann.

Als Mona in die nächste Stunde kommt, berichtet sie, dass ihr Rechtfertigungszwang verschwunden und ihre Schuldgefühle weniger geworden seien. Sie ist sich bewusst darüber, wie sehr das vergangene Leben, in dem sie als Hexe verbrannt wurde, in ihr jetziges Leben hineingewirkt hat. Sie versteht, dass es einen Zusammenhang gibt zwischen den Schuldgefühlen, die sie immer hatte, wenn sie eigene Pläne und Ziele verfolgte, und dem, was damals passiert ist. Damals wurde sie verbrannt, weil sie eigene Pläne und Ziele verfolgte und sich nicht davon abbringen ließ. Das bedeutet, die Verfolgung eigener Ziele und Pläne war in ihrem Unterbewusstsein mit dem Tod verknüpft und außerdem mit dem Gedanken, anderen, ihr nahestehenden Menschen damit zu schaden.

Mona sieht auch Zusammenhänge zwischen diesem vergangenen Leben und der Kindheit ihres jetzigen Lebens. Ihr autoritärer Vater, der sie seinem Willen unterwerfen wollte, repräsentiert die Kirche und ihren Herrschaftsanspruch. Auch dies wird Mona bewusst. So kann es Schritt für Schritt Heilung von dem Trauma geben.

Birgit

Birgit ist eine verheiratete Frau mit drei Kindern. Sie kommt in die Therapie wegen Problemen im Bereich Partnerschaft. Insbesondere hat sie Schwierigkeiten mit Nähe und Sexualität und fühlt sich oft wie eingesperrt. Sie hat das Gefühl, keinen eigenen Raum für sich selbst zu haben und leidet unter schweren Handlungsblockaden, insbesondere wenn es darum geht, etwas für sich selbst zu entscheiden.

Wir bearbeiten zunächst einige traumatische Situationen aus der Kindheit sowie ihre Geburt, Pränatalzeit und Zeugung. In all diesen Phasen findet sich das Thema „Eingesperrtsein" wieder. In ihrer Pubertät bekam sie beispielsweise des Öfteren Hausarrest.

In ihrer momentanen Situation stehen besonders die Konflikte in ihrer Ehe im Vordergrund. Sie sagt, sie habe manchmal eine generalisierte Wut auf alle Männer, auch auf ihren eigenen Ehemann. Sie denkt: „Ich will nicht mehr", „Ich kann nicht mehr" und „Ich will handeln". Das dazugehörige Gefühl ist ohnmächtige Wut und das Körperempfinden ein Kribbeln im Bauch und im Solarplexus-Bereich.

Wir steigen mit dieser Brücke ein, und ihr Unterbewusstsein führt sie in eine Situation, in der ihr Kopf brennt. Sie ist eine Frau Mitte Zwanzig und steht auf einem Podium mit einem Scheiterhaufen. Insgesamt stehen drei Frauen dort, sie und noch zwei andere. Die Menge schreit: „Nieder mit ihnen", „Verbrennt sie" und „Stopft ihnen das Maul".

Ich bitte sie, zum Anfang der Geschichte zurückzugehen. Das erste, was an die Oberfläche kommt, sind die Sätze „Ich darf nicht sehen" und „Es ist mir verboten zu sehen". Interessant in diesem Zusammenhang ist, dass Birgit in ihrem jetzigen Leben Kontaktlinsen hat. Ein weiterer Satz kommt an die Oberfläche: „Ich darf nicht leben, weil's keinen *Platz* für mich gibt."

Sie hat in ihrem damaligen Leben seherische Fähigkeiten, lebt aber in einem Elternhaus, das mit ihren Fähigkeiten nicht umgehen kann. Insbesondere für ihre Mutter sind diese Fähigkeiten bedrohlich. Birgit gerät in einen Konflikt zwischen ihren Fähigkeiten und der Loyalität ihrem Elternhaus gegenüber.

Sie lernt einen jungen Mann kennen und versucht, ihm gegenüber ihre Wahrheit zum Ausdruck zu bringen. Er ist dafür nicht offen und verschließt sich ihr gegenüber. Sie verliert ihre Kraft und Klarheit und kann ihren Weg nicht mehr gehen, wenn sie weiterhin mit dem jungen Mann zusammenbleibt. Sie muss sich entscheiden zwischen ihrer Wahrheit und ihren Gefühlen für ihn. Schließlich entscheidet sie sich für ihre Klarheit und Wahrheit.

Es gibt Menschen, die heimlich zu ihr kommen, um sich von ihr behandeln zu lassen. Sie sagt: „Die Wahrheit ist verboten." Ihre Tätigkeit wird der Kirche bekannt, und sie wird zur Rede gestellt. Sie steht vor einem Tribunal und muss wieder die Entscheidung treffen, bei ihrer Wahrheit zu bleiben oder zu lügen, um ihr Leben zu retten. Sie bleibt bei ihrer Wahrheit.

Kurze Zeit später dringen Männer in ihr Haus ein. Sie sagen: „Jetzt ist es vorbei. Du bist verhaftet. Dein Spiel ist aus." Sie sammelt ihre letzten Kräfte. Wieder wird sie vor das Tribunal gestellt, und ein dicker Mann mit weißer Perücke verurteilt sie zum Tode, weil sie „gesetzesbrecherisch" gehandelt habe. Dann kommt die Sterbesituation auf dem Scheiterhaufen. Wir arbeiten alles gründlich durch, so dass sie das Trauma beenden und integrieren kann.

Auch Birgit ist sich der Zusammenhänge zwischen dem bearbeiteten Leben und ihrem jetzigen Leben bewusst.

Nach dieser und weiteren Rückführungen änderte sich ihr Leben. Ihre Ehe konnte gerettet werden und wird jetzt auf einer neuen Basis weitergeführt. Birgit kann jetzt besser für sich selbst handeln und hat angefangen, ihren eigenen Raum einzunehmen. Sie spürt mit mehr Deutlichkeit, was gut für sie ist und ist besser in der Lage, dies auch in Handeln umzusetzen.

Die obigen Beispiele zeigen, dass nicht nur im kollektiven, sondern sehr wohl auch im individuellen Unterbewusstsein bei vielen Frauen traumatische Erfahrungen im Zusammenhang mit der Hexenverfolgung und -verbrennung vorhanden sind. Wenn diese traumatischen Erfahrungen therapeutisch bearbeitet werden, kann dies für die betreffende Frau in ihrem Leben einen großen Schritt nach vorn bedeuten, hin zu mehr Kraft, Eigenverantwortung und beruflicher und privater Selbstverwirklichung.

1.3 Traumvorstellungen und die „ewige Pubertät"

Menschen, die viele seelische Verletzungen erlebt haben, sei es in diesem oder in einem vergangenen Leben, entwickeln eine große Sehnsucht nach wahrer Liebe und nach Heilung ihrer Verletzungen. Sie entwickeln Traumvorstellungen als

Gegenpol zu der Realität, die sie erlebt haben und aushalten mussten.

Vorstellungen von „Traummännern" und „Traumfrauen", die von der Gesellschaft und den Medien vermittelt werden, haben hier einen idealen Nährboden. Ein Mensch, der viele seelische Verletzungen erlebt hat, ist wesentlich anfälliger für solche Vorstellungen, weil er sie als Gegenpol zu chaotischen oder sogar lebensbedrohlichen Situationen braucht, die er erlebt hat, als ein Mensch, der in einer intakten Familie aufgewachsen ist und dessen Grundbedürfnisse von seinen Eltern befriedigt wurden. Die Realitätsferne bestimmter Traumvorstellungen hängt eng zusammen mit verdrängten traumatischen Erlebnissen während der Kindheit.

Ich kenne eine Reihe von Männern und Frauen, die ständig auf der Suche nach dem perfekten Partner sind. Diese Vorstellung von einem perfekten Partner half ihnen, in desolaten Elternhäusern zu überleben und einigermaßen seelisch gesund ins Erwachsenenleben einzutreten. Der Traum vom perfekten Partner ist zum Überlebensmuster geworden – und dadurch kann er auch zum Problem werden. Wenn ein Mensch nicht in der Lage ist, diese Traumvorstellungen als Überlebensmuster zu erkennen und sie unbedingt beibehalten will, wird es für ihn sehr schwierig sein, einen realen Partner auszuhalten, jemanden mit Licht- und Schattenseiten, Bedürfnissen und Stimmungen.

Anneliese erzählte mir von ihrem Chef, der verheiratet war und fünf Kinder hatte. Die Ehe ging in die Brüche, und ihr Chef erzählte ihr, dass er eine Frau kenne, die in seinen Augen die „Traumfrau" sei. Mit dieser Frau habe er bereits zu Zeiten seiner Ehe ein Verhältnis gehabt.

Nun, da er geschieden war, war er ja frei für diese Frau. Anneliese fragte ihn einige Zeit später, wie sich seine Beziehung mit der „Traumfrau" entwickele, und er antwortete, der Traum sei eher zu einem Alptraum geworden. Seine Hoffnungen hätten sich nicht erfüllt, und er sei nicht mehr mit dieser Frau zusammen.

Die Geschichte überraschte mich nicht. Ich finde es logisch, dass, wenn jemand sich ein Traumbild von einem anderen Menschen macht, die Ent-Täuschung im wahrsten Sinne des Wortes vorprogrammiert ist. Es ist nur eine Frage der Zeit, bis hinter der Projektion, der Wunschvorstellung, der reale Mensch sichtbar wird. Wenn jemand dann seine Vorstellung nicht aufgeben will, ist der Konflikt da, und die weitere Entwicklung der Beziehung steht auf wackligen Füßen.

Meine Klientin Isadora hatte eine schwierige Kindheit. Sie entwickelte bestimmte Traumvorstellungen über Männer. Als sie zweiundzwanzig Jahre alt war und Frank, den Vater ihres Sohnes, in Neapel kennenlernte, schien er für sie die Verkörperung dieses Traumes zu sein. Er war sehr attraktiv, anscheinend in einer guten beruflichen Position, er war sehr intelligent und wusste über alles Bescheid, was Isadora damals unglaublich beeindruckte, und er war ein guter und einfühlsamer Liebhaber.

Sie hatte ohne Zweifel eine rosarote Brille auf. Vor allem die Tatsache, dass er auf alle Fragen eine Antwort zu wissen schien, war für die junge Frau berauschend. Wahrscheinlich suchte sie in ihm am Anfang der Beziehung den Vater, den sie nie gehabt hatte; den Vater, der ihr erklären konnte, wie die Welt funktionierte, der auf alle ihre Fragen eine Antwort hatte, der mit ihr zum Zelten ging, der mit ihr in Urlaub fuhr und für sie da war.

Nach kurzer Zeit bekam das Bild Risse. Es stellte sich heraus, dass Frank bereits seit längerem arbeitslos war, was er ihr zu Anfang der Beziehung verschwiegen hatte, und mit einem großen Alkoholproblem kämpfte. Auch im Bereich Kommunikation und Nähe wies er erhebliche Defizite auf. Aber Isadora war immer noch fest entschlossen, an ihrer Traumvorstellung festzuhalten. Sie versuchte mit aller Kraft, die Realität wieder ihrer Vorstellung anzupassen, was zusehends schwieriger wurde.

Es kostete sie viel Zeit und Kraft, ihre Traumvorstellungen

aufzugeben. Als sie es schließlich tat, konnte sie mit dem Mann, der übrig geblieben war, nicht mehr viel anfangen. Sie war ernüchtert und tief enttäuscht. Sie fühlte sich betrogen. Die Beziehung endete nach sieben Jahren.

Ihre Traumvorstellungen wurden mit den Jahren weniger. Aber es dauerte eine lange Zeit, bis sie einen realen Mann dauerhaft aushalten und lieben konnte, und zwar ihn selbst und nicht das Bild, das sie sich von ihm geschaffen hatte.

Idealvorstellungen über das Aussehen von Frauen und zunehmend auch über das Aussehen von Männern, die uns durch die Medien vermittelt werden, sind stark von dem Ideal der „ewigen Jugend" oder „ewigen Pubertät" geprägt. Wenn man die Schönheitsideale und die dazugehörige seelische Entwicklungsphase miteinander vergleicht, dann ist das mehr als augenfällig. Die Zeit im Leben eines Menschen, die uns als „Zeit des idealen Aussehens" vermittelt wird, das unter allen Umständen, auch in späteren Jahren, aufrechtzuerhalten versucht wird, ist eine Zeit von Krisen und der spannungsgeladenen Entwicklung einer eigenen Identität.

Erik Erickson, ein Entwicklungspsychologe psychoanalytischer Prägung, beschreibt die Pubertät als „Krise der Identität". Erickson ist der Auffassung, dass es zwei mögliche Ausgänge dieser Krise gibt: Wenn die Entwicklungsumstände günstig sind, geht das Ende der „Krise der Identität" mit der Herausbildung einer eindeutigen Identität einher, wenn ungünstige innere und äußere Umstände vorliegen, dann kann es nach der Pubertät zu einer so genannten „Rollendiffusion" kommen. Damit meint Erickson, dass der Jugendliche es nicht schafft, eine eindeutige Erwachsenenidentität zu entwickeln, sondern zwischen verschiedenen Rollen oder Identitäten hin- und herschwankt.

Wenn wir nun wiederum auf das Ideal des jugendlichen Aussehens Bezug nehmen, so bedeutet dies, dass unsere Gesellschaft Menschen idealisiert, die sich selbst noch nicht gefunden haben und die noch dabei sind, verschiedenste Rollen und Identitäten auszuprobieren.

Man kann dies manchmal bei Schauspielerinnen beobachten, die „in die Jahre gekommen sind" und durch viele Schönheitsoperationen versucht haben, sich das Aussehen zu bewahren, das sie mit achtzehn oder zwanzig Jahren hatten. Sie reden und verhalten sich manchmal wie junge Mädchen. Das wirkt oft grotesk.

Joyceline Wildenstein war mit einem amerikanischen Millionär verheiratet. Sie wurde bereits in jungen Jahren süchtig nach Schönheitsoperationen. Sie unterzog sich unzähligen Eingriffen, bis ihr Gesicht schließlich wie eine Maske aussah. Sie kann heute nicht mehr lachen und noch nicht einmal mehr lächeln. Wenn man sie anschaut, weiß man nicht, ob man lachen oder weinen soll. Dies ist ein Extrembeispiel, wohin die Sucht nach der ewigen Jugend und dem „perfekten Aussehen" einen Menschen bringen kann.

Auch Michael Jackson ist ein Beispiel für einen Mann, der sich unzähligen Schönheitsoperationen unterzog, aber von seiner seelischen Entwicklung her wie ein Jugendlicher wirkt. Wenn man ihn sieht, wirkt er mehr wie ein Kunstprodukt als wie ein realer Mensch. Michael Jackson leidet unter einer extremen Selbstablehnung und unter großen Ängsten vor dem Erwachsen- und Älterwerden. Gleichzeitig ist er ein Vorbild für Millionen von Menschen.

Auch die so genannte „Anti-Aging"-Medizin ist eine Facette der Idealisierung der Jugend und der Angst vor dem Alter. Mit dieser Angst kann man viel Geld verdienen. Das wissen diejenigen, die uns „verjüngende" Kosmetik und „modellierende" Schönheitsoperationen verkaufen. Damit stoßen wir auf den eigentlichen Kern des Themas. Nur Menschen, die große Angst vor dem Älterwerden, dem Reiferwerden, der damit verbundenen Verantwortung und dem Tod haben, sind anfällig für die Versprechungen der „Anti-Aging-Industrie" und lassen sich von ihr beeinflussen.

Das aber bedeutet, dass natürliche Entwicklungs- und

Reifungsprozesse mit Angst besetzt sind und etwas Unnatürliches, nämlich das Verweilen auf einer Entwicklungsstufe, obwohl schon längst die nächste an der Reihe wäre, idealisiert und als wünschenswert dargestellt wird.

Wir müssen uns fragen: Wollen wir das wirklich? Wollen wir wirklich in unserer Entwicklung stehen bleiben, äußerlich und auch innerlich? Es ist nichts anderes als ein Entwicklungsstillstand, der uns als Ideal verkauft wird. Betrügen wir damit nicht uns selbst um alle Möglichkeiten und Facetten, die unser Menschsein hier auf Erden hat?

Gibt es nicht auch deshalb so viele Probleme in Partnerschaften und Familien, weil die Säulen der Familie, nämlich Mann und Frau, von ihrer seelischen Entwicklung her nicht mehr in der Lage sind, als reife Menschen zu handeln sowie Verantwortung für eine Familie und für Kinder zu übernehmen – und zwar dauerhaft? Weil sie nicht diese klare und stabile Identität entwickelt haben, die es ihnen erlaubt, in einer Partnerschaft oder Familie auch Durststrecken zu überstehen und mit Schwierigkeiten und Herausforderungen umzugehen, können sie ihre Aufgaben nicht bewältigen.

Ich finde ältere und reife Menschen wunderbar, egal ob Männer oder Frauen. Sie haben uns so viel zu geben und zu sagen. Sie sind diejenigen, die ihre Erfahrungen an uns weitergeben und uns eine Vision darüber vermitteln, wie unser eigenes Leben in zehn oder zwanzig Jahren aussehen kann. *Sie* sind unsere Vorbilder.

1.4 Männer und Mütter

Viele der Probleme, die Männer in ihren Beziehungen zu Frauen erleben, haben mit ihrer Mutterbeziehung zu tun. Ein kleiner Junge ist völlig abhängig von seiner Mutter, ein kleines Mädchen natürlich auch. Jedoch scheint es gewisse Unterschiede zu geben in der Art und Weise, wie diese Abhängigkeit von Mädchen und Jungen empfunden wird. Es gibt nicht wenige Fälle, in denen der Junge seine Mutter abgöttisch liebt und bewundert. Sie ist die „Heilige", an die er nichts herankommen lässt und die auf ihrem Podest stehen bleiben soll, ungeachtet dessen, was sich in der Realität tatsächlich abgespielt hat.

Carlos kam in die Therapie, weil er immer wieder große Probleme in seinen Frauenbeziehungen hatte. Er verhielt sich oft unzuverlässig, verletzte dadurch seine Partnerinnen, war aber dann nicht bereit, den Fehler einzugestehen und die verletzten Gefühle der Frau auszuhalten. Im Gegenteil, wenn die Frau wütend wurde, drehte er den Spieß um und ging seinerseits in den Rückzug mit der Begründung, die Frau sei „hysterisch" oder reagiere übertrieben. Mit diesem Muster ist es kein Wunder, dass keine seiner Liebesbeziehungen über längere Zeit stabil war.

Über seine Mutter und seine Beziehung zu ihr befragt, sagte er zunächst „Meine Mutter ist meine Mutter", als ob sich damit weitere Fragen erübrigten. Seine Beziehung zu ihr sei normal, so wie Beziehungen zu Müttern nun einmal seien. Es war nichts Konkretes aus ihm herauszubringen, aber was sehr deutlich wurde, war, dass er die Figur seiner Mutter unangetastet lassen wollte.

Gerade da aber könnte eine heilsame Entwicklung einsetzen. Ich habe immer wieder festgestellt, dass Männer, die ihre Mutterbeziehungen wirklich bearbeitet und integriert haben, eher in der Lage sind, unterstützende, achtende und liebevolle Beziehungen mit Frauen einzugehen. Männer, die viel unbearbeitetes Material aus ihrer Mutterbeziehung mitbringen, haben die Tendenz, ihre verdrängten Gefühle an ihrer Partnerin auszuagieren und sie als Projektionsfläche zu benutzen.

Erich war ein Beispiel für einen solchen Mann. Er hatte in früheren Jahren fast nur unglückliche und meist kurze Liebesbeziehungen. Er hatte Angst, wirkliche Nähe zu einer Frau zuzulassen und richtete seine Aufmerksamkeit stattdessen auf andere Frauen, die aus der sicheren Entfernung einen enormen Reiz auf ihn ausübten. Dies bemerkten seine Partnerinnen natürlich und reagierten entsprechend irritiert oder verärgert darauf. Wenn die Partnerin aber Ärger oder Wut äußerte, so konnte er dies nicht aushalten. Es machte ihm Angst. Die Situationen eskalierten, und das Ende der Beziehung war vorbestimmt.

Ich spürte, dass der Schlüssel in seiner Beziehung zu seiner Mutter lag. Ich wusste nur nicht genau, warum. Er erzählte mir seine Geschichte. Seine Mutter war mit ihm ungewollt schwanger geworden von einem Mann, der eine Parallelbeziehung zu einer anderen Frau hatte, die er kurze Zeit später ebenfalls schwängerte. Als er seine Zeugung und Pränatalzeit therapeutisch bearbeitete, fand er heraus, dass die Mutter mehrmals versucht hatte, ihn mit Hilfe einer Stricknadel abzutreiben. Er hatte Todesängste im Mutterleib ausgestanden.

Als ich das erfuhr, konnte ich verstehen, warum die Wutanfälle seiner Partnerinnen ihm solche Angst bereitet hatten. Auch seine Mutter war wahrscheinlich wütend, als sie mit der Stricknadel versuchte, ihn abzutreiben. Er hatte wirklich Todesängste ausgestanden, das begriff ich jetzt. Wenn nun eine Frau, die ihm nahe stand, wütend wurde, kam die alte, unbearbeitete Todesangst wieder an die Oberfläche, und er fürchtete unbewusst um sein Leben. Nachdem er das Thema therapeutisch bearbeitet hatte, veränderte sich seine Beziehung zu Frauen zum Positiven.

Wenn ich mit Männern die Zeugung, Pränatalzeit, Geburt, Baby- und Kleinkindzeit bearbeite, stelle ich immer wieder fest, wie groß die Macht der Mutter während dieser Zeit ist. Ihre Macht ist fast unbeschränkt, und das Kind übernimmt nahezu alles von der Mutter, so als wäre es ein Teil von ihm.

Es gibt viele Untersuchungen, die zeigen, dass Ungeborene im Mutterleib, Babies und Kleinkinder sich wie ein

Teil der Eltern, vor allem der Mutter, empfinden. Ich habe in vielen Rückführungen, die ich durchgeführt habe, eine Bestätigung dieser These gefunden. Die Kinder übernehmen fast alles von den Gedanken und Gefühlen der Eltern. Jeder bedeutungsvolle Satz, der während der Schwangerschaft gesprochen wird, prägt sich im Unterbewusstsein ein.

Ich habe den Eindruck, dass es Mütter gibt, die in ihrer eigenen Kindheit sehr verletzt wurden und diese Verletzungen unverarbeitet an ihre Kinder weitergeben. Manchmal gibt es Mütter, die ihre Kinder wirklich „fressen", die sich energetisch von ihren Kindern ernähren und ihnen die Lebendigkeit aussaugen, um sie in ihre eigenen Verletzungen zu pumpen. Das nennen wir Missbrauch. Es kann sich um emotionalen Missbrauch handeln, wobei die verschiedenen Formen von Missbrauch, sexuell, körperlich, emotional und spirituell, oft auch gemeinsam auftreten.

1.4.1 Der Fall Ernst

Ernst ist fünfundsechzig Jahre alt. Er hat in seinem bisherigen Leben nur kurze und meist unglückliche Beziehungen gehabt. Im Erstgespräch erzählt er mir, er habe in seinem Leben „so an die hundert Frauen" gehabt. Er schaut mich prüfend an, um meine Reaktion auf seine Aussage einschätzen zu können. Als ich ihm sage, dass ich ihm als Therapeutin zuhöre und nicht als Frau, ist er beruhigt und fährt fort. Es sei ihm unmöglich, die Nähe zu einer Frau auszuhalten. Er habe meist mehrere Beziehungen parallel. Eine Frau komme am Wochenende, sie mache ihm „ein bisschen seine Wohnung und den Haushalt", und mit weiteren Frauen treffe er sich an anderen Tagen.

Er halte es nicht aus, alleine zu Hause zu sein. Die Stille sei für ihn schrecklich, und er habe viel Angst. Er müsse „raus in die Welt", er müsse mit anderen Menschen, meist Frauen, zusammensein.

Ein Teil von ihm wünsche sich eine dauerhafte und erfüllende Beziehung mit einer Partnerin, und ein anderer Teil von ihm habe große Angst davor. Er sagte auch noch, dass der erste Teil wahrscheinlich stärker sei, denn sonst wäre er nicht in die Therapie gekommen.

Als Ernst geboren wurde, hatten seine Eltern im Haus der Großeltern väterlicherseits gelebt. Seine Mutter war von ihnen unerwünscht. Ihr Sohn hätte eine andere Frau heiraten sollen, hatte aber seinen eigenen Willen durchgesetzt. Als Ernst klein war, drängten die Großeltern immer wieder darauf, ihr Sohn und ihre Schwiegertochter sollten dafür sorgen, dass das Kind ruhig sei, mit dem Argument: „Was sollen die Nachbarn nur denken."

Ernst wurde bereits als Baby, wenn er schrie, mit seinem Kinderwagen in eine Abstellkammer gestellt, und zwar so lange, bis er keinen Ton mehr von sich gab. Auch in der Kleinkindzeit war dies die bevorzugte Erziehungsmethode der Eltern. Wenn er schrie, wie Kinder es nun einmal tun, sperrte ihn seine Mutter jedesmal in der Abstellkammer ein und sagte ihm, dass er sich schämen solle, so laut zu schreien. Was sollten die Nachbarn von so einem lauten Kind denken? Er werde erst dann wieder aus der Abstellkammer herausgelassen, wenn er keinen Ton mehr von sich gebe.

In der therapeutischen Bearbeitung fanden wir heraus, dass er Todesängste ausgestanden hatte. Er hatte von seinen Eltern vermittelt bekommen, und das viele Jahre hindurch, dass jede Gefühlsäußerung unschicklich und unziemlich sei, dass er mit seiner Lebendigkeit nicht in Ordnung und nur dann ein gutes Kind sei, wenn er mucksmäuschenstill war.

Nachdem wir das besprochen und bearbeitet hatten, konnte ich verstehen, warum er nicht allein sein konnte, warum er viele Frauen brauchte, zu denen er abwechselnd ging, und warum er sich selbst immer wieder ablehnte und für sein Verhalten schämte. Natürlich lehnten ihn auch die Frauen immer wieder ab. Das ist mehr als verständlich, denn sie fühlten sich benutzt und merkten, dass er keine wirkliche Beziehung mit ihnen eingehen und keine wirkliche Nähe zulassen konnte. Er war in einem Teufelskreis gefangen, aus dem er sich alleine nicht zu befreien vermochte.

In die zweite Sitzung kommt Ernst mit einer langen Liste von Notizen. Er schaut mich an und äußert, in dieser Stunde wolle er „ans Eingemachte". Es falle ihm sehr schwer, darüber zu reden, aber er wolle es endlich tun.

Er erzählt, er sei süchtig nach den Brüsten von Frauen. Er gehe manchmal durch die Stadt und sehe nur Brüste. Es sei immer eine ganz bestimmte Form von Brüsten, mittelgroß und auf eine bestimmte Art und Weise geformt, so wie die Brüste seiner Mutter. Brüste anderer Größen oder Formen gefielen ihm nicht. Er habe sogar ein Album, in das er Bilder von halbnackten Frauen einklebe, die diese bestimmte Brustgröße und -form besäßen.

Er erzählt, vor ein paar Tagen sei ein Bild aufgetaucht, wie seine Mutter ihn stille und ihm plötzlich die Brust wegziehe. Ich schlage vor, dieses Bild als Einstieg in die therapeutische Sitzung zu nehmen. In der Rückführung erlebt er sich als Baby, das an der Brust der Mutter saugt. Die Mutter ist angespannt. Die Anspannung hängt damit zusammen, dass die Familie im Haus der Schwiegereltern lebt und Ernsts Mutter von diesen nicht akzeptiert wird. Sie lassen sie ihre Ablehnung spüren. Ernsts Mutter stillt ihren Sohn, ist aber in Gedanken damit beschäftigt, dass jemand hereinkommen könnte.

Das geschieht dann auch. Die Schwiegermutter kommt herein und ruft empört: „Was machst du denn da. Komm, es gibt Arbeit." Die Mutter zieht ihre Brust von dem Baby weg und legt es im Kinderbettchen ab.

Ernst erlebt dies wie ein Schock. Plötzlich ist die Brust weg, und er liegt allein im Kinderbettchen. Ich lasse ihn in der Rückführung seine Gefühle spüren, und er fühlt Frustration und Hunger. Natürlich ist er noch nicht satt, ganz abgesehen davon, dass nicht nur sein Bedürfnis nach körperlicher Nahrung, sondern auch nach seelischer Nahrung, also Wärme und Geborgenheit, *ungestillt* geblieben ist. Ich frage ihn, ob er sich wehrt, ob er schreit oder strampelt. Er sagt „Ruhigliegen". Ich sage ihm, er solle spüren, von wem das Wort komme, und er sagt: „Von meiner Mutter."

Als ich ihm sage, er solle einmal spüren, was er am liebsten in dieser Situation tun würde und er solle seinem Körper folgen, fängt er an zu schreien und zu weinen und seine Arme und Beine zu bewegen wie ein Baby. Ich merke, wie gut ihm das Schreien tut. Ab und zu öffnet er die Augen und schaut mich an, so als wolle er prüfen, ob es noch in Ordnung sei, dass er schreie, oder ob ich auch irgendwann sage „Ruhigliegen". Nachdem er sich versichert hat, dass alles in Ordnung ist, macht er weiter. Wir arbeiten alles gründlich durch.

Diese Sitzung ist für mich sehr beeindruckend. Ernst ist ein älterer Herr, längst pensioniert. Diesen Menschen auf meiner Therapeutencouch schreien, weinen und strampeln zu sehen, ist sehr berührend.

Ich denke, die Geschichte von Ernst ist exemplarisch für die Geschichten vielen Männer, die „süchtig nach den Brüsten von Frauen sind". Die Werbung spricht zudem gezielt diese Defizite aus der Babyzeit an. Wie viele Männer gibt es, die nie von ihren Müttern gestillt wurden oder nur in einer ähnlichen Art und Weise wie Ernst? Oder die emotional oder sexuell missbraucht worden? Ich kann mir gut vorstellen, dass ein Baby Todesangst entwickelt, wenn die Mutter ihm immer wieder die Brust entzieht; denn die mütterliche Brust bedeutet für ein Baby Nahrung, Wärme, Schutz und „Überleben". Wenn die Brust entzogen wird, kann es „Verhungern" bedeuten. Wenn dies im Unterbewusstsein gespeichert ist, kann sich daraus eine Art Sucht nach Brüsten entwickeln. Hier kann sicherlich noch viel therapeutische und Aufklärungsarbeit geleistet werden.

Erst wenn diese Themen aus der Babyzeit therapeutisch bearbeitet sind, kann die Kette durchbrochen werden, durch die sich Leid, Ablehnung und Sucht von Generation zu Generation fortsetzen.

Ernst fühlte sich von seiner Mutter abgelehnt; und sie gab 'nur' die Ablehnung weiter, die sie von ihren Schwiegereltern erfuhr. Er wiederum spielte dieses Spiel von Ablehnung und Zurückweisung in all seinen Frauenbeziehungen weiter. Er hatte noch keine glückliche, dauerhafte Liebesbeziehung mit einer Frau gehabt und sehnte sich doch so sehr danach. Aber wenn die Verletzungen so tief sind und so unbewusst, dann braucht man therapeutische Hilfe, um den Kreislauf von zwanghaftem Verhalten, Selbstvorwürfen und Selbstablehnung zu durchbrechen.

Ernst sagte nach dieser Sitzung zu mir: „Und das habe ich mein ganzes Leben lang mit mir herumgeschleppt." Ich bejahte seine Aussage, dachte aber auch, wie wunderbar es sei, dass er es jetzt endlich bearbeitet hatte. Es ist nie zu spät. Wenn gerade ältere Frauen und Männer den Mut und die Kraft haben, alte Wunden zu spüren und alte Verletzungen zu heilen, dann finde ich das bewundernswert.

In die nächste Sitzung kommt er wiederum mit einer langen Liste von Notizen, die er sich gemacht hat. Es arbeite unaufhörlich in ihm, und ihm sei nach unserer letzten Sitzung viel eingefallen. Ernst hat Sätze aufgeschrieben, die seine Mutter in seiner Kindheit wiederholt zu ihm gesagt hatte, etwa „Du bist ein Idiot", „Du bist schuld an der Krankheit Deines Vaters", „Mit Dir muss man sich ja schämen", „Du und Deine Weibergeschichten" und „Ich werde Dich so verprügeln, dass Dir Hören und Sehen vergeht".

Als ich den letzten Satz hörte, blieb mir einen Moment lang die Luft weg. Ernst ist schwerhörig und trägt ein Hörgerät; außerdem hat er eine Netzhautablösung und wurde bereits achtmal an den Augen operiert. Auf einem Auge hat er nur noch 5% Sehkraft. Ihm ist also wirklich „Hören und Sehen vergangen". Ich merkte an diesem Beispiel noch einmal, wie wörtlich Kinder die Äußerungen ihrer Eltern nehmen, und dass alles, was Eltern zu den Kindern und über diese sagen, ungefiltert in deren Unterbewusstsein sinkt und dort wirkt, und zwar auf körperlicher und seelischer Ebene.

Der Körper von Ernst hat das umgesetzt, was seine Mutter immer wieder zu ihm gesagt hat.

Wenn man die Bedeutung und Tragweite dessen erkennt, spürt man, wie wichtig es ist, was Eltern ihren Kindern vermitteln und wieviel Macht diese über ihre Kinder haben, und zwar nicht nur, um ihnen negative Botschaften zu vermitteln, sondern auch positive. Wenn Eltern sich das bewusst machen, können sie sehr viel für ihre Kinder tun, denn genauso wie die Negativ-Botschaften im Erwachsenenleben der Kinder erhebliche Auswirkungen haben, so haben dies auch die Positiv-Botschaften. Ein Kind, das von seiner Mutter immer wieder gehört hat: „Du bist in Ordnung, so wie du bist" oder „Du schaffst es", hat diesen Satz tief verinnerlicht und wird in seinem Erwachsenenleben in vielen schwierigen Situationen auf diesen Satz zurückgreifen können. Er wird einfach da sein und ein Anker in vielen schwierigen Situationen sein, in denen andere vielleicht verzweifeln würden.

1.5 Die kastrierte Weiblichkeit

Ich las vor einigen Jahren von einer europaweiten Untersuchung über die Frau in der Gesellschaft, bei der herausgefunden wurde, dass es in Deutschland kein positives Frauenstereotyp gebe. Alle Stereotypen, die von der Gesellschaft angeboten würden, seien negativ besetzt.

Schauen wir uns diese Stereotypen an. Welche gibt es? Da wäre das Hausmütterchen, die emsige Köchin und Mutter, die ihre eigene Persönlichkeit zugunsten des Karriere machenden Ehemannes und ihrer bedürftigen Kinder aufgegeben hat. Diese Frau wird oft belächelt, nicht ernst genommen und abgewertet. Der einzige Platz, der ihr zugestanden wird, ist in der Küche.

Daneben gibt es das Stereotyp der Karrierefrau, höchst negativ besetzt. Karrierefrauen, so wird uns vermittelt, sind vermännlichte Frauen, die ihre Weiblichkeit verloren haben und mit allen Mitteln kämpfen, um im Beruf voranzukommen. Diese Frauen werden als gefährlich hingestellt. Vergessen wird dabei, dass sie nur das perfektioniert haben, was die Gesellschaft von jedem von uns, egal ob Mann oder Frau, verlangt, nämlich sich dem Leistungs- und Konkurrenzdruck anzupassen und alle so genannten Schwächen, zu denen im Patriarchat weibliche Eigenschaften und auch Gefühle gehören, abzulegen. Diese Frauen haben „geschafft", wonach wir doch alle streben oder zumindest eine Zeit lang in unserem Leben gestrebt haben.

Wir alle haben doch diese Ziele verinnerlicht. Wir haben sie ja auch lange genug in den Schulen und in unseren Familien eingetrichtert bekommen. Natürlich haben diese Frauen irgendwo auf dem Weg ihre Weiblichkeit verloren, anders hätten sie es gar nicht schaffen können. Aber es gibt auch Frauen, die beruflich vorangekommen sind und es geschafft haben, ihre Weiblichkeit zu bewahren, und ich habe den Eindruck, dass die Zahl dieser Frauen in Zukunft zunehmen wird.

Die Gesellschaft verlangt manchmal Dinge von einer Frau, die nur schwer miteinander zu vereinbaren sind. Uns werden Botschaften vermittelt, die uns verrückt machen. Wir sollen gute Mütter, gute Ehefrauen, hübsch und adrett und vielleicht auch noch beruflich erfolgreich sein, aber nicht zu sehr und vor allem nicht erfolgreicher als der Ehemann oder Vater.

Wir dürfen lernen, Nein zu sagen zu den Botschaften, die uns verrückt machen. Wir können nicht auf allen Gebieten perfekt sein. Wie viele Frauen reiben sich tagtäglich auf in dem vergeblichen Bemühen, Kindererziehung, Partnerschaft, Beruf, Haushalt, Freunde und die eigenen Bedürfnisse unter einen Hut zu bringen. Wie viele Frauen stranden dabei? Es geht nicht. Es gibt Grenzen. Grenzen, die uns der Körper setzt, Grenzen, die uns unsere Bedürfnisse, Gefühle, Gedanken oder einfach unsere Charaktereigenschaften setzen.

Anzubieten wäre auch noch das Stereotyp des angepassten Mäuschens. Das ist die adrette, immer gepflegte Frau, die sehr auf ihr Äußeres achtet und Männern niemals widerspricht. Thelma aus dem Film „Thelma und Louise" ist der Prototyp einer solchen Frau, aber nur so lange, bis sie sich mit Louise auf die Reise begibt.

Dann gibt es natürlich noch die Schlampe oder Hure. Das sind Frauen, die sich „frivol" verhalten, immer Miniröcke und weite Ausschnitte zeigen und ein zwanghaftes Anmach- und Flirtverhalten Männern gegenüber an den Tag legen. Ich selber finde solche Frauen auch nicht gerade übermäßig sympathisch, aber ich verstehe, wie sie so geworden sind. Ich kann mir vorstellen, was sie für Väter und Mütter hatten und dass wahrscheinlich Sex die einzige Art der Nähe oder Zuwendung ist, die sie jemals in ihrem Leben kennen gelernt haben. Entweder sind sie als Kind oder Jugendliche von ihrem Vater, Stiefvater, Onkel oder Nachbarn sexuell missbraucht worden, oder sie haben bei ihrer Mutter gesehen, dass diese sich in dieser Art und Weise verhielt und dann Anerkennung vom Vater oder von anderen Männern bekam.

Weiter gibt es noch das Stereotyp der Barbie-Puppe. Dieses Stereotyp kommt aus Amerika. Es definiert sehr genau die Körpermaße einer Frau – lange Beine, sehr schlank, große, straffe Brüste, lange blonde oder dunkle Haare. Dieses Stereotyp ist eher eines, das sich auf Äußerlichkeiten bezieht als auf ein bestimmtes Verhalten. Ich habe einmal über Pamela Anderson gelesen: „Das Bekannteste an ihr sind ihre Brüste." Was für eine Erniedrigung. Man stelle sich vor, jemand sagt über einen Mann: „Das bekannteste an ihm, ist sein Schwanz." Kaum vorzustellen, dass jemand wagen würde, so über einen Mann zu reden.

In der Realität sind wohl die meisten Frauen ein Mischtyp zwischen den vorgestellten Stereotypen. Manche springen auch zwischen den Rollen hin und her. Ich kenne nur sehr wenige Frauen, die sich wirklich natürlich verhalten, aus sich selbst heraus, und nicht ständig Dinge tun, von denen sie meinen, dass sie erwartet werden oder dass sie sie tun müssen, um Liebe und Anerkennung zu bekommen. Alle diese Frauen sind in gewisser Weise kastriert, denn sie sind in den Rollen gefangen, die die Gesellschaft ihnen zugeschrieben hat und haben das Eigentliche, ihre ureigene Kreativität und Weiblichkeit, verloren. Oder besser ausgedrückt: Das Eigentliche ist verschüttet.

Susanna durchlief in ihrem Leben verschiedene der oben vorgestellten Stereotypen. Für ihre Mutter sollte sie eine Puppe sein, denn sie wollte eigentlich kein lebendiges Kind. Sie war mit der Lebendigkeit ihrer Tochter und den Aufgaben, die diese an sie stellte, völlig überfordert. Sie erzählte Susanna oft: „Du sahst als Baby und Kleinkind wie eine Käthe-Kruse-Puppe aus", so als sei das das Herausragendste an Susanna gewesen. Über ihr Verhalten sagte sie: „Du warst so lieb. Ich konnte mit Dir machen, was ich wollte, Du hast mich immer nur mit Deinen großen blauen Augen angeschaut."

Susanna hatte als Baby eine nicht erkannte Skoliose. Ihre Mutter erzählte ihr, sie und ihr Vater hätten sie für Fotos hübsch gemacht und sie fotografieren wollen. Dabei sei Susanna komischerweise immer umgekippt. Danach ging ihre Mutter mit ihr zum Arzt, und die Skoliose wurde diagnostiziert. Susanna musste daraufhin drei Jahre lang in einer Gipsschale schlafen. Sie kann sich noch genau an das Gefühl erinnern, in der harten Gipsschale zu liegen und mit zwei dicken Gurten festgeschnallt zu sein, einem über dem Bauch und einem über der Brust. Sie verspürte nachts Harndrang und versuchte, sich in ihrem Gitterbett an den Gitterstäben hochzuziehen, wurde aber durch das Gewicht der Gipsschale wieder nach unten gezogen.

Vor einiger Zeit fragte Susanna ihre Mutter, ob sie sich nie gewehrt hätte, wenn sie sie abends in die Gipsschale legte, und sie antwortete mit Anerkennung in der Stimme: „Nein, Du warst immer so brav. Du hast nie geschrien oder Dich gewehrt, sondern hast mich immer nur angeschaut."

Als Susanna diese Zeit in ihrem Leben therapeutisch bearbeitete, kamen alle damals verdrängten Gefühle an die

Oberfläche – Wut, Angst, und vor allem das Gefühl, dass sie sich von der Schale befreien und ihre Bewegungsfreiheit zurückgewinnen wollte. Es war eine für sie sehr eindrucksvolle Rückführung. Besonders auf der körperlichen Ebene konnte sie spüren, wie sehr dieses Stillhalten immer noch in ihrem Körper gespeichert war. Das körperliche Durcharbeiten und die Befreiung von der Gipsschale mit Händen und Füßen tat ihr enorm gut.

Dieses Stillhalten ist genau das, was vielen Frauen auf unterschiedliche Art und Weise in den ersten Lebensjahren vermittelt wird. Was bei Susanna durch die Gipsschale und andere so genannte Erziehungsmethoden geschah, wurde bei anderen Frauen durch entsprechende Maßnahmen wie Liebesentzug oder andere Bestrafungen für den Ausdruck von Gefühlen wie Wut oder Zorn erreicht. Bei bravem, angepasstem Verhalten verlief es umgedreht.

Ich denke, dass es einen Zusammenhang zwischen der Angst der Männer vor der weiblichen Kraft gibt und dem Ausmaß, indem sie die Frauen unbewusst „kastrieren" und zur Puppe machen wollen. Ein Mann, der seine Frau oder Tochter zur Puppe machen will, vergewaltigt sie auf der körperlichen und auch auf der seelischen Ebene. Ich glaube, auch den vielen Schönheitsoperationen, die immer mehr in Mode kommen, unterziehen sich Frauen, die – unbewusst – Puppen sein wollen. Ich gehe später noch ausführlich auf das Thema Schönheitsoperationen ein.

Wenn wir uns anschauen, worin der größte Unterschied zwischen einer Puppe und einer Frau besteht, so ist es natürlich der, dass die Frau lebendig und die Puppe tot ist. Das heißt, wenn wir bis ans äußerste Extrem der Gedanken gehen, so wollen Männer oder Väter, die Puppen wollen, Frauen eigentlich umbringen. Sie bringen Frauen keine Liebe und Achtung, sondern Hass und Verachtung entgegen. Sie können weibliche Kraft nicht ertragen und fühlen sich ihr ohnmächtig gegenüber. Meiner Erfahrung nach haben alle diese Männer extrem traumatische Erfahrungen in diesem oder einem vergangenen Leben mit ihrer Mutter gemacht. Ich bin schon weiter oben darauf eingegangen. Deshalb ist es so wichtig, dass Männer ihr Muttertrauma heilen. Nur dann sind sie in der Lage, eine wirklich gleichberechtigte, liebevolle Beziehung mit einer Frau einzugehen und diese Frau wirklich in ihrer Art zu achten und zu unterstützen.

Zum Abschluss dieses Kapitels möchte ich noch eine für mich äußerst beeindruckende Geschichte im Zusammenhang mit dem Thema „Kastration" bringen. In dieser Geschichte aus einem vergangenen Leben geht es nicht um eine Frau, die seelisch kastriert wird, sondern um einen Jungen, der körperlich – und seelisch – kastriert wird.

Meine Klientin Friederike ist lesbisch. Sie hat mehrere unerfüllte Beziehungen zu Frauen gehabt und begibt sich in Behandlung, weil sie ihre Vergangenheit aufarbeiten will. Als sie bereits einige Zeit in Therapie bei mir ist, beginnt sie sich mit einer Arbeitskollegin anzufreunden. Die beiden Frauen verlieben sich ineinander und gehen eine Beziehung ein. Friederike hat den Eindruck, dass diese Beziehung viel besser ist als alle vorherigen, trotzdem gibt es natürlich auch hier Themen. Eines dieser Themen ist, dass Friederike sich nicht richtig einlassen kann. Sie hat Angst vor Nähe. Ihre Freundin kommt damit nur schwer zurecht. Immer wieder gibt es Situationen, in denen sich Friederike hilflos fühlt. Gleichzeitig fühlt sie sich verpflichtet, die Erwartungen des anderen zu erfüllen und ihre Freundin nicht zu enttäuschen. Außerdem fühlt sie sich „neutral", „zu dick" und „hässlich". Der Satz „Ich darf das nicht fühlen" kommt hoch sowie Hilflosigkeit und Leere im Kopf. Wir steigen mit diesen Elementen ein, und als erstes kommt eine Situation aus diesem Leben an die Oberfläche, in der ihr Vater sie anfasst. Sie ist ungefähr zwanzig Jahre alt. Sie denkt „ich will nicht", fühlt Ekel und dann nichts mehr. Sie fängt an, sich „neutral" zu fühlen.

Wir gehen mit diesen Elementen in ein vergangenes Leben, und das erste, was hochkommt ist „Ich bin dick" und

„Ich bin neutral und ein Schmuckstück". Sie ist Eunuch in einem Harem und hat die Aufgabe, auf eine Prinzessin mit „Elfenfigur" aufzupassen. Wir gehen an den Anfang der Geschichte zurück. Sie ist ein zwölfjähriger Junge, der anders ist als die anderen. Sie ist hellhäutig, im Gegensatz zu den anderen Menschen, die dunkelhäutig sind. Sie ist dick und sieht aus wie ein Buddha. Ihre Hoden sind winzig klein. Als ich sie bitte, da hin zugehen, wo etwas passiert ist, das dafür gesorgt hat, dass sich ihre Hoden nicht normal entwickeln, kommt eine Szene hoch, in der sie fünf Jahre alt ist und von ihrer Mutter dort angefasst wird. Die Mutter sagt: „Das ist aber niedlich", lacht und berührt ihre Hoden. Friederike spürt Abwehr und denkt: „Das will ich nicht", traut sich aber nicht, dies ihrer Mutter zu sagen. Die Hoden ziehen sich von diesem Tag an zurück. In ihrem Unterbewusstsein gibt es den Gedanken: „Wenn die Hoden zurückgezogen sind, dann kann mich keiner mehr anfassen und über mich lachen."

Sie ist anders als die anderen, zum einen durch ihre helle Hautfarbe und zum anderen durch die Winzigkeit ihrer Geschlechtsteile. Dieses Anderssein führt dazu, dass nichts mehr von ihr erwartet wird. Ihre Eltern vermitteln ihr, dass sie nutzlos ist. Sie sind arm, und ihr Vater verkauft sie schließlich an den Harem. Das bedeutet, dass sie aus dem Elend herauskommt. Sie wird kastriert. Über die Kastration wird ihr gesagt, diese sei „unwichtig" und es möge sie sowieso keiner, weil sie anders sei. Nach der Kastration denkt sie: „Mann kann ich nicht sein, Frau will ich nicht sein" und „Ich bin ein lebendiger Buddha".

Sie kommt in den Palast und beobachtet die Prinzessin, auf die sie aufpassen soll. Sie denkt: „An die komme ich nicht ran" und „Ich gehöre zur Einrichtung". Sie bekommt mit, wie sich die Prinzessin mit dem Herrscher streitet. Ihre Gefühle sind auf der Seite der Prinzessin, aber diese kann sich nicht durchsetzen, da sie gegenüber dem Herrscher keine Rechte hat. Friederike ist wütend und denkt: „Es ist nicht richtig, was da passiert." Gleichzeitig steckt sie in einem Gefühl von Hilflosigkeit, denn sie weiß, dass sie nichts machen kann. Auch sie hat keine Rechte. Sie wird immer trauriger. Sie leidet mit der Prinzessin, denn mitleiden ist das einzige, was sie tun kann. Sie hat das Gefühl, alles sei sinnlos.

Niemand außer der Prinzessin interessiert sich für ihre Gedanken und Gefühle. Sie ist die Chronik des Raumes, in dem sie sich viele Jahre lang tagein, tagaus befindet, und sie erzählt viele Geschichten über das, was in diesem Raum passiert ist. Sie fühlt sich völlig neutral, ohne Teilnahme an dem Leben, das dort stattfindet, nur als Beobachterin. Sie stirbt nach vielen Jahren, klein, alt und eingetrocknet. Ihr letzter Gedanke ist: „Ich bin jetzt erlöst."

Wir arbeiten alles gründlich durch. Ich lasse sie all die Hilflosigkeit und Neutralität ausatmen und ihre Lebendigkeit, ihre Rechte und ihren eigenen Willen zurückholen. Bemerkenswert ist, dass es in all den Leben, die ich mit Friederike bearbeitet habe, das Thema der Neutralität und der abgespaltenen Gefühle gibt, auch in ihrem jetzigen Leben. In ihrer jetzigen Beziehung ist sie der männliche Teil und die andere Frau der Weibliche. Wieder steht sie gewissermaßen zwischen den Geschlechtern. Wieder ist es so, dass sie „Mann nicht sein kann, und Frau nicht sein will".

Ihr selbst wird nach dieser Rückführung klar, warum sie sich auch in ihrer jetzigen Beziehung oft in der Beobachterrolle fühlt, warum sie Angst vor Nähe hat und davor, sich wirklich einzulassen.

Für mich war diese Rückführung sehr bemerkenswert, erlaubt sie uns doch, die tieferen Zusammenhänge der Entstehung sexueller Orientierungen auf der seelischen Ebene zu begreifen.

1.6 Die Enteignung des weiblichen Körpers

Sabrina begab sich in die Therapie, weil sie starke Hautprobleme im Gesicht hatte. Immer wieder bildeten sich große Abszesse, durch die sie sich entstellt und eingeschränkt fühlte. Sabrina litt außerdem darunter, dass sie sich zwanghaft mit anderen Frauen verglich. Sie sagte mir, sie wolle das eigentlich gar nicht, aber es passiere immer wieder. Wenn sie sich mit einer anderen Frau vergleiche, fühle sie sich schlecht und oft auch minderwertig und habe das Gefühl, die andere Frau sei hübscher oder perfekter oder „mehr Frau" als sie selbst. Sie habe das Gefühl „ich bin es nicht wert" und „ich schaff's nicht" und sie glaubte, dass sie erst dann liebenswert sei, wenn sie ein bestimmtes Aussehen habe.

Wir bearbeiten zuerst ihre Zeugung und die Zeit im Mutterleib. Bei der Zeugung denkt ihr Vater „Bin ich genug?" und „Schaffe ich das?". Immer wieder tauchen während der Schwangerschaft beim Vater und auch bei der Mutter ambivalente Gefühle dem Baby gegenüber auf. Es gibt Zweifel und immer wieder die Frage, ob sie „es schaffen". Sabrina verinnerlicht all diese Gedanken.

Als wir Sabrinas Geburt bearbeiten, kommt an die Oberfläche, dass sie nach der Geburt rot und fleckig aussah, wie die meisten Babys. Die Hebamme denkt: „Die sieht vielleicht aus." Auch die Mutter empfindet so. Die Hebamme will „erstmal das Baby saubermachen" und sagt zu Sabrina: „Wenn Du sauber bist, darfst Du wieder zu Deiner Mutter." Der Arzt sagt, nachdem Sabrina saubergemacht wurde: „Jetzt ist das Baby sauber" und gibt sie der Mutter. Das heißt, Sabrina verinnerlicht schon in den ersten Minuten ihres Lebens, dass sie so, wie sie natürlicherweise aussieht, nicht in Ordnung ist. Erst wenn etwas mit ihr gemacht wird, sieht sie gut aus und darf zur Mutter und deren Zuwendung bekommen.

Dann geht es weiter. Sabrinas Mutter hat nicht genug Milch. Sie denkt, dass ihre Brüste zu klein seien und sie deshalb zu wenig Milch habe. Sie denkt, dass sie zu wenig Frau sei, um ihr Kind zu stillen und deshalb keine richtige Mutter sei. Die Schwester sagt: „Jetzt geben wir dem Baby etwas Richtiges" – und meint damit das Fläschchen. In dem Moment denkt die Mutter, dass sie als Frau minderwertig sei und andere Frauen etwas zu geben haben, was sie nicht zu geben hat. Sabrina verinnerlicht all dies, als wäre es ihre eigene Energie.

Auch ihr Vater denkt beim ersten Mal, als er Sabrina sieht „Ist die schrumpelig und rot" und „Wie sieht die denn aus". Sie gefällt ihm besser, als sie gewaschen ist.

Sabrina verinnerlicht zum einen, dass sie erst dann liebenswert ist, wenn sie nicht mehr rot und schrumpelig ist, sondern gewaschen und sauber, und zum anderen, dass andere Frauen besser sind und mehr zu geben haben.

Solche Erlebnisse führen dazu, dass Frauen ein gestörtes Verhältnis zu ihrem Körper haben, besonders zu ihren äußeren und inneren Geschlechtsorganen. Ich möchte dies zunächst am Beispiel der weiblichen Brust erläutern.

Die weibliche Brust ist, wie vielleicht kein anderes weibliches Geschlechtsorgan, äußeres Zeichen davon, dass eine Frau eine Frau ist. Sie ist auch Ausdruck weiblicher Kraft und Schönheit. Die Brüste einer Frau nähren ihr Baby und sind eine Quelle von Lust – und zwar für die Frau selbst.

Schauen wir uns im Einzelnen die grundsätzlichen Funktionen der weiblichen Brust an: Ich möchte als erstes die Funktion der weiblichen Brust *für die Frau selbst* benennen. Die Brüste und die Brustwarzen sind hochsensible und erogene Areale des weiblichen Körpers. Es gibt Frauen, die 'nur' durch Stimulation der Brüste und Brustwarzen einen Orgasmus bekommen können.

Zweitens nähren die Brüste der Mutter ihr Baby. Dabei werden Immunglobuline gebildet, die sowohl für die Gesundheit des Babys als auch für die der Mutter förderlich sind. Frauen, die gestillt haben, weisen ein geringeres Brustkrebsrisiko auf als Frauen, die nicht gestillt haben, und Kinder, die gestillt wurden, verfügen über ein besseres Immunsystem als Kinder, die nicht gestillt wurden. Auch geht die Gebärmutterrückbildung nach der Geburt bei stillenden Müttern schneller als bei Müttern, die nicht stillen. Außerdem ist die Bindung zwischen Mutter und Kind, die beim Stillen hergestellt wird, eine einzigartige Bindung. Es ist eine gleichberechtigte Partnerschaft ohne Machtgefälle. Die Mutter gibt ihre Milch, und das Kind nimmt sie und gibt dadurch gleichzeitig der Mutter angenehme Gefühle und Immunglobuline, die durch das Stillen in der Brust gebildet werden.

Seit einigen Jahren ist das Ideal der weiblichen Brust eine sehr große, pralle Form. Woher kommt das? Wann sind die Brüste einer Frau natürlicherweise groß und prall? Naturgemäß sind sie das nach der Geburt eines Kindes. Die Brüste der Mutter sind prall und mit Milch gefüllt.

Viele Rückführungen und Bearbeitungen von Themen aus der Babyzeit haben mich zu der Erkenntnis geführt, dass für ein Baby am Anfang seines Lebens die mütterliche Brust mit das Wichtigste überhaupt ist, als Quelle von Nahrung, Schutz, Wärme und Geborgenheit. Wenn ich mir überlege, wie diese weibliche Brust für ein kleines Baby aussieht, so muss sie riesig wirken. Ich frage mich, ob es damit zusammenhängt, dass riesige, pralle Brüste oft so hochstilisiert werden.

Was haben Männer (und Frauen natürlich auch) für Defizite aus der Babyzeit mitgebracht? Wie viele der heute Erwachsenen wurden überhaupt gestillt? Wie viele durften die Erfahrung der weichen, prallen mütterlichen Brust machen? Wie vielen wurde sie vorenthalten? Gibt es deshalb Silikon gefüllte Brüste? Sind die Silikon-Brüste ein Ersatz für entgangene emotionale und körperliche Befriedigung im frühen Kindesalter? Ich denke, alle diese Fragen müssen wir uns stellen, wenn wir uns mit dem Thema beschäftigen.

Wenn ich mir weiter anschaue, was so genannte „Brustkorrekturen" für die weibliche Brust bedeuten, so fällt als erstes auf, dass eine Frau, die Silikon-Einlagen hat, nicht mehr stillen kann. Also eine der wichtigsten natürlichen Funktionen der Brust fällt damit weg, und wieder wächst ein nicht-gestilltes, nach der Wärme und Geborgenheit einer mütterlichen Brust verlangendes Baby heran.

Die zweite Folge von Brustvergrößerungen ist, dass die Empfindsamkeit der Brustwarze erheblich gemindert wird oder ganz wegfällt. Also die andere wichtige Funktion der weiblichen Brust, nämlich die Lust *für die Frau selbst*, fällt weg. Die Frau kann dann nur noch – wenn überhaupt – Lust aus der Lust des Mannes beziehen, dem sie ihre operierte Brust als Lustquelle anbietet.

Ich kann keine Frau verurteilen, die sich dazu entschließt, eine so genannte Brustkorrektur durchführen zu lassen. Wir werden täglich mit so vielen Bildern von angeblich „perfekten" Brüsten überschwemmt, dass es für die einzelne Frau nicht leicht ist, sich dem Sog zu entziehen. Aber jeder Frau, die sich zu einem solchen Eingriff entscheidet, sollte klar sein, dass seelische Probleme auf diese Art und Weise nicht gelöst werden können. Auch wenn es verführerisch erscheint, aber durch eine Operation kann niemand seine Minderwertigkeitsgefühle oder Selbstwertprobleme heilen.

Ich schlage einen anderen Weg vor, und zwar den Weg von der Enteignung zur Wiederaneignung.

Durch jahrhunderte- oder jahrtausendelange Enteignung sind Frauen von ihrem Körper, insbesondere von den weiblichen Geschlechtsorganen, getrennt. Sie waren gezwungen, diese in die Hände der Männer zu geben, in die Hände von männlichen Gynäkologen und Schönheitschirurgen, die ihnen sagten, was richtig und falsch, was gesund und ungesund, was schön und nicht schön sei.

Wir dürfen uns unsere Organe wieder zurückholen und wieder selber mit eigenen Augen sehen lernen. Das ist kein leichter Prozess, und sicherlich geht es nicht von heute auf morgen, aber es geht. Mit dem Bewusstsein fängt es an.

Wir können und dürfen uns fragen: „Was bedeuten meine Brüste, meine Gebärmutter, meine Eierstöcke, meine Vagina, *für mich?* Nicht für meinen Partner, nicht für meine Kinder, nicht für die Gesellschaft, sondern *nur für mich?* Wenn wir das lange und intensiv genug tun, dann können wir uns vielleicht wieder mit den archetypischen Bedeutungen der weiblichen Geschlechtsorgane verbinden, mit der Kraft, Macht, Lust, Lebendigkeit und Kreativität, die ihnen innewohnen *und die uns gehören.*

Das, was ich in diesem Kapitel über die weibliche Brust gesagt habe, gilt natürlich genauso für alle anderen weiblichen Geschlechtsorgane. Wenn ich lese, dass über 50% aller in der USA durchgeführten Hysterektomien (Gebärmutterentfernungen) überflüssig sind, dann bedeutet das auch für dieses weibliche Geschlechtsorgan, dass wir es in die Hände von Ärzten gegeben haben, für die Herausschneiden die Methode der Wahl ist und die den körperlich-seelischen Zusammenhängen nur eine untergeordnete Bedeutung zumessen.

Jedes Symptom, jede Krankheit, erzählt eine Geschichte. Wenn wir uns selbst zuhören, dann wird unsere Seele, unser Unterbewusstsein, uns diese Geschichte erzählen; und wenn wir die Geschichte angehört und verstanden haben und die notwendigen Veränderungen in unserem Leben vorgenommen haben, dann wird das Symptom in vielen Fällen wieder verschwinden oder wir werden *intuitiv wissen*, wie wir es zu behandeln haben. Dann wird es weniger Operationen und schonendere Behandlungsmethoden geben, weniger Schneiden und mehr Heilen.

1.7 Sexuelle Störungen bei Männern

Leonhard begab sich bei mir in die Behandlung, weil er unter Erektionsstörungen litt. Er war seit zehn Jahren glücklich verheiratet und hatte nach seinen Worten selten ein schönes sexuelles Erlebnis gehabt. Immer wieder passierte es, wenn er mit seiner Frau schlafen wollte, dass die Erektion nur bis zu einem bestimmten Zeitpunkt anhielt. Kurz bevor es zum Geschlechtsverkehr kam, konnte er die Erektion nicht mehr aufrechterhalten. Er und seine Frau hatten einen Kinderwunsch, aber er hat das Gefühl, dass sich tief im Inneren etwas sträubte.

Ich fragte ihn nach seiner Ursprungsfamilie und er berichtete, dass sein Vater Alkoholiker gewesen sei. Seine Mutter hatte hohe Erwartungen an Leonhard. Er sollte ihr das ersetzen, was ihr Mann ihr nicht geben konnte. Leonhard stand immer unter Leistungsdruck. Das Thema Sexualität war im Elternhaus tabu. Die Eltern hatten jedoch ein schlechtes Verhältnis zueinander, und Leonhard konnte sich erinnern, mitbekommen zu haben, dass seine Mutter nicht mit seinem Vater schlafen wollte.

Wir bearbeiten zunächst einige traumatische Situationen aus diesem Leben sowie Zeugung, pränatale Phase und Geburt. Dann steigen wir in vergangene Leben ein, um herauszufinden, wo das Thema angefangen hat.

Ich bitte ihn, zurückzugehen in der Zeit, in ein vergangenes Leben hinein, dorthin, wo das Thema angefangen hat. Wir beginnen mit dem Gefühl von Beklemmung und Gefesseltsein sowie Abgeschnürtsein im Unterleib. Sein Unterbewusstsein führt ihn in eine Situation, in der er mit einem schwarzen Umhang bekleidet an einem Baum sitzt. Er ist gefesselt. Er befindet sich in einem Wald, und es ist kalt und neblig. Jemand hat ihm auf den Kopf geschlagen.

Ich bitte ihn, in demselben Leben noch weiter zurückzugehen, dahin, wo noch alles in Ordnung ist. Er sieht sich in einer Hütte lebend. Er ist ein junger Mann, der eine Frau und zwei Kinder hat. Er hat ein gutes, freudiges Lebensgefühl. Seine Ehe ist glücklich, und er ist stolz auf seine Kinder. Er lebt in einem Dorf im Wald, und seine hauptsächliche Aufgabe ist die Jagd.

Als ich ihn bitte, dahin zu gehen, wo sich etwas an dieser Situation verändert, hört er Schreie. Es gibt einen Überfall auf sein Dorf. Er kommt von der Jagd zurück und sieht, dass es brennt. Er sucht seine Frau und seine Kinder. Dann schlägt ihm jemand auf den Kopf. Er wird weggeschleift und festgebunden. Dann gibt es erneut einen Schlag auf den Kopf, und es wird dunkel. Als er wach wird, ist sein Bauch wie zugeschnürt und sein Kopf tut weh. Er hat eine Verletzung im unteren Bauchbereich, nahe seines Geschlechtsteils. Sein erster Gedanke ist: „Wo ist meine Frau? Wo sind meine Kinder?" Dann merkt er, wie Blut aus der Wunde im Unterleib fließt. Sein Körper fängt an, sich kalt und kraftlos zu fühlen. Er stirbt. Das Sterben fängt im Unterleib an. Er verblutet. Sein letzter Gedanke ist: „Meine Frau und meine Kinder."

Leonhard hat viel unerlöste Energie aus diesem Leben mitgenommen. Sein Sterben war ein schweres Trauma, und er konnte sich nicht von seiner Familie verabschieden. Ich lasse ihn als erstes alle Schockenergie aus seinen Körperteilen, insbesondere aus seinem Unterleib, ausatmen. Wenn Körperteile im Schock geblieben sind, dann kann es sein, dass sie in folgenden Inkarnationen Probleme bereiten. Im Fall von Leonhard hat sich der Schock so ausgewirkt, dass er Erektionsstörungen bekam.

Als Nächstes lasse ich in mit seiner damaligen Familie in Kontakt treten, um sich zu verabschieden. Wir arbeiten alles gründlich durch. Zum Abschluss der Sitzung frage ich Leonhard, was es für sein jetziges Leben bedeuten könne, wenn dieses vergangene Leben gut beendet und integriert und der Schock vorbei ist. Er sagt: „Ich darf weitermachen, Kinder zu zeugen."

In der nächsten Sitzung arbeiten wir an dem Thema weiter. Es kommt ein Leben an die Oberfläche, in dem er ein Mann mit Perücke ist. Er sieht sich an einem Schreibtisch arbeitend und ist in eine Frau verliebt. Sie ist verreist, und er hat vor, um ihre Hand anzuhalten. Er ist von dieser Frau fasziniert, und wenn er im Bett liegt, hat er sexuelle Phantasien und Gefühle. Die Moral der Gesellschaft, in der er lebt, besagt, dass man vor der Ehe keinen Geschlechtsverkehr haben darf, aber seine sexuelle Neugier ist größer als die Verbote. Es gibt eine Szene, in der es zum Geschlechtsverkehr zwischen ihm und seiner Verlobten kommt. Sie will jedoch eigentlich nicht. Es geht alles sehr schnell, und dann geht sie weg.

Sie will ihn nach diesem Ereignis nicht mehr wiedersehen. Er erzwingt ein Treffen, und sie teilt ihm mit, dass sie nichts mehr von ihm wissen will. Er ist außer sich vor Panik und Verzweiflung und erschlägt sie mit einem Krug. Dann geht alles wie im Zeitraffer. Er denkt: „Ich muss weg." Er will davonlaufen, ist aber dazu nicht in der Lage. Er sagt: „Ich werde nicht fertig damit", „Ich komme nicht weiter" und „Ich habe das alles kaputtgemacht". Er ist im Schock und springt aus einem Fenster. Sein letzter Gedanke ist: „Sie hat mich verlassen."

Leonhard versteht, dass er aus seinem damaligen Leben die unbewusste Überzeugung mitgebracht hat, dass Sexualität gefährlich ist und im Zusammenhang steht mit Mord und Selbstmord. Der unbewusste Glaubenssatz, den Leonhard mitgenommen hat, ist: „Wenn es Sexualität gibt, dann gibt es ein Drama, Verlassenwerden, Streit und schließlich Tod."

Wenn aber Sexualität in seinem Unterbewusstsein mit Sterben und Tod verknüpft ist, dann wird verständlich, dass er in seinem jetzigen Leben unbewusst versucht, der Sexualität auszuweichen. Sein Körper setzt die unbewussten Glaubenssätze um. Er tut das, was Leonhard nicht mehr bewusst ist. Indem er die Erektion „zusammenfallen" lässt, weicht er der bedrohlichen Situation, die mit Tod enden könnte, aus.

Ich lasse ihn alle Fremd- und Schockenergie ausatmen und frage ihn, womit er Sexualität verbinden könne, wenn er die Verbindung Sexualität – Tod aufgelöst hat. Er verbindet Sexualität mit Leben, mit Spaß und mit Kindern.

Leonhard geht es langsam besser. Er fühlt sich ausgeglichener, harmonischer, stabiler und zufriedener, aber er hat das Gefühl, dass ihm immer noch Entschlossenheit fehlt und er *nicht vorankommt*. Wir steigen in die nächste Sitzung ein mit den Gefühlen Ärger und Angst, dem Körpergefühl „Zusammenziehen im Bauch" und dem Satz „Ich geh's nicht an".

Sein Unterbewusstsein führt ihn in eine Situation aus einem vergangenen Leben, in der er sich auf einem Platz sieht. Er hat Angst vor etwas und wird verfolgt. Er versteckt sich. Er ist am rechten Arm verletzt und kann nicht mehr weiterlaufen, weil er außer Atem ist. Er hatte jemand überfallen, der sich aber gewehrt hat. Es war zu einem Kampf gekommen. Der Überfallene hatte Leonhard mit einem Messer am rechten Arm verletzt. Dieser reagierte im Schock, als er das ganze Blut an seinem Arm sah, und brachte den Mann um. Er rannte davon und versteckte sich. Dann kam die Szene, in der er nicht mehr weiterkonnte, weil er außer Atem war. Er dachte: *„Ich komme nicht voran",* wurde kurze Zeit später entdeckt und mit zwei Schüssen erschossen. Alles ging ganz schnell und im Schock. Ein Schuss ging in den Herzbereich, der andere in den Genitalbereich. Er war sofort tot.

Der Gedanke *„Ich komme nicht voran"* ist genau derjenige, den er in der letzten Zeit immer wieder gehabt hatte.

Wir arbeiten alles durch. Leonhard begreift, dass Entschlossenheit in seinem Unterbewusstsein mit Tod verknüpft ist. Mit Entschlossenheit hat er den Mann überfallen, und dies führte dazu, dass er starb. Wir arbeiten auch das Sterben gründlich durch. Er spürt, wie sehr er „weg sein" will. „Weg sein" ist in seinem Unterbewusstsein mit Überleben verbunden. Wenn er es schafft, wegzurennen, kann er überleben. Das hat er jedoch nicht geschafft. Und dann gab es die Schüsse in den Herzbereich und in den Genitalbereich, also ein erneuter Schock für seine Geschlechtsorgane. Wir integrieren das traumatische Erlebnis, und Leonhard bringt den Glaubenssatz „Entschlossenheit führt zum Tod" aus seinem psychischen System heraus.

In der nächsten Sitzung berichtet er, dass er sich die Frage stelle, wo er stehe und ob er weitergekommen sei. Er und seine Frau hätten einen ausgeprägten Kinderwunsch, aber er habe das Gefühl, dass er sich nicht *fallenlassen* könne. Er habe das Gefühl, etwas *überbrücken* zu müssen und habe *Angst vor dem großen Schritt*. Wir steigen ein mit dem Gefühl Angst, dem Körpergefühl „Aufprallen im Bauch" und dem Satz „Warum geht's nicht weiter?".

In der Rückführung sieht er sich auf einem hohen Felsen stehen. Vor ihm ist der Abgrund. Er hat schreckliche Angst *herunterzufallen*. Er gerät aus dem Gleichgewicht. Er denkt: *„Bloß keinen Schritt machen."* Alles dreht sich. Schließlich fällt er herunter.

Ich bitte ihn, an den Anfang der Geschichte zurückzugehen. Er ist in eine Frau verliebt, die er *nicht erreichen* kann, weil sie mit einem anderen Mann zusammen ist. Er sieht sie auf einem Fest mit dem anderen Mann tanzen. Er will zu ihr *hingehen*, fühlt sich aber, als würde ihn etwas *zurückziehen*. Er geht nach Hause und fühlt sich enttäuscht und hoffnungslos. Er ist von niedrigerem Stand als diese Frau, und es ist *unmöglich, sie zu erreichen*.

Er lebt in recht bescheidenen Verhältnissen mit seinem Vater zusammen. Kurze Zeit nach dem Tanzabend gibt es eine Auseinandersetzung mit seinem Vater, in deren Verlauf der Schuppen einstürzt. Sein Vater liegt unter einem Pfosten. Leonhard kann ihm nicht helfen. Er läuft davon. Er kann nicht zurück, sonst wird er bestraft. Er läuft und läuft, bis er schließlich zu dem Abgrund kommt. Er stürzt in die Tiefe, und als er aufprallt, hat er das Gefühl, dass sein Körper zerspringt. Er sagt „Alle meine Teile sind weg", und es fühlt sich so an, als sei sein ganzer Körper offen. Vor allem hat er das Gefühl, sein Unterleib sei weg. Wir arbeiten alles durch, und ich lasse ihn die Teile seines Körpers wieder zusammenfügen.

Nach diesen Sitzungen verbessert sich Leonhards Problematik. Zum Abschluss dieses Therapieblocks machen wir eine Aufstellung, in der wir alle seine Persönlichkeiten aus den vergangenen Leben, die wir bearbeitet haben, einladen. Leonhard tritt mit allen in Kontakt, redet mit ihnen, integriert sie und lädt sie ganz bewusst ein, an seinem jetzigen Leben teilzuhaben. Insbesondere dem Mann, der eine Frau und Kinder hatte und der bei dem Überfall auf sein Dorf starb, teilt er nochmals mit, dass es jetzt wieder erlaubt ist, eine Familie und Kinder zu haben, dass es jetzt wieder möglich ist, etwas fortzuführen, was damals durch seinen Tod abrupt beendet wurde, einen Faden weiterzuspinnen, der damals abgerissen war.

2.
Sexueller Missbrauch

2.1 Babette

Babette ist neunzehn Jahre alt. Sie sucht therapeutische Hilfe, weil sie Probleme mit ihrer Familie hat und ihre Vergangenheit ordnen will. Eine vor einiger Zeit begonnene Therapie brach sie ab, da sie sich bei dem Therapeuten nicht aufgehoben fühlte. Sie sagt beim Erstgespräch, sie würde gern vieles in ihrem Leben anders machen, fühle sich aber in ihren alten Verhaltensmustern so gefangen, dass es ihr nicht gelinge.

Ihre Eltern waren beide zwanzig Jahre alt, als sie geboren wurde. Nach der Geburt von Babette trennten sich ihre Eltern. Sie gingen beide wieder ihre eigenen Wege, und Babette wuchs bei ihren Großeltern auf. Ebenfalls im Haus wohnte ihre Patin, eine Schwester ihrer Mutter. Zwischen dieser Patin und Babette besteht ein zwiespältiges Verhältnis. Sie ist seit längerem krank und Selbstmord gefährdet und gab Babette wenig Liebe und Mitgefühl. Im Gegenteil, sie wollte und will bei allen anfallenden Problemen immer noch Unterstützung von ihr.

Die Patin hat zwei Söhne, mit denen Babette zusammen aufwuchs. Die Söhne mussten nicht im Haushalt mithelfen, bekamen aber viel mehr Liebe und Aufmerksamkeit als Babette. Diese empfand die Behandlung seitens ihrer Patin als ungerecht. Sie konnte jedoch kaum mit dieser über die Situation reden, da sie Gespräche über solche Dinge sofort abblockte. Der Mann der Patin hatte wirtschaftliche Probleme und setzte sich vor zehn Jahren ins Ausland ab. Der

Kontakt zwischen der Patin und ihrem Mann wurde immer weniger. Er kam vor einem Jahr zurück, und die Ehe wurde inzwischen geschieden.

Zu ihrem Vater hat Babette wenig Kontakt. Er ist ebenfalls krank und, wie Babette sagt, für sie nicht greifbar. Es gibt kein emotionales Verhältnis. Die Mutter ist mit einem Alkoholiker verheiratet und liebt Hunde über alles. Babette wurde anlässlich eines Besuches bei ihrer Mutter von ihrem Stiefvater sexuell missbraucht, als sie acht Jahre alt war. Als sie ihrer Mutter davon erzählte, sagte diese, ihr Mann würde so etwas niemals tun.

Dies war nicht der einzige sexuelle Übergriff in ihrer Kindheit und Jugend. Ihre Patin war befreundet mit einem Ehepaar, das auch Babette zugewandt war und sich um sie kümmerte. Insbesondere mit dem Mann, Armin, hatte Babette ein freundschaftliches Verhältnis. Er war die erste und einzige männliche Bezugsperson, mit der sie über ihre Probleme, insbesondere auch ihre Probleme mit ihrer Patin, reden konnte. Es tat ihr gut, mit ihm zusammen zu sein und seine Fürsorge und sein Verständnis anzunehmen. Sie durfte endlich einmal Kind sein. Diese Freundschaft war für Babette eine positive Erfahrung bis zu dem Tag, an dem er ihr nach einem vertrauten Gespräch auf der Rückfahrt im Auto sagte, er würde sie jetzt gerne küssen, denn er habe sich in sie verliebt.

Wir bearbeiten diese Situation in der Rückführung, und Babette erlebt, wie Armins Worte in ihr einen Schock und eine Erstarrung auslösen. Ihr erster Gedanke gilt Bärbel, Armins Frau. Sie hat freundschaftliche Gefühle Bärbel gegenüber und bewundert ihre Schönheit und Anmut. Sie fühlt sich als Verräterin. Sie vergleicht sich mit Bärbel und denkt: „Wie kann er sich nur in mich verlieben, wenn er eine so schöne Frau hat?" Sie empfindet sich selber als hässlich und minderwertig im Vergleich mit Bärbel.

Babette ist dreizehn Jahre alt, als sich dieser Übergriff ereignet. Armin ist dreißig Jahre älter als sie. Es beginnt ein Verhältnis zwischen den beiden, das allerdings nur kurze Zeit dauert. Babettes Persönlichkeit spaltet sich in zwei Teile. Der eine Teil hat schreckliche Schuldgefühle Bärbel gegenüber und empfindet sich der Freundin gegenüber als Betrügerin und Verräterin. Der andere Teil findet das Verhältnis „toll" und genießt die Aufmerksamkeit und Bewunderung, die Armin ihr entgegenbringt.

Babette ist mit der Situation völlig überfordert, umso mehr, als sie mit niemandem darüber reden kann. Armin legt ihr außerdem nahe, dass sie mit niemandem über dieses Verhältnis reden solle.

Nach kurzer Zeit kommt dennoch alles ans Licht. Ihre Patin hat Verdacht geschöpft und stellt Babette zur Rede. Diese gibt das Verhältnis zu. Ihre Patin reagiert in einer befremdlichen Art und Weise, stellt viele Fragen, will Details wissen, und am Ende sagt sie, sie selber habe seit sechs Jahren ein Verhältnis mit Armin. Beide Frauen sind geschockt. Leider ist ihre Patin nicht in der Lage, ihre Rolle als erwachsene Frau einzunehmen und Babette zu schützen. Im Gegenteil, sie sieht Babette ab diesem Moment als Konkurrentin. Sie behandelt sie noch schlechter als vorher und fordert noch mehr Mithilfe und Unterstützung von ihr.

Die Patin erzählt alles einige Tage später Bärbel, Armins Frau. Es gibt ein Gespräch zwischen den drei Frauen. Auch Bärbel will Details von Babette wissen. Babette fühlt sich in dem Gespräch schuldig. Später kommt auch Armin dazu, und sie entschuldigt sich bei ihm dafür, dass die Geschichte ans Licht gekommen ist. Nach diesem Tag ist die Freundschaft sowie das Verhältnis zu Armin und Bärbel beendet.

Einige Jahre später trifft Babette Armin zufällig auf der Straße. Sie vereinbaren ein Treffen, bei dem Armin wieder versucht, sich ihr sexuell zu nähern. Babette geht nicht darauf ein und beschließt, sich nicht mehr mit ihm zu treffen. Vor kurzem hatte sie den Impuls, Bärbel anzurufen und sich bei ihr zu entschuldigen. Sie tat es und die Reaktion von Bärbel war positiv. Sie sagte, sie habe Babette verziehen.

Soweit Babettes Geschichte.

Das erste, was an dieser Geschichte auffällt, ist, dass der Konflikt nur zwischen den drei beteiligten Frauen ausgetragen wird. Der Mann wird über alle Maßen geschont. Als ich Babette darauf hinweise, sagt sie, dies sei ihr erst vor kurzem bewusst geworden. Es scheint eine Geschichte zwischen drei Frauen zu sein, dabei ist es doch der Mann, der durch sein Verhalten das Vertrauen zwischen den Frauen und die freundschaftliche Ebene zerstört hat.

Babette hat Scham- und Schuldgefühle wegen des Verhältnisses. In der Rückführung spürt sie, dass es in Wirklichkeit die Schuld- und Schamgefühle des Täters sind, die sie internalisiert hat. Dies ist oft einer der schwierigsten und wichtigsten Punkte bei der Bearbeitung von Missbrauchserlebnissen, nämlich *den internalisierten Täter wieder zu externalisieren*. Die meisten missbrauchten Frauen verbinden sich mit Scham und Schuld, weil es vermeintlich leichter ist, diese Gefühle zu ertragen, als die dahinter liegende Wut. Scham und Schuld schützen uns scheinbar vor der Konfrontation mit dem Täter. Wenn die Scham- und Schuldgefühle externalisiert sind, kommt oft die darunter liegende Wut zum Vorschein. Dann kann die Heilung beginnen.

Auch bei missbrauchten Kindern lässt sich dies beobachten. Sie schützen zumeist die missbrauchenden Erwachsenen und nicht sich selbst. Dieses Verhalten steht bei Kindern im Dienste des Überlebens, es wird zum Überlebensmuster. Für Kinder ist es vermeintlich „leichter", sich selber schuldig zu fühlen, als wirklich zu spüren, was ihre Eltern ihnen angetan haben. Wenn sie das spüren würden, könnten sie es unter Umständen nicht überleben. Sie würden verrückt werden oder sich umbringen. Also nehmen sie zunächst alles auf sich, unbewusst natürlich. Irgendwann im Leben kommt der Moment, die internalisierte Schuld wieder an die Täter zurückzugeben, die darunter liegenden Gefühle zu spüren und das unbeendete Trauma zu beenden.

In der nächsten Sitzung mit Babette bearbeiten wir ein weiteres Thema, dass mit obigem Trauma in engem Zusammenhang steht. Babette hat keine normale Regelblutung, sondern bekommt ihre Regel in Abständen von mehreren Monaten. Sie hat keine Essstörungen und nimmt auch keine Medikamente ein. Als damals die Affäre mit Armin begann und sie zum ersten Mal mit einem Mann, nämlich mit ihm, schlief, hatte sie kurz darauf ihre erste Regelblutung. Das bedeutet, in ihrem Unterbewusstsein ist die erste Regelblutung mit einem traumatischen Erlebnis verknüpft.

In der Rückführung arbeiten wir dieses Erlebnis noch einmal durch. Babette erlebt sich, wie sie aus ihrem Körper herausgeht. Sie fühlt keine Lust, nur „neutrale" Gefühle. Es geht alles ziemlich schnell. Das Sofa ist schon ausgeklappt, Armin nimmt sich nicht besonders viel Zeit für Zärtlichkeiten, sondern kommt gleich zur Sache. Es ist ziemlich schnell vorbei. Es gibt Zeitdruck, denn Armin muss danach seine Kinder abholen.

Ich erlebe Babette in der Bearbeitung wie erstarrt. Ich lasse sie gut atmen und die Erstarrung spüren und sich immer wieder mit ihrem Körper verbinden. Endlich, beim körperlichen Durcharbeiten, als ich ihr sage, sie solle einmal spüren, was ihr Körper eigentlich tun will, wenn ihm jemand zu nahe kommt und ihn benutzt, fängt sie an zu reagieren. Sie bewegt Arme und Beine und sagt „weg". Als ich sie bitte, sich mit dem erwachsenen Teil ihrer Persönlichkeit zu verbinden, mit diesem Teil in die Situation hineinzugehen und mit der dreizehnjährigen Babette in Kontakt zu treten, fängt sie an zu weinen. Endlich fließen die Tränen, endlich kann sie die Trauer spüren über das, was damals passiert ist, endlich kann sie den lange verdrängten Schmerz über dieses Erlebnis zulassen.

Wenn wir uns diesen Fall anschauen und den Zeitpunkt, zu dem der sexuelle Übergriff geschehen ist, dann wird klar, dass dieser Zeitpunkt mit der Initiation in die Pubertät zusammenfiel. Initiationen sind Rituale und Feiern, die in vielen Kulturen den Übergang von einer Lebensphase in eine andere markieren. So gab und gibt es in vielen Kulturen Rituale, die den Übergang von der Kindheit zur Pubertät symbolisieren. Wenn ein Mädchen seine erste Regel hat, so wird dies gefeiert, und es wird in den Kreis der Frauen aufgenommen.

Bei uns gibt es nur noch wenige von diesen Ritualen. Eines der übrig gebliebenen Rituale ist das Feiern der Hochzeit zum Übergang von der Jugend in das Erwachsensein mit Partnerschaft und Familie. Es gibt meines Wissens nach in unserer Kultur für Mädchen kein Initiationsritual zum Übergang von der Kindheit in die Pubertät.

Im Gegenteil, bei uns werden Initiationen oft durch traumatische Erlebnisse „ersetzt". Wenn wir uns die Geschichte von Babette anschauen, dann wird klar, dass ihr traumatisches Erlebnis mit Armin gleichzeitig eine Initiation in ihre Pubertät und sogar in ein verfrühtes Erwachsensein war, denn es fiel ungefähr mit ihrer ersten Regel zusammen. Was für eine Initiation! Nicht mit Stolz und Würde wurde sie in ihr Frausein eingeführt, sondern unter Zeitdruck sowie Benutzung und Entweihung ihres Körpers.

Ich frage mich, wie viele Mädchen in unseren Breiten auf diese Art und Weise in ihr Frausein eingeführt werden. Oder andersherum gefragt: Wie viele erleben es noch als schön, mit Stolz und Freude und einer Feier zu ihren Ehren?

Babette sagt mir nach der Rückführung, dass sie sich noch nie als Frau empfunden, dass sie immer dieses „neutrale" Gefühl gehabt habe. Ich sage ihr, dass ihr Frausein heute anfängt und schlage ihr vor, den Tag zu feiern, eine Initiation für sich selbst zu machen und damit ihr selbst und ihrem Körper zu signalisieren, dass sie nun wirklich Frau sein darf, mit allen dazugehörenden körperlichen Funktionen.

Als Babette in die nächste Therapiestunde kommt, erzählt sie voller Freude, dass sie am Morgen ihre Regel bekommen habe, genau vier Wochen nach ihrer letzten Regel und genau vier Wochen, nachdem wir das Thema bearbeitet hatten. In den nächsten Monaten kommt ihre Regel alle vier Wochen. Babette ist sehr glücklich darüber, und ich freue mich mit ihr über die Wirkung unserer gemeinsamen Arbeit.

2.2 Auswirkungen von sexuellem Missbrauch

Sexueller Missbrauch, in welcher Form auch immer, ist eine Grenzüberschreitung, die Auswirkungen auf alle Ebenen menschlichen Erlebens hat. Es gibt Folgen für die körperliche Ebene, die emotionale, die mentale und die spirituelle Ebene. Inwieweit sich die Auswirkungen als Krankheit, also auf der körperlichen Ebene, als Verhaltensstörung, also auf der emotionalen Ebene, oder auf allen Ebenen manifestieren, hängt von der betroffenen Person, ihrem Hintergrund, ihren inneren Kräften und ihren Bewältigungsstrategien ab.

Dabei sollte man nicht unterschätzen, dass selbst Missbrauch in rein gedanklicher Form Auswirkungen hat. Wenn ein Vater sich beispielsweise beim Anblick seiner Tochter vorstellt, wie es wäre, mit ihr einen sexuellen Kontakt zu haben, so ist auch das bereits Missbrauch. Wenn es wiederholt passiert, hat es wahrscheinlich stärkere Auswirkungen, als wenn es sich nur um einen einmaligen Vorfall handelt. Allerdings gibt es hierbei keine allgemeingültigen Regeln, die immer zutreffen.

Ich möchte im Folgenden einige psychische und physische Symptome beschreiben, die mit Missbrauchserlebnissen in engem Zusammenhang stehen.

Da ich als Frau in dieser Gesellschaft lebe und sehr viele sexuell missbrauchte Frauen in meiner Praxis behandele, beziehe ich mich in den Ausführungen der folgenden Kapitel vorwiegend auf sexuellen Missbrauch durch Männer an Mädchen und Frauen. Mir ist aber durchaus bewusst, dass es auch eine nicht zu unterschätzende Anzahl von Fällen sexuellen Missbrauchs an Jungen gibt, der entweder von weiblichen oder männlichen Familienmitgliedern verübt wird. Es wäre wünschenswert, dass auch sexuell missbrauchte Jungen und Männer den Weg in psychotherapeutische Behandlung finden.

2.2.1 Idealisierung des Missbrauchers

Ich kann mich noch gut erinnern, als ich in einem Seminar zum ersten Mal etwas über den Zusammenhang zwischen Missbrauch und Idealisierung hörte. Die Seminarleiterin sagte, wenn es Idealisierung gebe, stünde meist ein verdrängter Missbrauch dahinter. Das leuchtete mir unmittelbar ein, und schlagartig wurden mir verschiedenste Zusammenhänge deutlich.

Ich begriff, dass Missbrauch und Idealisierung zwei Pole desselben Themas sind. Wenn etwas in einer Familie geschehen ist, das so schlimm ist und so außerhalb der Normen steht, dass es erst einmal komplett verdrängt wird, kommt der Gegenpol zum Vorschein, nämlich die Idealisierung.

Idealisierung ist einer der Abwehrmechanismen des Ich neben anderen, wie etwa Verdrängung, Verleugnung, Identifikation, Projektion, Ungeschehenmachen, Umkehrung ins Gegenteil, um nur einige zu nennen. Die Idealisierung einer Person „hilft", die Schattenseite dieser Person komplett auszublenden, sie hilft auch, ein Ereignis oder eine Kette von Ereignissen, die nicht in normale Schemata eingeordnet werden können, so umzudeuten, dass sie im psychischen System zumindest in einer verdrehten Form gespeichert werden können.

Silke kam in meine Praxis, weil sie unter enormen Stimmungsschwankungen und selbstschädigenden Handlungen litt. Sie erzählte aus ihrer Kindheit. Ihre Mutter hatte sie verlassen und ihr Vater wieder geheiratet. Er kümmerte sich hauptsächlich um seine neue Frau und die Kinder, die aus der zweiten Ehe hervorgingen. Silke wurde vernachlässigt. Ihre Stiefmutter und ihr Vater duldeten sie mehr oder weniger. Sie beschreibt die Situation, in der sie lebte, und die Entbehrungen, die sie erlitt. Die Fakten sind ihr bewusst; was ausgeblendet ist, ist die emotionale Ebene.

Als wir konkret auf ihren Vater zu sprechen kommen und

seine Rolle in dem Familiendrama, sagt sie plötzlich laut und entschieden: „Auf meinen Vater lasse ich nichts kommen."

Dies ist ein typisches Beispiel für Idealisierung, die Vernachlässigung und Missbrauch – welcher Art auch immer – überdeckt. Für ein Kind ist es oft „leichter", diesen Weg zu wählen, als die emotionalen Schmerzen zu spüren, die an die Oberfläche kommen, wenn es die Wahrheit zulässt. Dies bedeutet in Silkes Fall, sie müsste vor sich selbst den Gedanken zulassen, dass ihre Mutter sie verlassen und ihr Vater sich nicht um sie gekümmert hat, weil sie ihm lästig war.

Dies ist aber nur dann möglich, wenn eine tragfähige Erwachsenenpersönlichkeit besteht, die die emotionalen Schmerzen aushalten und tragen kann. Solange diese Erwachsenenpersönlichkeit nicht besteht, wird Silke die Idealisierung ihres Vaters aufrechterhalten, weil sie sie vor vermeintlich Schlimmerem schützt.

In engem Zusammenhang mit Idealisierung steht das Thema „Loyalität". Ein heranwachsendes oder bereits erwachsenes Kind idealisiert einen Elternteil, von dem es missbraucht wurde, weil es diesem Elternteil gegenüber loyal ist. Für Kinder ist diese Loyalität ihren Eltern gegenüber sehr wichtig. Sie stellen sie oft über die Loyalität sich selbst gegenüber.

Wenn geschlagene und misshandelte Kinder vom Jugendamt aus ihrem Elternhaus geholt werden, geschieht es oft, dass diese Kinder lieber bei ihren Eltern bleiben würden. Sie wollen lieber in einer Atmosphäre der Angst und Gewalt bleiben, als ihren Eltern gegenüber „unloyal" zu werden.

Man sollte diese kindliche Loyalität nicht unterschätzen. Sie kann manchmal bis zur Selbstaufgabe gehen. Es erscheint paradox, dass, gerade wenn es Missbrauch und Gewalt gibt, Kinder um jeden Preis versuchen, ihren Eltern gegenüber loyal zu bleiben. Ich habe oft den Eindruck, dass der Loslösungsprozess von missbrauchenden Eltern für Kinder sehr viel schwieriger ist als von „normalen" Eltern. Die Kinder sind oft psychisch überfordert.

Oft kann ein Mensch, der Missbrauch und Gewalt erlebt

hat, erst dann neu entscheiden, wem gegenüber er loyal sein will, wenn er über eine ausgereifte Erwachsenenpersönlichkeit verfügt. Dann kann ihm bewusst werden, dass die Loyalität sich selbst gegenüber vielleicht wichtiger ist als die Loyalität anderen Menschen gegenüber.

2.2.2 Störungen der emotionalen Entwicklung

Sexueller Missbrauch und jede andere Form von Missbrauch sind tiefe Eingriffe in die Entwicklung eines Mädchens oder einer Frau. In dem Moment, wo der Missbrauch geschieht, gerät etwas aus seiner Spur. So kann es sein, dass sich ein Teil der Persönlichkeit der betroffenen Frau „normal" weiterentwickelt, oft der mentale Teil, und ein anderer, oft der emotionale Teil, auf der Stufe des Alters stehen bleibt, an dem der Missbrauch zum ersten Mal geschehen ist.

Kennen Sie das Gefühl, dass ein bestimmter Mensch mental oder spirituell sehr weit entwickelt ist, emotional aber auf der Stufe eines Kindes stehen geblieben ist?

Es gibt Menschen, die beispielsweise spirituell sehr weit entwickelt sind, deren emotionale Entwicklung aber weit hinterherhinkt. Wenn man davon ausgeht, dass die Seele Heilung will und dazu auch die gleichmäßige Entwicklung aller Erlebensebenen gehört, also der mentalen, emotionalen, körperlichen und spirituellen Ebene, dann kann man verstehen, warum Menschen, die in einem Bereich sehr weit entwickelt sind, während die anderen oder einer der anderen Bereiche unterentwickelt sind, an einem bestimmten Punkt ihres Lebens oft in eine tiefe Krise geraten, sei es durch eine Krankheit, ein berufliches Problem, ein familiäres Problem oder eine Trennung. Vielleicht handelt es sich auch um ein Problem mit einem Kind oder einem anderen nahestehenden Menschen.

Durch die Krise sollen sie auf das bestehende Ungleichgewicht aufmerksam gemacht werden. Die Möglichkeit wird geschaffen, das Ungleichgewicht auszubalancieren und die bislang vernachlässigten Persönlichkeitsanteile ebenfalls weiterzuentwickeln. Am Ende steht die Mitte. Ich glaube, dass wir alle in diese Mitte kommen müssen, die Mitte zwischen Körper, Geist und Emotionen, bevor wir den Reigen der Inkarnationen hier auf der Erde beenden und in andere Dimensionen voranschreiten können.

Ich habe die Erfahrung gemacht, dass es oft einen Zusammenhang zwischen sexuellem Missbrauch in der Kindheit und der spirituellen Entwicklung einer Frau gibt. Missbrauchte Frauen übernehmen oft unbewusst die Schuld und die Scham für den Missbrauch. Sie übernehmen jene Energie, die eigentlich dem Täter gehört. Diese Frauen wenden sich dann im Erwachsenenleben oft sehr stark der Spiritualität zu. Die unbewusste Motivation dabei ist, den Missbrauch zu sühnen, die Schuld wiedergutzumachen und Reinigung von der „Befleckung" zu erreichen.

Es ist für solche Frauen wichtig, sich diese unbewusste Motivation bewusst zu machen. Dann kann ein behutsamerer und klarerer Umgang mit der Spiritualität beginnen, der ihnen dienlicher ist als das Flüchten vor den Schmerzen der Kindheit in eine oft suchthaft betriebene Spiritualität und Orientierung an „spirituellen Autoritäten" wie Meistern und Gurus. Diese „spirituellen Autoritäten" ersetzen oft nur die Autoritäten der Kindheit, nämlich den missbrauchenden Vater, Stiefvater oder Onkel und die nicht schützende Mutter.

Wenn man hört, dass erwachsene Menschen sich extrem an äußeren Autoritäten orientieren, sei es auf spirituellem oder anderem Gebiet, kann man meist davon ausgehen, dass sie in einer von Autorität und Außenorientierung geprägten Atmosphäre aufgewachsen sind und missbräuchlichen Verhaltensweisen ausgesetzt waren.

Ein ebenfalls in diesem Zusammenhang oft auftauchendes Muster ist, dass sexuell missbrauchte Frauen in sehr christlich geprägten Elternhäusern aufgewachsen sind. Meist handelt es sich dabei um eine „Christlichkeit", die der Verdrängung dient und die Kinder als sündig und schlecht hinstellt, so dass missbräuchliche Verhaltensweisen der Eltern implizit gerechtfertigt sind. Die Kinder dienen in diesem Schema als Projektionsflächen der Eltern. Alle Schattenseiten, die diese bei sich selbst nicht wahrnehmen wollen, weil sie mit der christlichen Doktrin nicht zu vereinbaren sind, werden auf die Kinder projiziert. So sind missbräuchlichen Verhaltensweisen jeglicher Schattierung Tür und Tor geöffnet.

Oft übertragen missbrauchte Frauen in ihrem Erwachsenenleben diese von ihren Eltern übernommenen christlichen Schemata auf den esoterischen Bereich. Heiler und Hellseher, aber auch Freunde und Bekannte werden entweder idealisiert oder verteufelt. Entweder sind sie „ganz toll" oder sie sind „ganz schrecklich". Die einen gehören auf die „schwarze Seite", die anderen auf die „weiße Seite". Die Mitte fehlt. Diese Strukturen können mit der Entwicklung einer Borderline-Persönlichkeit einhergehen. Darauf gehe ich im Kapitel „Das Borderline-Syndrom" näher ein.

Meine Klientin Svetlana wurde in ihrer Kindheit von ihrem Vater wiederholt sexuell missbraucht. Sie wandte sich in ihrem Erwachsenenleben sehr stark der Spiritualität zu und kannte viele Menschen aus spirituellen Kreisen. Sie erzählte mir von einer guten Freundin, die ebenfalls spirituell anscheinend weit entwickelt war. Beide Frauen hatten eine Übereinkunft, sich gegenseitig in ihrer seelischen Entwicklung zu helfen und zu unterstützen. Als Svetlana in eine akute seelische Krise geriet, suchte sie Hilfe und Trost bei ihrer Freundin. Zu ihrer Überraschung und Enttäuschung war aber nun die Freundin keineswegs gewillt, unterstützend neben ihr zu stehen, sondern konfrontierte meine Klientin vielmehr mit ihren eigenen Problemen. Sie erzählte ihr stundenlang aus ihren eigenen vergangenen Leben und wie schlecht meine Klientin sie in diesen angeblich behandelt habe.

Das bedeutet, sie war nicht nur nicht helfend, sondern verursachte Svetlana vielmehr noch Schuldgefühle. Diese fühlte sich emotional zurückgewiesen und von ihrer Freundin im Stich gelassen. Wenn sie sie direkt darauf ansprach, dass sie sich nicht angemessen unterstützt fühlte, so antwortete diese, sie müsse erst einmal mit ihren Gottheiten sprechen, um deren Meinung zu dem Thema anzuhören. Auf diese Weise entzog sie sich immer wieder, und meine Klientin war tief enttäuscht. Sie sagte: „Ich habe diese Frau so bewundert. Sie ist spirituell so weit entwickelt. Ich bin seit zwölf Jahren mit ihr befreundet. Nun habe ich erkennen müssen, dass sie zwar spirituell weit entwickelt ist, emotional aber auf der Stufe eines Kindes steht."

Wenn eine Frau emotional auf der Stufe eines Kindes steht, dann liegt die Vermutung nahe, dass sie in dem Alter, in dem ihre emotionale Entwicklung stehen geblieben ist, einen emotionalen oder sexuellen Missbrauch erlebt hat. Ich habe immer wieder Zusammenhänge erkennen können zwischen der Flucht in eine übertriebene Spiritualität und tiefen emotionalen Verletzungen aus der Kindheit, die verdrängt wurden. Bei den betroffenen Frauen gibt es eine Neigung, bestimmte Erlebnisebenen, die mit unangenehmen oder schmerzlichen Gefühlen verbunden sind, auszublenden.

Eine weitere, oft unbewusst bleibende Motivation in diesem Zusammenhang ist die Ausblendung der eigenen Schwächen und Schattenseiten. Wenn sich jemand hinter Meistern und Gurus regelrecht versteckt, dann maßt er sich eine Autorität an, mit der er andere manipulieren und die dazu dienen kann, ihn unangreifbar zu machen.

Kürzlich erzählte mir eine Freundin von einer Seminarleiterin, die therapeutische Ausbildungsseminare durchführte. Die Teilnehmer mussten sich, nachdem sie das Einführungsseminar besucht hatten, zur Teilnahme an den Folgeseminaren verpflichten. Außerdem hatte besagte Seminarleiterin den Teilnehmern mitgeteilt, sie wünsche keinerlei Diskussionen, denn das, was sie sage, komme von „Höherer Stelle" und sei über jeden Zweifel erhaben.

Ich war empört, als ich dies hörte. Ich dachte: „Ist es möglich, dass es immer noch Menschen gibt, die sich das gefallen lassen?" Das Vorgehen dieser Seminarleiterin erinnerte mich nicht nur an die Methoden der Kirche, sondern auch an totalitäre Staatssysteme. Alle Diktatoren sahen sich als den verlängerten Arm Gottes und erhoben Anspruch auf Unfehlbarkeit. Wohin das geführt hat, wissen wir alle.

Frauen, die auf Kosten ihrer emotionalen Seite spirituell sehr weit entwickelt sind, fehlt oft die Erdung. Man empfindet sie als abgehoben, weil sie nicht richtig greifbar sind. Wenn die Spiritualität benutzt wird, um sich schmerzlichen Lebensthemen nicht zu stellen, dann dient sie, ebenso wie jedes andere Fluchtverhalten oder jede Sucht, der Verdrängung.

Es gibt auch Frauen, die in ihrer Kindheit sexuell missbraucht wurden, die ihre Gefühle auf eine sehr melodramatische Art und Weise zeigen. Meist handelt es sich dabei um unechte Gefühle. Die wahren Gefühle wurden abgespalten, und die Melodramatik ist eine künstliche Facette der Persönlichkeit, die den abgespaltenen, natürlichen Gefühlsausdruck auf eine manchmal karikaturistische Art und Weise ersetzt. Oft handelt es sich um Frauen mit Borderline-Tendenzen, von denen im nächsten Kapitel die Rede sein wird.

Wir alle sind geistige Wesen, die in einem Körper wohnen, und wir alle haben einen *Göttlichen Kern* in uns. Wir alle haben die Gabe der Intuition und der klaren Erkenntnisfähigkeit, manche mehr, manche weniger. Ich sehe die Gefahr, dass, wenn man zu sehr in einer spirituellen oder geistigen Welt mit Engeln und Meistern lebt, dies unter Umständen nicht nur eine Flucht vor der eigenen Realität, den eigenen Schattenseiten und den schmerzlichen Gefühlen, sondern letztlich auch vor der eigenen Verantwortung sein kann. Es kann zur Sackgasse werden.

Hier, in dieser Welt und solange wir einen Körper haben, sind wir körperliche *und* geistige Wesen, und als solche haben wir eine Verantwortung, die wir an niemanden abgeben können, weder an ein Medium, noch an einen Hellseher, noch an einen Engel. Medien, Seher, Engel und Meister können nur dann hilfreich für uns sein, wenn wir behutsam damit umgehen und uns immer unserer eigenen Verantwortung bewusst sind.

Manchmal habe ich den Eindruck, dass es auch hier Missbrauch geben kann, spirituellen Missbrauch gewissermaßen. Menschen benutzen Informationen von Medien, Engeln oder Meistern als Waffe oder Machtmittel gegen eine andere Person, wie wir in obigem Beispiel gesehen haben, oder sie benutzen die Informationen, um ihr Ego aufzupolieren.

Wenn ich zu einem Medium gehe und mir sagen lasse, was ich in einem vergangenen Leben gewesen bin, dann hat diese Information nur dann einen Wert, wenn ich anfange, Zusammenhänge zwischen meinem jetzigen Leben und dem vergangenen Leben zu erkennen. Mit der Information allein ist das Leben noch nicht bearbeitet. Damit ist noch nichts bereinigt und noch nichts gelöst. Das vergessen manche Menschen, für die solche Informationen eher ein momentaner Kick sind, ein momentanes Hochgefühl. „Oh, ich bin in Ägypten Pharao gewesen oder eine berühmte Sängerin oder ein berühmter Maler." Wenn man auf diese Art und Weise mit den Informationen umgeht, sind sie nicht besonders wertvoll und können sogar von den eigentlichen Themen ablenken.

Wenn Menschen solche Informationen gegen andere Menschen benutzen, dann ist dies in meinen Augen spiritueller Missbrauch *und* Machtmissbrauch. Wenn jemand auf „Meister" und „Gottheiten" Bezug nimmt, um einem Konflikt auszuweichen und weil er sich nicht mit den Gefühlen eines anderen Menschen auseinandersetzen will, dann missbraucht er sowohl die Meister als auch den Menschen, der ihm gegenübersteht.

Das aber ist genau das, was die Kirche Jahrtausende hindurch praktiziert hat. Priester, die sich für den verlängerten Arm Gottes hielten, übten Macht über Menschen aus, indem sie sie unter Androhung göttlicher Strafen unterdrückten und von ihrer eigenen Kraft fern hielten.

Ich beobachte immer wieder – gerade in den spirituellen Kreisen –, dass ehrliche Kommunikation über zwischenmenschliche Dinge oft nicht stattfindet. Jeder ist ein Experte, oder hält sich für einen solchen, auf irgendeinem spirituellen Gebiet, aber auf der zwischenmenschlichen Ebene gibt es oft Defizite. Konflikte werden dann so lange umgangen oder überspielt, bis Freundschaften oder Gruppen auseinander brechen.

Ich habe mich lange gefragt, warum viele spirituelle Gruppen, die ich kannte, nach relativ kurzer Zeit auseinander gegangen sind. Am Anfang dachte ich mit einer gewissen Naivität, dass spirituelle Menschen doch auch über besondere zwischenmenschliche Fähigkeiten verfügen müssten. Diese Annahme stellte sich aber als nicht zutreffend heraus. Genauso wenig zutreffend wie etwa die Annahme, dass ein hochintelligenter Mensch aufgrund seiner Intelligenz mehr Integrität besitzen müsse als ein Mensch mit einer geringeren Intelligenz.

In den spirituellen Gruppen bewunderte man gemeinsam ein Medium, einen Hellseher, einen Guru oder hing gemeinsam einer spirituellen Theorie an. Zwischenmenschliche Konflikte in der Gruppe blieben oft unausgesprochen. Irgendwann eskalierten die schwelenden Konflikte, bis die ersten Mitglieder der Gruppe austraten und die ganze Gruppe schließlich auseinanderbrach. Diese Prozesse habe ich in meinem Umfeld immer wieder beobachtet, so dass ich zu dem Schluss gelangt bin, dass so genannte spirituelle Menschen nicht unbedingt ehrlicher sind als „normale" Menschen, sondern manchmal sogar noch unehrlicher.

Auch habe ich beobachtet, dass gerade in spirituellen Gruppen oft sehr stark polarisiert wird. Man hängt einer bestimmten Theorie oder Glaubensrichtung an und dies bedeutet, dass andere konkurrierende Modelle als „schlecht" oder „minderwertig" hingestellt werden. Das erscheint mir wie ein Widerspruch, denn wahre spirituelle Entwicklung geht in meinen Augen einher mit einer Entwicklung, die aus der Polarität, aus den Extremen, aus dem Schwarz-Weiß-Denken und der Verdammung anderer Menschen, Glaubensrichtungen oder Theorien herausführt. Es ist ein Weg in die Mitte, letztlich auch in die Mitte unseres Selbst.

Wahre Spiritualität muss sich im Alltag bewähren. Sie bedeutet eine bestimmte, von Respekt und Toleranz getragene Haltung gegenüber sich selbst und den Nächsten. Die Nächsten sind der Partner, die Kinder, die Geschwister und enge Freunde. Wenn ein Mensch sich darum bemüht, dann tut er schon sehr viel auf spirituellem Gebiet. Wahre Spiritualität hat nichts mit Abgehobenheit zu tun. Ganz im Gegenteil, sie beinhaltet eine gute Erdung, ein angemessenes Verantwortungsgefühl und ein gutes Verbundensein mit den irdischen und materiellen Dingen des Lebens.

Was die Heilung von Störungen in der emotionalen Entwicklung betrifft, so glaube ich zum einen, dass jedem Menschen machtvolle Selbstheilungskräfte innewohnen, und zum anderen, dass es zu den wichtigsten Aufgaben von Therapeuten gehört, Menschen wieder zu ihrer eigenen Kraftquelle hinzuführen, indem sie mit ihnen gemeinsam die Blockaden auflösen, die sie daran hindern, aus dieser Kraftquelle zu schöpfen. Das ist besser, als die Abhängigkeit von Suchtmitteln durch die Abhängigkeit von Engeln, Meistern oder Gurus zu ersetzen. Therapeuten sollten Menschen ein Stück weit auf ihrem Weg in die eigene Unabhängigkeit und Selbstbestimmtheit begleiten.

Die Wege zur spirituellen Entwicklung öffnen sich oft auf eine natürliche Art und Weise ganz von selbst, wenn wir anfangen, unsere Gefühle zu heilen. Meiner Erfahrung nach sind die Verletzungen auf der emotionalen Ebene bei vielen Menschen sehr tief und bedürfen oft langer Heilungsprozesse. Es lohnt sich aber, Heilung im emotionalen Bereich anzustreben, denn alle anderen Bereiche sind unmittelbar mit dem emotionalen Bereich verknüpft. Wenn wir diesen heilen, dann können auch die anderen Bereiche heilen. Dann kann unsere Persönlichkeit seelisch wachsen, und im

Zuge dieses Wachstums stellt sich eine spirituelle Entwicklung ganz von selbst ein.

2.2.3 Das Borderline-Syndrom

„Border" heißt Grenze. Borderliner sind Menschen, die schwere und schwerste Grenzverletzungen in ihrer Kindheit erlebt haben, darunter fortgesetzten emotionalen und sexuellen Missbrauch. Diese Verletzungen waren so traumatisch, dass die betroffenen Menschen keine einheitliche Ich-Identität mit klaren Grenzen entwickeln konnten. Ihre Persönlichkeit ist durch wiederholte körperliche, seelische oder sexuelle Übergriffe fragmentiert, also in einzelne Teile „zerbrochen". Es gibt kein starkes Ich, das alle diese Teile integriert.

Die Diagnose „Borderline-Persönlichkeitsstörung" wurde Anfang der Achtziger Jahre in das offizielle Diagnose-Handbuch der APA (American Psychiatric Association) aufgenommen. Interessant ist, dass es große Überschneidungen zwischen der Diagnose „Borderline" und der von Sigmund Freud Ende des vorletzten Jahrhunderts geprägten Diagnose „Hysterie" gibt. Auch Sigmund Freud hatte ja in seiner ersten Theorie über die Entstehung von Neurosen, der so genannten „Verführungstheorie", wiederholte sexuelle Übergriffe in der Kindheit als Ursache neurotischer Entwicklungen angegeben. Freud schrieb damals, er habe in allen Fällen der von ihm untersuchten hysterischen Patientinnen einen sexuellen Missbrauch in der Kindheit gefunden.

Freud verwarf diese Theorie später auf Grund des großen Drucks der Öffentlichkeit und entwickelte dann den so genannten „Ödipus-Komplex", der den damaligen gesellschaftlichen Strukturen entgegenkam und Freud vor der Ächtung durch seine – vorwiegend männlichen – Kollegen bewahren sollte (siehe Kapitel „Klassische Therapiemethoden").

Das bedeutet, dass es das Borderline-Syndrom bereits seit

Anfang des 20. Jahrhunderts oder sogar schon früher gab, nur wurde es in der diagnostischen Fachsprache anders bezeichnet. Neuere Untersuchungen belegen, dass über 50% der Borderline-Patienten sexuelle, körperliche und emotionale Grenzverletzungen in der Kindheit erlitten.

Borderliner bewegen sich zwischen zwei Extremen: Auf der einen Seite haben sie extreme Angst davor, verlassen zu werden, auf der anderen Seite haben sie ebenso viel Angst vor Nähe und Vereinnahmung. Das führt dazu, dass zwischenmenschliche Beziehungen für Borderliner äußerst problematisch sind. Auch für den Menschen, der mit einem Borderliner in einer Liebesbeziehung lebt, kann dies eine große Herausforderung darstellen, denn es ist schwer, das einerseits anklammernde und andererseits abweisende Verhalten im Wechsel zu ertragen. Deshalb sind Menschen, die mit Borderlinern Beziehungen eingehen, oft entweder selber Borderliner oder extrem geduldige und liebevolle Menschen mit Tendenz zur Aufopferung.

Wenn man die Kindheit von Borderlinern untersucht, so findet man meist, dass es eine sehr anklammernde oder sehr abweisende Mutter gab oder eine Mutter, die beide Verhaltensweisen im Wechsel auslebte. Dazu gehört oft ein gleichzeitig emotional abweisender, aber sexuell missbrauchender Vater. Borderliner mussten oft schon in ihrer Kindheit die Kontrolle über die Familie übernehmen und Aufgaben ausführen, die normalerweise den Erwachsenen zugedacht sind.

Ein berühmtes Beispiel für eine Borderline-Persönlichkeit ist Marilyn Monroe. Sie hat ihren Vater nie gekannt, und ihre Mutter war ihrerseits Borderliner. Marilyn suchte zeitlebens nach einer eigenen Identität. Die Wahl des Berufes der Schauspielerin bot ihr die Möglichkeit, mit verschiedenen Rollen zu experimentieren. Sie setzte die Attraktivität ihres Körpers ein, um Anerkennung zu bekommen. Als diese nachließ, blieb ihr nichts mehr. Sie fühlte sich als Frau minderwertig, denn sie hatte keine Kinder bekommen können, war von ihrem Mann, der für sie eine Vaterfigur darstellte, verlassen worden und wurde des Öfteren für ihr Verhalten kritisiert. Ihre mühsam aufgebaute Pseudo-Identität brach zusammen, und sie setzte ihrem Leben ein Ende.

Dieses Muster findet man oft bei weiblichen Borderlinern. Die Attraktivität ihres Körpers ist das, was ihnen eine Identität verleiht. Wenn diese schwindet, können sie zusammenbrechen. Das sorgt dafür, dass weibliche Borderliner oft Berufe wählen, bei denen die körperliche Attraktivität im Vordergrund steht, beispielsweise Schauspielerei oder auch Prostitution. Wenn wir uns die Gemeinsamkeiten zwischen einer Prostituierten und einer Schauspielerin anschauen, so fällt auf, dass beide Rollen spielen. Beide können in ihren Berufen nicht sie selbst sein. So wie die Schauspielerin ihre Rolle gut spielen muss, so muss auch die Prostituierte ihrem Freier glaubhaft die Rolle der sexuell zur Verfügung stehenden Frau vorspielen. Schauspielerinnen haben oft instabile und kurze Liebesbeziehungen. Auch Prostituierte haben mit ihren Kunden kurze und instabile sexuelle Beziehungen, und in ihren privaten Liebesbeziehungen nehmen sie oft seltsame Rollen ein.

Sekten haben ebenfalls eine große Anziehungskraft für Borderliner. Hier finden sie die Struktur und oft autoritäre Organisation, die sie brauchen, um das Chaos in ihrem Inneren nicht zu spüren.

Meine Klientin Isabel arbeitet seit fünfzehn Jahren als Prostituierte. Sie wurde während ihrer Kindheit von ihrem Stiefvater wiederholt sexuell missbraucht. Ihre Mutter hat sie davor nicht geschützt, obwohl sie von dem Missbrauch wusste. Isabel wuchs bei ihren Großeltern auf und hatte ihren leiblichen Vater nur sehr selten gesehen. Sie kam zu mir in die Therapie, weil sie unter extremen Stimmungsschwankungen und Zornesausbrüchen litt. Sie redete anfangs sehr laut und schnell und stand oft auf, um mir etwas, das sie erlebt hatte, vorzuspielen. Es war manchmal anstrengend, ihre überbordenden Gefühle auszuhalten.

Sie ist nun seit drei Jahren bei mir in der Therapie, und in der letzten Zeit habe ich große Fortschritte in ihrer seelischen Entwicklung bemerken können. Sie redet nicht mehr so viel und so laut, und ihre Gefühle sind nicht mehr so überbordend, sondern äußern sich auf eine natürlichere Art und Weise. Sie hat auch mehr Bewusstsein von sich selbst entwickelt. Sie merkt jetzt, was sie tut, sie kann sich selbst und ihr Verhalten reflektieren und manchmal sogar darüber lachen. Ich habe in Therapiestunden mit ihr erlebt, wie befreiend es für sie – und auch für mich – war, dass sie sich selbst gewissermaßen von Außen sehen und sich auf diese Distanz mit wohlwollendem Humor betrachten konnte.

Borderliner, so wird leichthin gesagt, sind der Schrecken vieler Therapeuten. Das Schwanken zwischen den verschiedenen Persönlichkeitsanteilen kann für einen Therapeuten eine große Herausforderung darstellen. Der Borderliner kann heute sehr freundlich sein und versuchen, die Freundschaft des Therapeuten zu erwerben, indem er immer wieder betont, wie froh er sei, gerade zu diesem Therapeuten gekommen zu sein. Dann schlägt seine Stimmung plötzlich um, und er beginnt an der Therapie und ihrem Nutzen zu zweifeln. Es geht ihm schlechter und schlechter. Diese Art von Klienten bietet in jeder Therapiestunde neue Überraschungen. Es gibt oft keine klare Linie, und als Therapeut hat man kaum das Gefühl voranzukommen. Das kann sehr frustrierend sein.

Im Grunde genommen *erzählen* Borderliner durch ihr Verhalten die Geschichte, die sie in Worten nicht ausdrücken können. Sie *zeigen*, was ihnen passiert ist. Indem sie die Grenzen des Therapeuten herausfordern und überschreiten, drücken sie aus, wie sehr ihre Grenzen überschritten worden sind. Die extremen Stimmungsschwankungen sowie das Spalten in schwarz und weiß, in gut und böse, in schrecklich und wunderbar, in Hölle und Himmel, sind ihr Hauptabwehrmechanismus, ihr Überlebens-Mechanismus.

Diesen Mechanismus entwickelten sie, um in „unmöglichen" und chaotischen familiären Verhältnissen überleben zu können und die fortgesetzten Grenzübergriffe von Eltern oder anderen Bezugspersonen ertragen zu können. Hätten sie damals die Wirklichkeit gesehen oder gespürt, wären sie wahrscheinlich verrückt geworden. Dieser Überlebensmechanismus hat ihnen in der Kindheit gedient, im Erwachsenenleben jedoch wird er zur Falle, denn in diesem Schwarz-Weiß-Denken sind keine Zwischentöne enthalten. Alle Abstufungen von hellgrau bis dunkelgrau fallen aus dem Bewertungsmuster heraus.

Der Borderliner braucht das ständige Spalten in Schwarz und Weiß, um den Schmerz nicht zu spüren über das, was mit ihm passiert ist. *In der Mitte liegt der Schmerz*, und da will der Borderliner unter keinen Umständen hin. Die Herausforderung für den Therapeuten liegt darin, das Ich des Borderliners so sehr zu stärken, dass es möglich wird, in die Mitte zu kommen, durch die Schmerzen hindurchzugehen, die Wahrheit zu spüren und zu erkennen und dadurch Heilung zu erlangen.

Das Spalten der Borderliner führt dazu, dass jeder neue Mensch, den sie kennen lernen, in diese Schwarz-Weiß-Kategorien eingeordnet wird. Zuerst ist er „supertoll" und dann plötzlich ist er „der Abschaum". Diese starren Kategorien helfen ihnen, das innere Chaos zu ordnen, aber sie sind nicht adäquat, um eine vielschichtige Realität mit all ihren Nuancen zu erleben und um andere Menschen in ihrer Facettenhaftigkeit und auch Widersprüchlichkeit aushalten zu können.

Diesen Spaltungsmechanismus wenden sie auch auf den Therapeuten an. Darin liegt eine große Herausforderung für diesen. Auf der einen Seite weiß er, dass diese Menschen schrecklichste Dinge erlebt und in unmöglichen Situationen überlebt haben, auf der anderen Seite ist ihr Verhalten manchmal so provokant, dass man sie am liebsten hinauswerfen würde. Der Therapeut muss seine eigenen Grenzen schützen.

Vor einigen Jahren kam eine Frau namens Letizia zum Erstgespräch in meine Praxis. Sie war ein Borderliner. Das erkannte ich aber in der ersten Stunde noch nicht. Sie war bereits bei mehreren Therapeuten in Behandlung gewesen. In der ersten Stunde erzählte sie mir von ihrem letzten Therapeuten und wie schlecht sie sich von ihm behandelt gefühlt hatte. Ich hörte mir mitfühlend alles an und ahnte damals noch nicht, dass sie einmal genauso über mich reden würde, wie an jenem Tag über besagten Ex-Therapeuten. Sie sagte außerdem, sie sei sehr interessiert an Rückführungen. Wir begannen also mit der Arbeit.

Was mir in den Rückführungen auffiel, war, dass ihre geäußerten Gefühle oft künstlich wirkten. Ich maß dem aber keine große Bedeutung zu. Wir bearbeiteten einige ihrer vergangenen Leben, außerdem die Zeugung, die Zeit im Mutterleib, die Geburt und einige traumatische Situationen aus ihrer Kindheit. Ich hatte das Gefühl, gute Arbeit geleistet zu haben, und eigentlich hätte es ihr besser gehen müssen. Tat es aber nicht. Statt besser, ging es ihr eher schlechter.

Sie kam in die Stunden und jammerte, wie schlecht es ihr ginge. Auch bemerkte ich, dass sie anfing, sich an mich zu klammern und Lösungen für ihr Leben von mir zu erwarten. Also genau an dem Punkt, wo es darauf angekommen wäre, das in der Therapie Erarbeitete in Handlungen umzusetzen und somit eine Veränderung zu erreichen, machte sie eine Kehrtwende und steckte den Kopf in den Sand. An dem Punkt wurde mir mit erschreckender Deutlichkeit bewusst, dass sie überhaupt kein Selbstbewusstsein und auch kein besonders starkes Ich hatte. Mir dämmerte, dass ich einen Borderliner vor mir sitzen hatte.

Es kam aber noch schlimmer. Als ich sie in einer der nächsten Therapiestunden, in der sie sich wiederum als hilfloses Opfer ihrer Lebensumstände präsentierte und Lösungen von mir erwartete, auf ihre eigene Verantwortung hinwies und darauf, dass ihr niemand etwas abnehmen könne, schaute sie mich mit funkelnden Augen an und sagte, sie sei vor ein paar Tagen bei ihrem Nervenarzt gewesen und habe diesem gesagt, wie schlecht es ihr durch die Rückführungen bei mir ginge.

Der Hieb hatte gesessen. Ich war erst einmal sprachlos, dann wurde mir klar, was passiert war. Als sie gemerkt hatte, dass ich nicht bereit war, ihr Verantwortung für ihr eigenes Leben abzunehmen, waren ihre Gefühle mir gegenüber von freudiger Erwartung plötzlich umgeschlagen in bittere Enttäuschung. Meine Gefühle hingegen wandelten sich von ungläubigem Staunen in Wut. Ich sagte ihr, dass ihr Verhalten in meinen Augen einen Vertrauensbruch darstellte und ich die Therapie unter diesen Umständen nicht fortsetzen würde. Wir beendeten diese.

Es wurde mir klar, dass es besser gewesen wäre, wenn ich mit dieser Klientin anders gearbeitet hätte, als ich es normalerweise tue. Es wäre besser gewesen, nicht gleich zu Anfang mit ihr vergangene Leben zu bearbeiten, denn sie verfügte über keine ausgereifte Erwachsenenpersönlichkeit, in welche sie diese hätte integrieren können. Ich hätte mit ihr erst einmal an einer Stärkung ihrer Persönlichkeit arbeiten sollen und daran, ihr ihre Verhaltensmuster sich selbst und anderen Menschen gegenüber bewusst zu machen.

Ich habe durch Letizia viel gelernt. Seitdem bin ich vorsichtiger geworden, und wenn ich das Gefühl habe, bei einem Klient auf Borderliner-Tendenzen zu stoßen, dann arbeite ich erst einmal an einer Stärkung der Persönlichkeit.

Ich kenne Therapeuten, die grundsätzlich keine Borderliner nehmen. Ich selbst habe für mich beschlossen, eine sorgfältige Auswahl zu treffen und nur noch die Borderliner zu nehmen, bei denen ich ein gutes Gefühl habe und die über einen gewissen Grad an Bewusstsein über ihren Zustand und ihr Verhalten anderen Menschen gegenüber verfügen.

Die Zunahme von Borderlinern in den therapeutischen Praxen in den letzten Jahren ist signifikant. Wir müssen uns auch nach den gesellschaftlichen Hintergründen fragen, mit denen diese Entwicklung im Zusammenhang steht.

Jerold J. Kreisman und Hal Straus sprechen in ihrem Buch „Ich hasse Dich – verlass' mich nicht" von unserer Gesellschaft als „Borderline-Gesellschaft". Sie stellen einen Zusammenhang zwischen der kollektiven Entwicklung unserer Gesellschaft seit dem Ende des Zweiten Weltkrieges und der Entwicklung des Einzelnen her. Die Zerstückelung unserer Gesellschaft, das Zerbrechen von familiären Strukturen, das Wegfallen von Gefühlen der Geborgenheit und Kontiniuität, das Verschwinden von Traditionen und Bräuchen sehen sie als Auslöser für die enorme Zunahme des Borderline-Syndroms an, die ja auch eine Zerstückelung der Persönlichkeit bedeutet.

Sie sind der Auffassung, dass Borderliner für das Leben in dieser zerstückelten Gesellschaft „gut geeignet" sind, dass sie sich mit ihrem Verhalten sozusagen den gesellschaftlichen Erfordernissen unbewusst anpassen.

Als ich das las, fragte ich mich, wie viele unserer gesellschaftlichen Vorbilder wohl Borderliner seien. Wie viele Politiker, die ja auch oft extrem polarisieren und ein Schwarz-Weiß-Denken verbreiten, wie viele Schauspieler, Models und Manager sind Borderliner?

Was sind das für Menschen, die uns als „Vorbilder" präsentiert werden? Wo kommen sie her und wo wollen sie hin? Welche Werte vermitteln sie uns? Wie viele dieser „Vorbilder" leben in intakten Beziehungen? Und wollen wir diese Menschen wirklich als Vorbilder nehmen? Wo gibt es andere Vorbilder, denen nachzueifern sich vielleicht mehr lohnt, als den abgehungerten Models oder den Politikern, die uns so oft anlügen?

Ich sehe auch eine Verbindung zwischen Borderline-Persönlichkeiten und dem Christentum. Die christliche Kirche lehrt eine strikte Unterscheidung in Gut und Böse, in Schwarz und Weiß. Es gibt einen moralischen Kodex, anhand dessen beurteilt wird, welches Verhalten gut und welches böse ist. Wenn ich mir vorstelle, dass ein Kind in einer Familie aufwächst, die von strengen christlichen Moralvorstellungen geprägt ist und immer wieder von seinen Eltern die Unterscheidung in Gut und Böse eingeprägt bekommt, dann ist es nicht unwahrscheinlich, dass das Kind anfängt, alle Erfahrungen und Verhaltensweisen in diese beiden Kategorien einzuordnen und natürlich auch die eigene Persönlichkeit anhand dieser Kriterien zu definieren.

Damit aber ist bereits der Grundstein für eine Borderline-Entwicklung gelegt, die noch durch andere verstärkende familiäre Umstände begünstigt wird, wie Alkoholismus, Familiengeheimnisse, Missbrauch und andere Arten von Grenzüberschreitung.

Wir alle kennen Menschen, die Borderline-Tendenzen haben und gleichzeitig moralisch sehr be- und verurteilend sind. Wenn man ihnen etwas erzählt, so reagieren sie entweder mit Begeisterung („ganz toll") oder mit Entsetzen („unmöglich"). Dazwischen gibt es für sie wenig Raum.

Bei Menschen, die gleichzeitig Borderliner und sehr christlich sind, gibt es oft viel Angst. Sie brauchen die starren Schwarz-Weiß-Kategorien, um die Angst nicht zu spüren, die durch die Vielfalt der Realität mit ihren zahlreichen Grautönen in ihnen ausgelöst wird. Sie vermeiden es, in die Mitte zu kommen, denn da könnten sie ihre Angst spüren.

Der Umgang mit solchen Menschen ist manchmal nicht ganz leicht. Oft gerät man in Gefahr, sich entweder ihren starren Kategorien anzupassen oder eine Auseinandersetzung zu riskieren. Wenn man beides nicht will, ist es wichtig, gut mit sich selbst und den eigenen Gefühlen verbunden zu bleiben und die eigenen Grenzen zu spüren und zu respektieren. Damit schützt man sich am besten.

Wenn es möglich ist, kann man den Borderliner auch sanft auf sich selbst zurückwerfen, indem man fragt: „Merkst Du, was Du tust? Spürst Du, in welchen Kategorien Du Dich bewegst?" Wenn es in dem betreffenden Menschen genügend Bewusstsein gibt, um das eigene Verhalten zu reflektieren, kann ein solches Vorgehen hilfreich sein. Es ist auch ein Mittel in der Therapie mit Borderlinern, um diesen ihr Verhalten bewusst zu machen.

2.2.4 Rollendiffusion und Pseudo-Partnerschaften

Im vorigen Kapitel haben wir betrachtet, wie sich eine „zerstückelte" bzw. fragmentierte Persönlichkeit infolge traumatischer Erfahrungen in der Kindheit entwickeln kann. In diesem Kapitel wollen wir betrachten, wie sich diese Zerstückelung konkret im Leben von betroffenen Frauen auswirkt.

Oft beobachtet man bei Frauen, die sexuell missbraucht wurden, eine Vermischung von Rollen und Ebenen innerhalb der Beziehungen, in denen sie leben. Sie können beispielsweise in ihrer Partnerschaft die Rolle der Ersatzmutter, Ersatztherapeutin und Ersatzkrankenschwester einnehmen, während die Rolle der Frau und Partnerin nur sehr gering ausgeprägt ist. Es kann natürlich auch umgekehrt sein. Ein Mann kann in einer Partnerschaft in der Rolle des Ersatzvaters, -bruders oder -sohnes sein. Eines bedingt das andere. Ist die Frau für ihren Mann Ersatzmutter, so ist ihr Mann für sie Ersatzsohn.

Dies ist eine der Folgen von Missbrauch. Genauso wie das Mädchen vom missbrauchenden Vater aus der Rolle der Tochter herausgenommen wird und in die Rolle der Ersatzpartnerin gedrängt wird, lässt sich die erwachsene Frau von ihren Partnern oder Freunden in wechselnde Rollen drängen, da ihre Identitätsentwicklung durch den Missbrauch Schaden genommen hat. Solche Beziehungen sind jedoch auf Dauer unbefriedigend, da die Seele spürt, dass es hier keine echte Mann-Frau-Beziehung gibt, sondern eine Pseudo-Partnerschaft.

Angelika ist mit Arndt verheiratet. Arndt kommt aus einer begüterten Familie. Auch er selbst verdient recht gut. Sie haben eine Tochter, und Angelika war bis vor kurzem Hausfrau. Dann machte sie eine Ausbildung als Heilpraktikerin und ist nun dabei, sich in diesem Beruf selbstständig zu machen. Sie beschrieb ihre Ehe mit Arndt als nicht stimmig. Sie fühlte sich zwar versorgt und hatte auch das Gefühl, von dieser Versorgung abhängig zu sein; auf der anderen Seite aber konnte sie Arndt nicht richtig als Mann sehen. Er behandelte sie wie ein unmündiges Kind. Er fühlte sich auch damit im Recht, denn schließlich war er ja derjenige, der das Geld nach Hause brachte.

Angelika mietete einen Raum in der Praxis eines Heilpraktikers (Bernd), um dort ihren Beruf auszuüben, und sie verliebte sich in ihn. Sie geriet in einen Konflikt zwischen ihrer Ehe und ihren Gefühlen für Bernd. Eines Tages kam sie zu mir und berichtete aufgeregt: „Ich hatte eine Erleuchtung. Arndt ist für mich der Ersatz für meinen Vater. Deshalb kann ich ihn nicht als Mann lieben."

Genauso war es. Sie suchte unbewusst in der Beziehung zu Arndt einen Ersatz für ihren Vater, der früh gestorben war. Sie war also in dieser Beziehung die Tochter und nicht die Frau. Natürlich sehnte sich ihre Seele nach Erfüllung und war deshalb bewusst oder unbewusst auf der Suche nach einem Mann, der sie als Frau erfüllen könnte. Deshalb verliebte sie sich in Bernd. Ich weiß nicht, wie ihre Geschichte weitergegangen ist, denn ich habe sie schon lange nicht mehr gesehen.

Wenn Menschen ihren Partner nicht richtig als Mann oder ihre Partnerin nicht richtig als Frau lieben können, gehen sie oft „Pseudo-Freundschaften" oder Affären mit andersgeschlechtlichen Menschen aus ihrer Nähe ein. Das können beispielsweise Arbeits- oder Vereinskollegen sein.

Auch Annabelle hat leidvolle Erfahrungen mit dem Thema gemacht. Ihr Ex-Freund Alfred war ein Mensch, der einige solcher Pseudo-Freundschaften mit Frauen unterhielt. In der Beziehung zwischen ihm und Annabelle gab es viele Probleme, die eingehender Bearbeitung bedurft hätten. Stattdessen traf er sich mit verschiedenen Frauen, zu denen er in einer, wie er sagte, freundschaftlichen Beziehung stand, um mit diesen Frauen über die Probleme zu reden, die er mit Annabelle hatte. Sie trösteten ihn, bauten ihn wieder auf und sagten ihm, dass es bestimmt nicht an ihm läge, dass die Beziehung nicht gut lief.

Eines Abends trafen sich Alfred und Annabelle mit einer dieser besagten Frauen, einer Arbeitskollegin von ihm, und ihrem Freund zum Essen. Die Frau fiel Alfred zur Begrüßung um den Hals und himmelte ihn dann den ganzen Abend lang an. Er genoss dies sichtlich. Ihrem Freund schenkte sie kaum Beachtung. Dieser fühlte sich offensichtlich unwohl, ebenso wie Annabelle. Beide merkten, dass da etwas Komisches lief.

Als sie nach Hause kamen, sagte Annabelle Alfred, wie unpassend sie das Verhalten seiner Arbeitskollegin gefunden habe. Er warf ihr Eifersucht vor. Das war seine übliche Methode. Bei jeglicher, oft berechtigter Kritik von Annabelles Seite hielt er es nicht für nötig, sich mit ihren verletzten Gefühlen auseinanderzusetzen, sondern drehte den Spieß einfach um und richtete ihn als Vorwurf gegen sie.

Alfred hatte, wie gesagt, mehrere solcher „Trösterinnen". Er benutzte sie, um den Konflikten mit Annabelle aus dem Wege zu gehen, indem er diese auf einen anderen, ungefährlichen Schauplatz verlagerte. Dadurch wurde natürlich gar nichts gelöst. Ironischerweise ging er nach dem Ende der Beziehung mit Annabelle eine Liaison mit einer dieser Trösterinnen ein. Während der Beziehung hatte er Annabelle diese Frau als „warmherzig, einfühlsam, tröstlich und charmant" beschrieben.

Als Annabelle ihn einige Jahre nach der Trennung wiedertraf und ihn nach der Beziehung mit besagter „warmherziger Frau" fragte, sagte er ihr, diese sei leider gescheitert. Auf die Frage nach den Gründen ließ er sich über diese Frau in einer abwertenden Art und Weise aus. Annabelle sagte ihm nach kurzer Zeit, dass sie keine weiteren Details wissen wolle.

Während sie ihm zuhörte, spürte sie genau, dass er über diese Frau, die, während er noch mit Annabelle zusammen war, die „wunderbare Trösterin" war, nun genauso sprach, wie er mit seinen „Trösterinnen" damals über Annabelle gesprochen hatte. Diese Erkenntnis war heilsam für sie.

Sie erkannte, dass Alfred seine Pseudo-Freundschaften benutzte, um seinen eigenen Ängsten und Unzulänglichkeiten auszuweichen. Man kann dieses Muster oft beobachten. Meist liegen diesem Verhalten traumatische Missbrauchs- und Verlusterlebnisse während der Kindheit zugrunde, die eine große Angst vor Auseinandersetzungen und Liebesverlust zur Folge haben.

Abhilfe kann hier neben der gründlichen Bearbeitung der Kindheitsthemen nur eine offene Kommunikation mit dem Partner über die eigenen Ängste schaffen. Wenn man dieser offenen Kommunikation aus dem Wege geht, läuft man Gefahr, in Beziehungen immer wieder das Muster der Vermischung und Verschiebung der Rollen und Ebenen auszuleben.

Wir können uns fragen, welche Rolle wir in einer Liebesbeziehung einnehmen wollen und was Frausein und Mannsein in einer Beziehung eigentlich bedeutet. Um welche Themen geht es da? Welche Bilder von Männlichkeit haben wir vorgelebt bekommen? Welches Bild von Männlichkeit haben uns missbrauchende Väter und Stiefväter vermittelt? Wollen wir diese Bilder behalten?

Wenn wir uns diese Fragen gestellt und die Wunden der Vergangenheit bearbeitet und geheilt haben, wenn wir die übernommene Fremdenergie und die dazugehörigen Bilder aus unserem Energiesystem entfernt haben, können wir den entstandenen Raum mit unseren eigenen Bildern und Vorstellungen füllen. Wir können spüren, was Männlichkeit und Weiblichkeit *eigentlich* bedeuten.

Wir alle haben Zugang zu einem alten Wissen um die archetypischen Bedeutungen von Mann und Frau. Wenn wir dieses alte Wissen aktivieren, können wir Liebesbeziehungen eingehen, in denen der Mann wieder Mann und die Frau wieder Frau sein darf.

Meine Klientin Annabelle erzählte mir, dass sie, als sie bereits viele Themen – auch Missbrauchsthemen – aus ihrer Kindheit und aus vergangenen Leben bearbeitet hatte, bemerkte, dass andere Männer in ihr Leben traten, Männer, die sie bislang nur aus einer großen Distanz wahrgenommen hatte. Es handelte sich um Männer, die keine Missbraucher und Vergewaltiger von Frauen waren, um Männer, die nicht auf Frauen herabschauten oder sie herabwürdigten, sondern die archetypische männliche Werte zu verkörpern schienen, wie Ritterlichkeit, natürlicher Respekt vor Frauen und vor weiblichen Werten sowie Fürsorge, Schutz und Kraft.

Ich erlebte diese Form der männlichen Energie vor einiger Zeit in einer Gruppe, mit der ich nach Hawaii fuhr. In dieser Gruppe waren neben elf Frauen auch drei Männer mit dabei. Alle drei Männer waren mit ihren Partnerinnen gekommen und verhielten sich sowohl diesen als auch uns anderen Frauen gegenüber mit viel Respekt und Achtung. Sie waren ritterlich. Wenn wir Ausflüge machten und an unwegsame Stellen kamen, erbot sich einer der Männer, das Terrain für uns zu erkunden. Wenn es ein Problem gab, war sofort einer der Männer bereit, für eine Lösung zu sorgen.

Bei einigen Ausflügen begleitete uns eine wundervolle hawaiianische Frau – Romy. Sie war fünfundsiebzig Jahre alt. Sie war noch bei voller Gesundheit, nur um eines ihrer Knie trug sie einen Knieschutz. Als wir lange Zeit über Lava-Felder liefen, hielt einer der Männer sie die ganze Zeit an der Hand und passte auf, dass ihr nichts passierte. Mich berührte diese beschützende Ritterlichkeit sehr. Man fühlte sich einfach wohl in der Gegenwart dieser Männer.

Das Teilhaben an dieser männlichen Energie während der zwei Wochen, die wir miteinander verbrachten, war für mich ein Erlebnis ganz besonderer Art. Es weckte eine alte Erinnerung in mir, die zwar verschüttet, aber niemals ganz verschwunden war, die Erinnerung daran, wie sich Männer verhalten, die sich selbst und andere lieben, Männer, die mit ihren Gefühlen verbunden sind, Männer, die sich auf einem spirituellen Weg befinden.

Aber nicht nur die ursprüngliche Männlichkeit, auch die ursprüngliche Weiblichkeit will wieder entdeckt werden. Frauen wollen wieder Frauen sein und nicht Kopien von männlichen oder vermännlichten Vorbildern. Sie wollen ihre „weibliche Rolle" wieder mit *weiblicher* Kraft und *weiblichen* Talenten ausfüllen und diese auch in ihre Beziehungen einbringen. Sie wollen nicht mehr Ehemännern, Vätern oder Chefs gefallen, sondern etwas in ihrem Leben tun, *das ihnen selber gefällt*. Sie wollen auch in der Sexualität nicht mehr hauptsächlich dem Mann Vergnügen bereiten, sondern *eigenes* Vergnügen empfinden; und sie wollen Zeit für sich selbst und für *ihre* seelische Entwicklung.

2.2.5 Missbrauch und Betrug – zwei Seiten einer Medaille

Ich habe im Laufe meiner Arbeit festgestellt, dass Missbrauch in der Kindheit und Betrugs- und Ehebruchserlebnisse im Erwachsenenleben oft zusammen auftreten. Was sind die Gründe dafür?

Wenn ein sexueller oder emotionaler Missbrauch während der Kindheit passiert, so wird die Intimität des Kindes zerbrochen. Auch wird die Intimität zwischen Vater und Mutter zerstört. Statt zwei Personen sind nun drei Personen in einem sexuellen Verhältnis.

Dies scheint sich im Erwachsenenleben fortzusetzen. Jetzt sind es nicht mehr Vater, Mutter und Tochter, die ihre Plätze innerhalb der Familie verlassen haben, sondern der Mann, die Frau und eine andere Frau, oder im umgekehrten Fall der Mann, die Frau und ein anderer Mann. So wie in dem ursprünglichen Dreieck die Mutter die Betrogene ist, nimmt ihre missbrauchte Tochter im Erwachsenenleben nun diese

Rolle ein und geht Beziehungen mit Männern ein, die sie betrügen. So wird der Betrug, der in dem ursprünglichen Dreieck steckte, in verschiedenen Varianten fortgesetzt. Eigentlich will die Seele das Trauma heilen. Deshalb treten immer wieder neue Facetten des Dreiecks auf, bis der Ursprung endlich bearbeitet wird und das Trauma heilen kann.

Der Einbruch in den intimen Bereich des Kindes, der durch den Missbrauch geschieht, hinterlässt eine tiefe Verletzung, die immer wieder Verletzungen gleicher oder ähnlicher Art anzieht. Es ist nicht unüblich, dass das Drama in verschiedenen Varianten inszeniert wird. So kann es durchaus sein, dass eine von ihrem Vater sexuell missbrauchte Frau in erster Ehe mit einem Mann verheiratet ist, der sie mit anderen Frauen betrügt. Wenn die Frau sich scheiden lässt und nochmals heiratet, so ist es möglich, dass ihr zweiter Ehemann jemand ist, den sie betrügt. Das Wechseln zwischen Täter- und Opferrolle ist normal.

Dies hängt natürlich auch damit zusammen, dass das Mädchen bei dem Missbrauch in der Kindheit eine Menge Täterenergie aufnimmt. Also wird sie in späteren Beziehungen sowohl die Opfer- als auch die Täterrolle einnehmen. Das macht es natürlich nicht leichter, den Ursprung des Ganzen zu erkennen, denn in dem Moment, in dem man sich als Täter verhält, werden wieder neue Schuldgefühle erzeugt, und der Kreislauf von Schuld, Scham, Selbstbestrafung und Selbsterniedrigung setzt sich fort.

Manche Frauen beenden diesen Kreislauf dadurch, dass sie keine Liebesbeziehungen mit Männern mehr eingehen und den Bereich geschlechtliche Liebe und Sexualität so weit wie möglich aus ihrem Leben ausklammern. Eine Klientin drückte dies mit den Worten aus: „Kein Mann, kein Sex, kein Problem."

Sexueller Missbrauch hinterlässt so tiefe Spuren in der Seele einer Frau, dass es oft sehr schwierig für diese ist, befriedigende Beziehungen einzugehen. Misstrauen und Angst sind so tief in ihnen verwurzelt, dass sie beim kleinsten Anzeichen wieder an die Oberfläche kommen.

Ein liebevoller und einfühlsamer Partner ist für eine missbrauchte Frau eine große und notwendige Hilfe auf dem Weg zur Heilung. Ich wünsche mir, dass es immer mehr dieser einfühlsamen und fürsorglichen Männer gibt, die durch ihre Unterstützung mit dazu beitragen, dass tiefe Verletzungen bei Frauen, die ihnen durch andere Männer zugefügt wurden, heilen können.

2.2.6 Bettina

Ich habe mich entschlossen, den Fall dieser Klientin ausführlich zu besprechen, weil er mir typisch zu sein scheint für die Strukturen von Nachkriegsfamilien in Deutschland und weil er einige klassische Verhaltens- und Verdrängungsmuster enthält.

Bettina kam in meine Praxis wegen ihrer chronischen Kopfschmerzen, unter denen sie seit ihrer Jugend litt. Sie hatte bereits eine Vielzahl von Therapien hinter sich, alle ohne dauerhaften Erfolg. Die Schmerzen waren nach kürzerer oder längerer Zeit immer wiedergekommen. Bettina war während ihrer Kindheit von ihrem Vater sexuell missbraucht worden. Die Atmosphäre, die in ihrem Elternhaus herrschte, war kalt und Angst erzeugend.

Ihre Eltern gehörten zur Mittelschicht, zum Bürgertum, und entsprechend waren die Werte, die sie vertraten. Nach außen hin musste alles stimmen, die Fassade sollte stehen bleiben, egal was hinter ihr geschah. So wurde Bettina schon früh systematisch zur Selbstverleugnung erzogen. Sie lernte, ihre Gefühle zu verdrängen, so lange bis sie sie nicht mehr spürte. Die verdrängten Gefühle manifestierten sich dann im Körper, insbesondere im Kopf.

Sie heiratete einen Mann, der bereits vor der Eheschließung Affären hatte und sie auch im Laufe der Ehe wiederholt betrog. Beide hatten drei Kinder miteinander. Bettina fühlte sich unfähig, sich aus der Ehe zu lösen. Auch fühlte sie sich unfähig, wirklich für sich selbst einzustehen. Sie fühlte sich in ihrer Ehe genauso hilflos dem Verhalten ihres Mannes ausgeliefert wie in ihrer Kindheit dem Verhalten ihres Vaters.

Vor einiger Zeit konfrontierte sie ihre Mutter mit den Geschehnissen aus ihrer Kindheit. Diese wollte jedoch davon nichts wissen und bezichtigte die Tochter der Lüge.

Nachdem wir in der Therapie einige traumatische Situationen aus ihrer Kindheit sowie ihre Geburt bearbeitet hatten, wurden Bettinas Kopfschmerzen langsam besser. Aber von einer dauerhaften Stabilisierung ihres Zustandes konnte nicht die Rede sein. Außerdem hatte sich noch ein anderes Symptom manifestiert. Sie hatte einen Knoten in ihrer linken Brust ertastet. An der gleichen Stelle hatte sie bereits vor drei Jahren eine Zyste gehabt, die operativ entfernt worden war.

Sie erzählte, dass sie vor drei Jahren bei einem Arzt in Behandlung war, der äußerst brutale Behandlungsmethoden anwandte. Er hatte ihr gesagt, der Knoten müsse unbedingt entfernt werden, da man erst nach einer histologischen Untersuchung genau sagen könne, um was es sich handele. Vor der Operation führte er ihr einen Draht in die Brust ein.

Sie wurde vor Schmerzen ohnmächtig. Sie sagte mir, sie habe noch niemals in ihrem Leben solche Schmerzen gehabt. Als sie den Arzt einige Zeit nach der Operation fragte, ob das denn wirklich notwendig gewesen sei, antwortete er, er habe das an sich selber schon an der gleichen Stelle ausprobiert und das sei doch wirklich nicht so schlimm. Sie fragte ihn, was er damit meine, denn er habe doch wohl keine weibliche Brust.

Nach der Operation wurde ihr gesagt, dass es sich um eine Zyste gehandelt habe und die Operation nicht unbedingt notwendig gewesen sei.

Ich fragte Bettina, was in ihrem Leben ungefähr zwei bis drei Jahre vor dem Auftauchen der Zyste geschehen sei. Sie erzählte, das sei der Tiefpunkt ihres Lebens gewesen. Sie habe zu jenem Zeitpunkt den fortgesetzten Betrug ihres Ehemannes entdeckt. Sie war Anfang jenes Jahres wegen ihrer chronischen Kopfschmerzen in einer Schmerzklinik. Als sie zurückkam, erfuhr sie, dass eine andere Frau während dieser Zeit in ihrem Haus gewohnt hatte. Das war ein Schock für sie.

Sie stellte ihren Ehemann zur Rede, und dieser antwortete, das sei nur eine „gute Freundin" gewesen. Bettina spürte, dass er log. Sie warf ihn aus dem Haus. Einige Monate später näherten sie sich wieder einander an, und Bettina entschied sich, die Ehe fortzusetzen. Es gab viele Dinge zu klären, und es dauerte noch eine Zeit, bis wieder eine gewisse Normalität eingekehrt war.

Ich erklärte Bettina, dass sie zu dem Zeitpunkt, als sie aus der Klinik zurückkam und von dem Betrug des Ehemannes erfuhr, einen psychischen Schock erlebt hatte. Dieser Schock könnte zu der Entstehung der Zyste beigetragen haben, die sich drei Jahre später manifestierte. Bei der Behandlung der Zyste gab es dann weitere Schocks, wie etwa die brutale Behandlung des Arztes, die sie vor Schmerzen ohnmächtig werden ließ, und die lange Ungewissheit über die Art des Symptoms. So gab es einen Schock nach dem anderen, und angesichts dieser Umstände war es nicht verwunderlich, dass sich nun wieder ein Symptom im Körper manifestiert hatte.

Wir arbeiteten in einer therapeutischen Sitzung alle Schocks der letzten Jahre durch. Ich sagte Bettina, dass sie sich angesichts der Intensität und Häufigkeit der traumatischen Situationen, die sie in den letzten Jahren – einmal von ihrer Kindheit und Jugend abgesehen – erlebt hatte, eigentlich bei ihrem Körper bedanken könne, dass er mit relativ harmlosen Symptomen reagiert habe. Bei anderen Menschen könne sich unter ähnlichen Umständen eine schlimmere Krankheit manifestieren.

Die weitere therapeutische Arbeit mit Bettina gestaltete sich sehr zäh. Es gab Besserungen ihrer Kopfschmerzen, dann wieder Verschlechterungen. Ich hatte das Gefühl, nicht recht voranzukommen und bat meine Lehrerin Tineke um

Hilfe. Tineke schrieb mir, ich solle Bettina fragen, was das erste Problem sei, das an die Oberfläche kommen würde, wenn es keine Kopfschmerzen mehr gäbe.

In der nächsten Therapiestunde bat ich Bettina, sich auf ihre Kopfschmerzen zu konzentrieren, alles zu spüren, was damit zusammenhinge. Dann bat ich sie, sich vorzustellen, dass die Kopfschmerzen verschwunden seien. Ich fragte sie, was das erste Problem sei, das an die Oberfläche kommen würde, wenn sie sich vorstellte, dass die Kopfschmerzen verschwunden seien. Sie sagte: „Nichts."

Ich fragte weiter: „Wenn Du Dir alle Menschen in Deiner Umgebung vorstellst, gibt es dann jemanden, der sich nicht freuen würde, wenn Deine Kopfschmerzen weg wären?" Ohne zu zögern, antwortete sie: „Meine Mutter." Ich fragte weiter: „Deine Mutter?" Sie antwortete: „Ja, meine Mutter wäre eifersüchtig, denn sie selbst hatte Kopfschmerzen bis in die Wechseljahre hinein."

Dann erzählte sie weiter, dass der Kontakt mit ihrer Mutter hauptsächlich über die Kopfschmerzen gehe. Jedes Mal, wenn die Mutter anrufe, sei eine der ersten Fragen: „Was machen die Schmerzen?" Bettina sei jedes Mal wütend darüber.

Ich bat sie, sich gut mit ihrem inneren Kind zu verbinden und ihre wahren Gefühle ihrer Mutter gegenüber zu spüren. Als erstes kam Enttäuschung an die Oberfläche. Ich bat sie, die Enttäuschung gut zu spüren.

Sie sagte: „Das weiß ich doch, dass ich von meiner Mutter enttäuscht bin." Ich sagte: „Ja, aber es zu wissen und es zu spüren, sind zwei unterschiedliche Dinge. Wissen kann Fühlen nicht ersetzen."

Daraufhin war sie ein paar Momente lang ruhig und *fühlte* ihre Gefühle.

Wenn wir Bettinas Fall betrachten, so wird überdeutlich, wie groß die Loyalität von Kindern ihren Eltern gegenüber ist, so groß, dass sie sogar chronische Schmerzen in Kauf nehmen, nur um es nicht besser zu haben als ihre Eltern, um nicht glücklicher zu leben als diese, um nicht das zu tun, was ihre Seele auf einer sehr unbewussten Ebene als illoyal den Eltern gegenüber empfinden würde.

Bei Bettina sind es die chronischen Kopfschmerzen, bei anderen Frauen sind es Beziehungs-, berufliche oder Geldprobleme. Es ist häufig so, dass chronische Probleme oder solche, die immer wiederkommen, mit unbewussten Loyalitätskonflikten den eigenen Eltern gegenüber zu tun haben. Nicht immer, aber oft, führt die Loyalität mit dem gleichgeschlechtlichen Elternteil zu Problemen, also bei Männern die Loyalität dem eigenen Vater gegenüber und bei Frauen die Loyalität der eigenen Mutter gegenüber.

2.2.7 Schönheitsoperationen

Meine Klientin Amelia hatte immer das Gefühl, ihre Oberschenkel seien zu dick. Sie heiratete einen Mann, der ihren Körper immer wieder kritisierte und sie in ihrer Meinung bestätigte, ihre Oberschenkel sollten dünner sein. Gleichzeitig war ihr Ehemann sexsüchtig. Er brauchte mindestens einmal am Tag Sex, und Amelia sollte dazu allzeit bereit sein.

Schließlich entschloss sich Amelia, sich einer Operation zu unterziehen, in der Fett aus den Oberschenkeln abgesaugt wurde. Die Operation wurde verpfuscht. Amelia hatte lange Zeit Schmerzen und behielt Dellen an den Oberschenkeln zurück. Sie musste sich noch zwei weiteren, sehr schmerzhaften Operationen unterziehen, um wenigstens die gröbsten Mängel zu beseitigen. Nach einer dieser Operationen hatte sie Geschlechtsverkehr mit dem Arzt, der sie operiert hatte. Amelia war seit einiger Zeit depressiv und hatte auch eine Neigung zum Alkoholmissbrauch. Vor einiger Zeit erzählte sie mir, dass Erinnerungen an sexuellen Missbrauch während ihrer Kindheit auftauchten.

Wir sehen hier den engen Zusammenhang zwischen Missbrauch in der Kindheit und späteren Selbstverstümmelungen, hier in Form von Schönheitsoperationen. Auch die

Tatsache, dass der „Schönheitschirurg" (ich setze das Wort absichtlich in Anführungszeichen) am Tag nach der Operation Geschlechtsverkehr mit ihr hatte, war zwar schockierend, passte aber ins Bild.

Wir sollten uns die Frage stellen: Was sind das für Männer, die einen Beruf daraus gemacht haben, an Frauen herumzuschnibbeln, hier etwas herauszunehmen, da etwas hineinzutun und dort etwas umzuformen. Könnte es nicht sein, dass Männer mit einem großen sadistischen Potenzial darunter sind, und natürlich auch Männer, die Frauen im Grunde ihrer Seele hassen oder sich an den Frauen unbewusst rächen wollen?

Was ist das für ein Mann, so muss man sich fragen, der eine Frau, die er gerade operiert hat, am Tag danach sexuell missbraucht? Denn von Missbrauch zu sprechen, ist wohl eher zutreffend als von freiwilligem Geschlechtsverkehr. Was für eine Berufs- und persönliche Ethik hat dieser Mann? Was empfindet er seiner Frau gegenüber, sofern er verheiratet ist? Sind die Operationen, die er durchführt, sexuell anregend für ihn? Erregt es ihn, eine Frau dort in Vollnarkose liegen zu sehen und dann mit einer Kanüle Fett aus ihrem Körper abzusaugen oder mit dem Skalpell ihre Brüste aufzuschneiden und zwei Silikonkissen hineinzutun und alles wieder zuzunähen? Ist es eine späte und unbewusste Rache an seiner Mutter, die ihn vielleicht nie gestillt hat oder nicht richtig für ihn da war? Alle diese Fragen dürfen und müssen wir uns angesichts der oben geschilderten Geschichte stellen.

Auch hier geht es letztlich mehr um Macht als um Sex, wobei beides miteinander verquickt ist. Den Chirurgen scheint es zu erregen, Macht über diese Frau zu haben, Macht über ihren Körper, sie so völlig ihm ausgeliefert zu sehen. Das scheint seine Libido enorm zu stimulieren; und die Frau passt sich an, liefert sich aus, genauso wie sie in ihrer Kindheit ihrem Vater, Onkel, Stiefvater, Nachbarn oder Bruder ausgeliefert war. Sie ist diejenige, die Alkohol braucht, um all das zu verdrängen, und sie ist auch diejenige, die depressiv wird, und sie ist diejenige, die von ihrem Mann gegen eine andere ausgetauscht wird, wenn sie im Bett nicht mehr so funktioniert, wie er es will.

Es ist bekannt, dass sexuell missbrauchte Frauen zu seelischen und körperlichen Selbstverletzungen tendieren. Einige ritzen sich die Arme oder Beine auf, drücken ständig Pickel aus oder schneiden in anderer Form an sich herum. Auch ständige Diäten sind natürlich eine Form der Selbstverletzung, ebenfalls Anorexie und Bulimie. Weniger erforscht ist meines Wissens momentan noch der Zusammenhang zwischen Missbrauchserfahrungen und Schönheitsoperationen.

Wenn man sich mit dem obigen Fall auseinandersetzt oder andere Berichte über Schönheitsoperationen liest, egal ob gelungene oder misslungene, so drängt sich oft der Gedanke auf, dass diesen Operationen weniger der Wunsch nach einem perfekten Körper, sondern vielmehr der unbewusste Drang nach Leid, Qual und Selbstbestrafung zugrunde liegt. Frauen nehmen dabei große Schmerzen und teilweise auch erhebliche Entstellungen sowie dauerhafte körperliche Schäden in Kauf. Egal ob es Fettabsaugung, Lifting, Brustvergrößerung oder -verkleinerung ist, jede Operation ist ein schwerer Eingriff in das körperliche Gleichgewicht. Einige Frauen, die sich einer solchen Operation unterzogen haben, tragen ihr Leben lang an den Folgen.

Einmal davon abgesehen, dass eine Frau, die ihren Körper verändert, nicht mehr sie selbst ist. Selbst wenn sie dann „perfekte" Beine oder Brüste, einen „perfekten" Bauch oder ein „perfektes" Gesicht hat, es ist nicht ihr eigenes. Hier stellt sich natürlich auch die Frage, wer eigentlich die Perfektionsmaßstäbe aufstellt? Wer maßt sich an, über die Körper von Frauen zu richten und sie einem „Idealmaßstab" zu unterwerfen? Und vor allem: Welche Interessen verfolgen diejenigen, die dies tun? Sind es sexuelle Interessen, oder vielleicht doch mehr Machtinteressen? Auch sexueller Missbrauch ist letztendlich ein Machtmissbrauch, der bestimmten Machtinteressen dient.

Ein missbrauchtes Mädchen wird es sehr viel schwerer

haben, ihre Lebensziele zu erreichen und ihr Kraftpotenzial ganz und gar zu verwirklichen, als ein nicht missbrauchtes Mädchen. Somit ist Missbrauch wie eine Konditionierung, die in eine bestimmte Richtung führt. Es gehört eine große Portion Kraft, Mut und Suche nach der Wahrheit dazu, um die Richtung wieder zu ändern, die Verletzung zu heilen und wieder zu sich selbst und seinen eigentlichen Lebensaufgaben zurückzufinden. Einige Frauen schaffen es, andere nicht.

Ich habe im Umgang mit Frauen, die sich Schönheitsoperationen unterzogen haben, oft den Eindruck, dass sie ein nicht sehr ausgeprägtes Selbstbewusstsein und ein geringes Selbstwertgefühl haben und sich selbst mit Hilfe der Schönheitschirurgen eigentlich nicht verschönern, sondern unbewusst verstümmeln wollen. Dies ist jedoch vielen betroffenen Frauen nicht bewusst, ebenso wenig wie der Missbrauch ihrer Kindheit. Auch Missbrauch ist eine Form von Verstümmelung, seelischer Verstümmelung.

Die Frau setzt in Form von Schönheitsoperationen das fort, was in ihrer Kindheit begonnen hat, sie be- und misshandelt ihren Körper so, wie er in ihrer Kindheit be- und misshandelt wurde, als ein Stück Fleisch, von dem man etwas wegnehmen oder etwas hineintun kann oder beides.

Ich möchte an dieser Stelle anmerken, dass nicht nur Schönheitsoperationen tiefe Eingriffe in die Seele und den Körper einer Frau sind, sondern im Grunde jede Art von Operation. Meine Klientin Isabel, die in ihrer Kindheit von ihrem Stiefvater sexuell missbraucht wurde, unterzog sich vor einigen Jahren einer Schilddrüsenoperation. Der Arzt war ein charismatischer und egomanischer Mensch, der sich seiner Ausstrahlung auf Frauen durchaus bewusst war und sie auch in entsprechenden Situationen einsetzte.

Als wir in der Therapie die Operation bearbeiten, erlebt die Klientin die Situation als tiefen Eingriff in ihren Körper. Sie erlebt den Arzt in dem Moment, als er in den OP kommt, als hitzig und rot. Er ist in einem erregten Zustand. Außerdem fühlt sie Hass in ihm, und zwar einen Hass auf alle Frauen.

In dem Moment, als er ihren Hals aufschneidet, weicht die Hitze von ihm, und er kommt in einen entspannten Zustand, wie ein Mann, der sexuell erregt ist, dann einen Orgasmus hat und sich entspannt.

Der Hass des Arztes, den Isabel zu Anfang gespürt hat, ist nach dem Schnitt nicht mehr zu spüren. Er operiert vielmehr routiniert. Dann kommt es nochmals zu einer Art Erregung, in dem Moment, als er ihre Schilddrüse in der Hand hält. Die Klientin erlebt es, als ob er „das ganze Organ in der Hand hätte".

Wenn wir die Analogie von den oberen Organen und den unteren Geschlechtsorganen betrachten, so wird die Parallele zwischen Hals und Gebärmutterhals sowie Mund und Vagina deutlich. In dem Moment, in dem der Arzt ihre ganze Schilddrüse in der Hand hält, hält er symbolisch auch ihre Geschlechtsorgane in der Hand, und in dem Moment, in dem er die Knoten aus ihrer Schilddrüse herausschneidet, schneidet er auch etwas aus ihrer Gebärmutter heraus. Die Klientin erlebt den Arzt voller Hass auf die Frauen. So wird verständlich, dass bei ihm Hass mit sexueller Erregung gekoppelt ist und er in dem Moment Erleichterung empfindet, in dem er schneidet, also seinem Hass und seinem Bedürfnis zu verletzen nachgeben kann.

Isabel wird während des Durcharbeitens auch die Parallele zu dem sexuellen Missbrauch durch ihren Stiefvater bewusst. Genauso wie sie in ihrer Kindheit ihrem Stiefvater hilflos ausgeliefert war, so ist sie auch auf dem Operationstisch hilflos ihrem Arzt ausgeliefert. Als ich sie frage, ob sie während der OP Stimmen oder Sätze wahrnimmt, schildert sie die Situation als „ohne Worte". Plötzlich fällt ihr ein, dass es mit ihrem Stiefvater genauso war. Auch damals gab es keine Worte. Er missbrauchte sie, und sie wartete darauf, dass er irgendetwas sagen würde. Doch er blieb stumm. Sie sagte: „Ich schaute auf seinen KROPF und wartete auf irgendein Wort. Aber es kam nichts." Viele Jahre später lässt sie sich den „Kropf" operieren.

Hier sehen wir auch, dass der Ort eines körperlichen Symptoms niemals zufällig ist. Die Schilddrüse gehört zum fünften Chakra, zum Hals-Chakra, dass mit der Kommunikation und der Fähigkeit, Gefühle und Gedanken angemessen zum Ausdruck zu bringen, verknüpft ist. Hier gibt es bei der Klientin eine starke Blockade. Ihr Stiefvater konnte nicht über das sprechen, was damals vor sich ging, und sie konnte es auch nicht. Sie agierte ihre Gefühle in übertriebenem Verhalten aus, was ihr seitens ihrer Mutter und Großmutter den Vorwurf einbrachte, sie sei hysterisch. Ihre Mutter brachte sie damals wegen ihrer Hysterie zu einem Psychologen. Man beachte die Ironie, denn dieselbe Mutter stand aus dem Bett auf, wenn ihre Tochter sich hineinlegte, und ließ sie mit dem Stiefvater allein, obwohl sie genau wusste, was passieren würde.

2.2.8 Süchte

Anne Wilson Schaef hat die so genannten zivilisierten Gesellschaften als Suchtgesellschaften beschrieben. Ich schließe mich ihrer Einschätzung an. Wenn ich mich umschaue, so stelle ich immer wieder fest, dass das wirtschaftliche und politische System mit all seinen Machtansprüchen in der Form, in der es momentan existiert, nicht weiter bestehen könnte, würde es nicht unzählige Menschen geben, die in Suchtprozessen stecken.

Süchte, sowohl stoffliche, wie Alkohol-, Nikotin- oder Esssucht, als auch nicht-stoffliche, wie Beziehungs-, Liebes-, Sex- oder Spielsucht, stehen oft im Zusammenhang mit verdrängtem Missbrauch aus der Kindheit. Süchte dienen meist dazu, schmerzliche Erlebnisse zu verdrängen und den Körper und den Geist in eine Art Betäubungszustand zu versetzen, in dem man nicht mehr so viel spürt.

Süchte überdecken unsere wahren Bedürfnisse. Wenn ein Mädchen sexuell und emotional missbraucht wird, so wird sein wahres Bedürfnis nach Liebe, Wärme, Nähe und Schutz übergangen. Infolgedessen kann sich bei der erwachsenen Frau eine Sex-Sucht bilden, denn sie hat in ihrer Kindheit gelernt, dass Sex die einzige Form der körperlichen Nähe ist. Es gibt Frauen, die Sex benutzen, um körperliche Nähe zu einem anderen Menschen herzustellen oder ihre Angst vor dem Verlassensein oder Alleinsein zu betäuben. In dem Moment, in dem Sex als Betäubung von Angst oder Schmerz benutzt wird, ist er ein Suchtmittel.

Ich denke, dass viele Männer, die zu Prostituierten gehen, eigentlich etwas ganz anderes suchen als das, was sie dort finden. Ich denke, sie suchen oft Nähe und Zuwendung. Wenn sie gelernt haben, dass Sex die einzige Möglichkeit ist, Nähe mit einer Frau herzustellen, versuchen sie es auf diese Art und Weise.

Der Weg aus der Sucht führt darüber, sich erst einmal seine wahren Bedürfnisse klarzumachen. In dem Moment, in dem wir es uns erlauben, unsere wahren Bedürfnis zu spüren, nach Liebe, nach Nähe und nach Schutz, kommen oft die verdrängten Erlebnisse an die Oberfläche, bei denen wir tief verletzt wurden und durch die unsere Sucht ihren Anfang nahm. Wenn wir dann den Schmerz zulassen und das Erlebnis bearbeiten, kann das wahre Bedürfnis wieder klar werden, und wir können uns auf die Suche nach Menschen begeben, die in der Lage sind, unsere wahren Bedürfnisse ernst zu nehmen und zu befriedigen.

Christiane Northrup schreibt über eine Frau, deren Mann früher Alkoholiker war und der dann die Alkohol-Sucht durch Sex-Sucht ersetzte. Er wollte täglichen Geschlechtsverkehr mit seiner Frau. Diese hatte chronische Vaginitis und sagte, sie habe das Gefühl, ihr Mann benutze ihren Körper genauso wie früher die Flasche. Der Körper dieser Frau wehrte sich über das Symptom, die chronische Vaginitis, dagegen, als Suchtmittel benutzt und missbraucht zu werden. Gleichzeitig ist das Symptom für die Frau eine Chance, sich über ihre wirklichen Bedürfnisse klar zu werden und sie auszudrücken.

Ich denke, dass unsere Gesellschaft unzählige Mittel und

Methoden zur Betäubung anbietet. Letztlich kann alles zur Sucht werden, egal ob ein Computer, der Drang zum Putzen oder der Drang zu kritisieren oder zu klatschen. Auch im esoterischen Bereich gibt es Möglichkeiten suchthaften Verhaltens. Es gibt Menschen aus diesem Bereich, die ständig zu Heilern oder Hellsehern gehen und sich von diesen bestimmte Dinge über sich selbst, ihre Vergangenheit, Gegenwart oder Zukunft sagen lassen. Diese Menschen benutzen solche Heiler als Suchtmittel. Sie brauchen den „Kick", den ihnen diese verschaffen. Letztlich bleiben sie oft in ihrer Entwicklung stehen, denn niemand kann eigentlich außerhalb ihrer selbst besser wissen, was für sie gut ist. Also führt sie auch dieses suchthafte Verhalten weg von sich selbst und weg von ihrer eigenen inneren Stimme.

Früher habe ich gedacht, Sucht sei auf bestimmte Gesellschaftsschichten oder Stoffe beschränkt. In den letzten Jahren habe ich begriffen, dass Sucht etwas ist, das vor keiner Gesellschaftsschicht und keinem Lebensbereich Halt macht. Letztendlich ist jeder gefährdet, der nicht gut mit sich selbst und seinen Gefühlen verbunden ist. Jeder von uns muss sich selbst ehrlich und mutig fragen, in welchem Bereich seines Lebens es suchthaftes Verhalten gibt und/oder wann und wie er Sucht erzeugende Stoffe konsumiert, egal ob Zucker, Alkohol, Tabletten oder Zigaretten.

Meine Klientin Sonja hat Gewichtsprobleme. Wir bearbeiteten ein traumatisches Erlebnis aus ihrer Kindheit, mit dem die Essstörungen und das Übergewicht angefangen hatten. Sonja war die älteste von vier Töchtern. Die ganze Familie fuhr in den Sommerurlaub, und Sonjas Mutter teilte ihr mit, dass sie als einzige nicht mitfahren dürfe, weil es „terminlich für die Schule ungünstig läge". Sonja verstand überhaupt nicht, warum sie als einzige nicht mitfahren durfte und fühlte sich zurückgewiesen. Sie blieb bei einer Tante. Diese Tante versuchte sie zu trösten, indem sie ihr ständig etwas zu essen gab. Sonja aß und aß – und fraß buchstäblich ihren ganzen Kummer in sich hinein. Sie nahm natürlich erheblich zu.

Als die Eltern und Geschwister wieder aus dem Urlaub zurückkamen, wollte Sonja ihre Mutter umarmen. Die Mutter jedoch hielt sie von sich fern und sagte: „Wie siehst Du denn aus? Du bist ja richtig dick geworden. So nehme ich Dich nicht in den Arm." Seitdem hat Sonja dieses Erlebnis immer wieder in verschiedenen Varianten inszeniert. Sie benutzt einerseits Essen als Trost bei Zurückweisungen durch andere Menschen, auch durch Männer, und wird dann auch wieder zurückgewiesen, weil andere sie zu dick finden. So befindet sie sich in einem Teufelskreis, den nur sie selbst durchbrechen kann.

Meine Klientin Svetlana hatte gerade eine Trennung hinter sich. Sie sagte, sie fühle sich so allein, so leer und so verzweifelt, dass sie immer wieder in Versuchung gerate, den Mann anzurufen, obwohl sie eigentlich nach der Trennung vereinbart hatten, eine Distanz zu schaffen. Sie wusste, dass sie in einem Suchtprozess steckte und dabei war, sich daraus zu befreien.

Suchtmittel, egal ob Tabletten, Alkohol oder Menschen, sind immer Dinge, die etwas versprechen, was sie nicht halten. Man kann sich kaum vorstellen, dass ein Mensch, der integer und liebevoll ist, zum Suchtmittel werden kann. *Es werden die Menschen zum Suchtmittel, die uns nicht das geben, was wir eigentlich brauchen.* Hauptsächlich Menschen, die uns immer das Eigentliche vorenthalten, werden zum Suchtmittel, weil wir immer hoffen, es doch noch zu bekommen. So greift der Alkoholiker immer wieder zur Flasche, um den Trost zu bekommen, den er sich erhofft. Aber er bekommt ihn nie, und wenn, dann immer nur für ganz kurze Zeit, und das Aufwachen ist umso schlimmer.

Das bedeutet aber auch, dass Menschen, die in ihrer Kindheit wenig Liebe bekommen haben und Missbrauch und Misshandlungen ausgesetzt waren, anfälliger sind für

Süchte jeder Art als Menschen, die in einer liebevollen, unterstützenden Umgebung aufgewachsen sind, in der ihre Bedürfnisse ernstgenommen und befriedigt wurden.

Männer und Frauen tendieren gleichermaßen zu stofflichen und nicht-stofflichen Süchten, wobei es gewisse geschlechtsspezifische Unterschiede gibt. Männer tendieren eher zu einer Kombination aus Alkohol- und Arbeitssucht, während Frauen eher zu einer Kombination aus Tabletten- und Beziehungssucht tendieren. Das hat natürlich auch gesellschaftliche Hintergründe. Den Frauen wird in unserer Gesellschaft eingeredet, dass es für sie und ihr Ansehen extrem wichtig ist, eine Beziehung zu haben, einen Partner, über den sie sich definieren können. Dieser Umstand trägt dazu bei, dass Frauen besonders anfällig für diese Art von Sucht sind.

Oft ist die Konstellation so, dass die Frau vom Partner abhängig ist und dieser von etwas anderem, beispielsweise Alkohol oder Arbeit. Liegt diese Konstellation vor, so spricht man auch von Co-Abhängigkeit. Die Frau, die vom Partner abhängig ist, ist die Co-Abhängige, der Partner wiederum der Süchtige. Beide aber stecken in einem Suchtprozess und nähren gegenseitig die Sucht. Es ist oft schwer, solche Konstellationen zu erkennen, und meist noch schwerer, sich daraus zu befreien.

In der letzten Konsequenz führen alle Süchte zum Tod, früher oder später. Deshalb ist es so wichtig, sich bewusst zu machen, in welchen Bereichen seines Lebens man in Suchtprozessen steckt. Oft liegt natürlich auch eine Kombination von verschiedenen Süchten vor, beispielsweise Arbeits- und Alkoholsucht, Koffein- und Nikotinsucht oder Beziehungs- und Tablettensucht, um nur einige der häufigeren Kombinationen zu nennen.

Eine oft nicht als Sucht erkannte Verhaltensform ist die Gefallsucht. Mädchen werden schon früh darauf konditioniert, anderen zu gefallen. Sie werden belohnt, wenn sie gefallen, und bestraft, wenn sie nicht gefallen. Das Äußere spielt in diesem Zusammenhang eine entscheidende Rolle.

Ich habe mich oft gefragt, warum eigentlich viele Frauen

in unserer Gesellschaft, die uns als Vorbilder in puncto Schönheit hingestellt werden, keine dauerhaft glücklichen Beziehungen haben. In der Logik, die mir als Kind und Jugendliche vermittelt wurde, nämlich „wenn Du nur schön genug bist und das Gefallen eines wohlhabenden Mannes findest, wirst Du immer versorgt und glücklich sein", macht das keinen Sinn. Ich merkte, dass an dem, was mir und den meisten anderen Mädchen vermittelt worden war, etwas nicht stimmte. Wenn so viele „schöne" Frauen unglücklich waren, dann konnte es nicht wahr sein, dass Schönheit und Gefallen glücklich machen.

Pamela Anderson, das Stereotyp der Barbie-Puppe mit langen blonden Haaren und einer „Traumfigur" samt Silikonbrüsten, führte eine unglückliche Ehe mit dem Vater ihrer beiden Söhne, Tommy Lee. Dieser Mann war Schlagzeuger in einer Rockband. Er konsumierte große Mengen an Alkohol und Drogen und schlug Pamela des Öfteren, einmal sogar, als sie ihr Baby im Arm hielt. Die Ehe wurde nach einigen Trennungen und Versöhnungen geschieden. Jetzt hat Pamela Anderson Hepatitis C, die sie sich angeblich durch eine infizierte Tätowiernadel ihres Ex-Mannes zuzog. Wenn ich mir das Leben dieser Frau betrachte, dann denke ich: „Wohin hat ihr Wunsch, Männern zu gefallen, sie gebracht? Und *zu welchen Männern* hat dieses Verhalten sie gebracht?"

Es gibt viele solcher Beispiele von berühmten oder auch ganz normalen Frauen, die in die Falle des „Gefallenwollens" hineingeraten sind. Ich glaube, der Weg des „Gefallenwollens" und der Identifikation über Aussehen und Attraktivität ist für Frauen ein gefährlicher Weg, auf dem sie sich selbst verlieren können. In einer stabilen und langjährigen Mann-Frau-Beziehung geht es nicht um Gefallen, es geht um ganz andere Dinge.

Es ist schrecklich, was Frauen alles tun, um Männern zu gefallen, schrecklich, wie sie über ihre eigenen Bedürfnisse und Wünsche hinweggehen oder sie noch nicht einmal wahrnehmen, weil sie so mit dem Gefallen beschäftigt sind. Wenn ich bei Christiane Northrup lese, dass in einer Untersuchung von Nora Hayden aus dem Jahr 1980 von 486 befragten Frauen 310 sagten, sie täuschten bei jedem Geschlechtsverkehr einen Orgasmus vor, 124 Frauen, sie täuschten ihn oft vor und 52 Frauen, sie täuschten ihn manchmal vor, dann wird mir das enorme Ausmaß an Selbstverleugnung deutlich, in dem immer noch viele Frauen gefangen sind. Ich persönlich kenne kaum eine Frau, die noch nie einen Orgasmus vorgetäuscht hätte.

Warum täuscht eine Frau ihrem Partner einen Orgasmus vor? Um ihm zu gefallen, um ihm das Gefühl zu geben, ein guter Liebhaber zu sein?

Wenn ich mit Klientinnen über dieses Thema spreche, so sagen diese oft, dass es kaum Männer gibt, die Fragen stellen und wirklich wissen wollen, ob die Frau einen Orgasmus hatte. Frauen haben oft überhaupt nicht das Gefühl, dass es um ihre Bedürfnisse geht und irgendjemand sich ernsthaft dafür interessiert. Sie nehmen sich vielmehr als Objekt wahr, das so gut wie möglich die Bedürfnisse des Mannes zu befriedigen hat, und dazu gehört auch, bei Bedarf einen Orgasmus vorzutäuschen. Es hat ihnen niemand beigebracht, für sich selbst und ihre Bedürfnisse zu sorgen und sie angemessen zum Ausdruck zu bringen. Das ist wie Niemandsland. Da gibt es keine Worte und keine Regeln, sondern nur Unsicherheit und Unbehagen.

Frauen fühlen sich meist nach vorgetäuschten Orgasmen sehr unbehaglich, zum einen, weil sie sexuell unbefriedigt sind, und zum anderen, weil sie ihren Partner belügen und sich dadurch von ihm entfernen. Oft wissen sie dann nicht, wie sie die fehlende Nähe wieder herstellen können.

In den Beziehungen von Frauen, die süchtig danach sind, zu gefallen, läuft oft etwas Grundsätzliches falsch. Diese Frauen versuchen zu erspüren, was für ein Bild ihr Partner von einer „Idealfrau" hat, und bemühen sich dann, diesem Bild sowohl äußerlich als auch innerlich so weit wie möglich zu entsprechen. Irgendwann wird das Ganze so anstrengend für sie und sie werden so unzufrieden, dass sie anfangen zu nörgeln und dem Mann ihre Liebe zu entziehen. Der Mann weiß nicht, was der eigentliche Grund ist, fühlt sich seinerseits angegriffen, und so wird ein Teufelskreis aus Missverständnissen in Gang gesetzt, der oft mit einer Trennung endet.

Als letztes möchte ich noch eine Sucht nennen, die oft nicht als solche identifiziert wird und die mit allen oben beschriebenen Süchten im Zusammenhang steht – die Sucht, perfekt zu sein. Insbesondere Frauen, die durch wiederholte Missbrauchserfahrungen in ihrer Kindheit kein gesundes Selbstwertgefühl entwickeln konnten, können in die Falle dieser Sucht geraten. Es sind Frauen, die immer alles perfekt machen wollen. Sie wollen die perfekte Mutter und Ehefrau sein, ihre Wohnung soll immer perfekt geputzt sein und sie selber wollen immer perfekt aussehen. Die Perfektionismusfalle hängt immer mit mangelnder Eigenliebe und Unsicherheit über den eigenen Wert zusammen. Dies geht meist einher mit zwanghaftem Vergleichen mit anderen, vermeintlich „besseren", „perfekteren" Frauen.

Wenn wir begreifen, dass es keinen Sinn macht, sich mit anderen Menschen zu vergleichen, dann gewinnen wir ein großes Stück Raum für uns selbst und können in unserer persönlichen Entwicklung vorankommen. Andere Menschen haben *ihre* Fähigkeiten und wir haben *unsere* Fähigkeiten. Das einzige, was zählt, ist der Vergleich mit uns selbst: Wo stehe ich heute und wo stand ich vor einem, vor zwei, vor drei oder vor zehn Jahren? Geht es mir besser oder schlechter als damals? Welche von meinen Zielen habe ich erreicht und welche will ich noch erreichen?

Die Medien traktieren uns Frauen tagtäglich mit *Botschaften, die uns verrückt machen.* Wir sollen gut aussehen, eine gute Mutter, eine gute Ehefrau sowie nett und freundlich sein und vielleicht nebenbei auch noch eine berufliche Karriere machen, aber alles häppchenweise und so, dass es den Stereotypen entspricht.

Wir sollen tagsüber gute Mütter sein, abends jedoch

lustvolle und erotische Bettgefährtinnen. Wir sollen Diäten machen, gleichzeitig aber für unsere Partner dauernd sexuell verfügbar sein. Das passt nicht zusammen. Eine Frau, die ständig Diäten macht, verliert langsam ihre Lust auf Sex, denn genussvolles Essen und genussvoller Sex stehen in einem Zusammenhang.

In dem Moment, in dem wir begreifen, dass diese Botschaften den alleinigen Zweck verfolgen, uns verrückt zu machen und uns zu noch mehr Konsum von noch mehr unnützen Dingen zu verleiten, können wir „Nein" sagen.

In dem Moment, in dem wir das begreifen, finden wir den Mut, Botschaften, die uns verrückt machen und an uns gerichtete Anforderungen bezüglich Perfektionismus zurückzuweisen. Das geht jedoch nur, wenn wir an unserem Selbstwertgefühl arbeiten und die Instanz der Bewertung unserer Person und unserer Leistungen wieder nach innen zurückverlagern, in uns selbst, und wenn wir den Menschen um uns herum nicht mehr länger die Macht geben, über uns zu urteilen. Das wird nicht immer sofort möglich sein, aber eine bewusste Haltung ist der erste Schritt auf diesem Weg.

2.2.9 Die Übernahme fremder Energie

In jeder traumatischen Situation, so auch in einer Missbrauchssituation, kommt es zum Austausch von Energie zwischen Täter und Opfer. Das Opfer übernimmt einen Teil der Energie des Täters, und der Täter übernimmt einen Teil der Energie des Opfers. Der Umstand, dass das Opfer sozusagen einen Teil des Täters verinnerlicht hat, ist vielleicht eine der schwierigsten Komponenten bei der Bearbeitung sexuellen Missbrauchs. Eine Therapeutin hat es einmal sehr treffend ausgedrückt: „Wenn man mit Opfern sexuellen Missbrauchs arbeitet, dann sitzt der Täter immer mit im Raum."

Wenn man als Therapeut diesen Umstand vergisst, kann

die Therapie unter Umständen einen nicht wünschenswerten Verlauf nehmen. Wenn wir sagen, dass das Opfer einen Teil des Täters verinnerlicht hat, so meinen wir damit, dass es einen Teil fremder Energie so verinnerlicht hat, als ob es seine eigene Energie wäre. Das bedeutet, dass es sein kann, dass das Opfer in bestimmten Situationen mit seiner eigenen Energie reagiert und in anderen Situationen mit der Energie des Täters.

Ein Beispiel dafür sind Menschen, die in ihrer Kindheit viel geschlagen wurden. Wie man aus zahlreichen Untersuchungen weiß, schlagen diese Menschen als Erwachsene wiederum oft ihre eigenen Kinder. Oft fühlen sie sich ihrem eigenen Verhalten gegenüber hilflos und erleben es wie einen Zwang. Sie sind beschämt über ihr eigenes Verhalten und können es doch nicht ändern. Das hängt damit zusammen, dass sie dieses Elternteil internalisiert haben und in bestimmten Situationen, in denen es einen Auslöser gibt, mit dem internalisierten Verhalten reagieren. Es ist sozusagen das erste Verhalten, das abgerufen werden kann. Theoretisch gibt es viele Möglichkeiten, sich in einer bestimmten Situation zu verhalten, aber wenn so eine Internalisierung vorliegt, läuft das verinnerlichte Verhaltensmuster wie automatisch ab.

Bei Fällen von sexuellem Missbrauch ist es oft so, dass das Opfer sexuelle Energie des Täters internalisiert und deswegen Schamgefühle entwickelt. Manchmal ist es auch so, dass das Opfer während des Missbrauchs Lustgefühle empfindet und sich sehr dafür schämt. Wenn man den Missbrauch in der Therapie bearbeitet, findet man oft heraus, dass es sich um übernommene Lustgefühle vom Täter handelt. Wenn das bewusst wird, kann die Scham beendet werden.

Anette war von ihrem Großvater in ihrer Kindheit wiederholt missbraucht worden. Als wir den Missbrauch in der Therapie zum ersten Mal durcharbeiten wollten, war dies kaum möglich. Anette war so von der Energie des Großvaters durchtränkt, dass sie nur steif dalag und sagte, sie schäme sich so sehr, und am meisten schäme sie sich ihrer Lustgefühle. Es waren einige Anläufe notwendig, bis wir herausgebracht hatten, dass es eigentlich die Lustgefühle und auch die Schamgefühle ihres Großvaters waren, die sie übernommen hatte und fühlte, und welche die Aufarbeitung des Missbrauchs blockierten. Nachdem sie diese Hürde überwunden hatte, konnten wir mit dem Durcharbeiten beginnen.

Ich werde diese Sitzung nie vergessen. Sie ging fast alleine hindurch. Ich musste nur da sein und kaum etwas sagen. Ihr Körper drückte alles aus, was sie erlebt hatte, und sie befreite sich von allem, was noch an ihr klebte. Es war beeindruckend zu sehen, wie eine Seele sich von Ballast befreite, wie sie ihren natürlichen Heilungsimpulsen folgte und sich langsam aus der Umklammerung des Traumas befreite.

Ich habe den Eindruck, dass Frauen in unserer Gesellschaft anfälliger sind für die Übernahme von Fremdenergie als Männer. Ich denke, dies liegt zum einen an der christlichen Erziehung und Lehre, die die Rolle der Frau im weitesten Sinne als Aufopferung im Dienste der Nächstenliebe definiert. Wenn eine Frau diese Rolle lebt, so beinhaltet das, dass sie alle unerwünschten oder lästigen Gefühle von ihren Eltern, ihrem Ehemann und ihren Kindern übernimmt. Sie ist sozusagen der seelische Mülleimer oder Entsorgungsplatz für all den seelischen Müll, der innerhalb einer Familie anfällt. Auf Dauer geht so etwas natürlich nicht gut. Entweder wird die Frau krank oder sie kommt an einen Punkt, an dem sie dieses Rollenverhalten nicht mehr mitspielen will. An diesem entscheidenden Punkt angelangt, ist es von großer Bedeutung, wie sich ihre Umgebung verhält und ob diese auch in der Lage ist, eine Veränderung zu vollziehen, die mit der Übernahme eigener Verantwortung einhergeht.

2.3 Sexuelle Übergriffe in Therapien

In diesem Kapitel möchte ich Hintergründe und Auswirkungen von Übergriffen männlicher Therapeuten auf Klientinnen beleuchten.

Es ist bekannt, dass es innerhalb therapeutischer Beziehungen immer wieder sexuelle Übergriffe gibt, von denen selten etwas an die Öffentlichkeit gelangt. Dies vor allem deshalb, weil es für die betroffenen Frauen sehr schwer ist, den Vorfall als das zu identifizieren, was er ist, nämlich ein sexueller Übergriff, ein sexueller Missbrauch und ein Machtmissbrauch.

Jegliche Art von sexuell gefärbter Handlung innerhalb einer therapeutischen Beziehung ist ein Übergriff und eine Grenzverletzung. Direkter Geschlechtsverkehr, aber auch eher indirekte Formen, wie „zufälliges" Berühren, Anschauen mit lüsternem Blick, anzügliche Bemerkungen und andere subtile Ausdrucksformen sexueller Energie gehören dazu.

Wenn es sexuelle Übergriffe in Therapien gibt, so wiederholt sich oft das verdrängte Trauma eines Inzestes in der Kindheit. Dabei ist es nicht von Belang, ob die sexuellen Aktivitäten eindeutig vom Therapeuten oder von der Klientin ausgehen. Selbst wenn die Annäherungen von der Klientin ausgehen sollten, so hat doch in jedem Moment der Therapeut die Verantwortung, die notwendigen Grenzen wieder aufzubauen und den Rahmen wiederherzustellen, um die Therapie weiterführen zu können.

Zwischen Therapeut und Klientin existiert, genau wie zwischen Vater und Tochter, ein zweifaches Machtgefälle – zum einen das Machtgefälle zwischen einem Hilfe anbietenden Menschen und einer hilfesuchenden Frau, und zum zweiten das Machtgefälle zwischen Mann und Frau in unserer patriarchalen Gesellschaft. Diese Macht bedeutet gleichzeitig eine große Verantwortung.

Wenn eine Klientin die sexuelle Nähe eines Therapeuten sucht, dann kann man davon ausgehen, dass sie ein verdrängtes Trauma aus der Kindheit inszeniert, dass sie etwas, was sie nicht erzählen kann, weil es verdrängt ist, durch ihr Verhalten zeigt. Im Grunde genommen hofft sie, durch ihr Verhalten Heilung von dem Trauma zu erlangen. Sie hofft, dass der Therapeut sie liebevoll zurückweist und sagt: „Lassen Sie uns darüber reden, warum Sie versucht haben, mir körperlich nahe zu sein." Wenn der Therapeut Respekt vor seiner Klientin und vor ihren Verletzungen hat, dann kann er nur so reagieren. Jede andere Reaktion bedeutet sexuelle Ausbeutung einer Hilfe suchenden Person.

Für einige Menschen ist dies schwer nachzuvollziehen. Für die betroffenen Männer deshalb, weil es bequemer ist, die Verantwortung abzuwälzen. Für die betroffenen Frauen deshalb, weil sie dazu neigen, die Verantwortung für das Geschehene auf sich zu nehmen, genauso wie missbrauchte Mädchen dazu neigen, die Verantwortung für den Missbrauch seitens des Vaters, Stiefvaters, Großvaters oder Onkels auf sich zu nehmen. Dies sind jedoch gefährliche Verdrehungen, mit denen letztlich niemand weiterkommt. Wenn ein Therapeut versucht sich einzureden, seine Klientin sei verantwortlich, so erliegt er einem Selbstbetrug, und tief in seinem Inneren ist ihm das auch bewusst.

In dem Moment, in dem es eine sexuelle Begegnung zwischen Therapeut und Klientin gibt, ist die therapeutische Beziehung beendet. Die therapeutische Ebene wurde verlassen und die Therapie kann nicht fortgeführt werden.

Sexuelle Übergriffe in Therapien hinterlassen oft gravierende Schäden bei den betroffenen Frauen. Diese Frauen leiden meist sowieso schon unter einem geringen Selbstwertgefühl und bringen außerdem schwere seelische Verletzungen aus der Vergangenheit mit. Durch den Übergriff wird in die Wunde der verletzten Weiblichkeit noch einmal neu hineingestochen, und das Selbstwertgefühl der Frauen sinkt noch mehr. Betroffene Frauen berichten immer wieder, dass sie jahre- oder jahrzehntelang gebraucht haben, um sich von einem solchen Vorfall wieder zu erholen. Manche erholen sich nie mehr davon.

Auch zur Seite des Mannes soll noch etwas gesagt sein. Männliche Therapeuten erhoffen sich oft unbewusst Heilung von den Klientinnen, die sie behandeln. Wir alle kennen das Syndrom des „ungeheilten Heilers" und wissen, dass Menschen, die heilende Berufe wählen, oft selber sehr tief verletzt sind und im Grunde genommen sich selbst heilen wollen. Manchen Therapeuten ist dies nicht oder nur unterschwellig bewusst. Ein Therapeut, der sich immer wieder sexuell zu seinen Klientinnen hingezogen fühlt, sollte deshalb ehrlich zu sich sein, was seine eigenen Verletzungen anbetrifft, und die entsprechenden traumatischen Ereignisse aus seiner Vergangenheit bearbeiten. Dann braucht er seine Klientinnen nicht mehr als Projektionsfläche für unerfüllte Heilungswünsche zu benutzen und kann seine Arbeit mit Integrität und Würde tun.

2.4 Wie wird ein Mann zum Missbraucher?

In diesem Kapitel möchte ich aus meiner Sicht als Frau Teile der männlichen Seele und ihrer Entwicklung beleuchten. An dieser Stelle ist mir wichtig zu betonen, dass ich gewalttätiges Verhalten keineswegs entschuldigen möchte, ich suche vielmehr nach Erklärungen dafür, wie ein Mann zum Gewalttäter gegenüber Frauen und Kindern wird.

Ich bin bereits in dem Kapitel „Männer und Mütter" eingehend auf Fehlentwicklungen bei Männern im Zusammenhang mit der Mutterbeziehung eingegangen. Ich möchte hier noch einmal kurz zusammenfassen, welche Konstellationen meist dafür verantwortlich sind, dass Männer Probleme haben, gleichberechtigte Beziehungen mit Frauen einzugehen und sie zu achten.

Wenn die Mutter zu viel emotionale Nähe mit ihrem Sohn wollte oder ihn gar als Ersatzpartner missbraucht hat, dann fällt es diesem als Erwachsenen oft schwer, eine gleichberechtigte Partnerschaft mit einer Frau einzugehen. Raimund ist ein Beispiel für solch einen Mann. Seine Eltern führten eine unglückliche Ehe. Der Vater war oft abwesend und hatte Affären mit anderen Frauen. Die Mutter stützte sich auf Raimund und sagte ihm oft, wie wichtig er für sie sei und dass er als Erwachsener Arzt werden solle, um sie von ihren diversen Krankheiten zu heilen. Raimund wuchs in einer Atmosphäre emotionalen Missbrauchs auf. Er hatte ein schlechtes Verhältnis zu seinem Vater, denn dieser gewann den Eindruck, dass sein Sohn ihm die Gunst der Frau weggenommen hatte.

Wir finden diese Konstellation sehr häufig. Es ist eine klassische Konstellation dysfunktionaler Familien. In Deutschland gab es vor allem während des Zweiten Weltkriegs und in der Nachkriegszeit viele solcher Familien. Die Väter waren im Krieg, und die Söhne nahmen die Rolle der Ersatzpartner für die Mütter ein. Als der Krieg verloren war, kamen diese Väter als „Versager" und gebrochene Männer wieder zurück, und die Mutter-Sohn-Konstellation setzte sich in die nächste Generation fort.

Wenn aber ein Sohn ständig für seine Mutter als Partner zur Verfügung stehen soll, sozusagen als der „Mann im Haus", so bedeutet dies für ihn natürlich eine permanente Überforderung. Er kann dieser Rolle niemals gerecht werden, weil er ja ein Kind ist. Er internalisiert also schon sehr früh, dass er eigentlich auch ein „Versager" ist.

Vielleicht würde er sich mit seiner Mutter auseinandersetzen, aber das ist natürlich sehr schwierig, wenn die Mutter so bedürftig ist und der Missbrauch auf so subtile Art und Weise stattfindet. Der Junge kann viele Jahre hinweg die Gefühle von Abwehr und Überforderung in sich aufstauen.

Wenn er dann als erwachsener Mann eine Beziehung zu einer Frau eingeht, kommen die in der Kindheit verdrängten Gefühle an die Oberfläche, und er wird sich bei dem kleinsten Beziehungsproblem überfordert vorkommen. Er wird sich von seiner Frau unter Druck gesetzt und in die Enge getrieben fühlen. Diese wiederum wird wenig Verständnis für diese Reaktion haben, und meist spürt sie sogar, dass sein Verhalten irgendwie mit der Schwiegermutter zusammenhängt. Deshalb haben Frauen oft ein schlechtes Verhältnis zu ihrer Schwiegermutter, weil sie spüren, hier müsste ihr Mann erst einmal aufräumen und die Verhältnisse klarstellen.

Ein Mann, der sich seiner Frau gegenüber unzugänglich und abweisend verhält, rächt sich unbewusst an seiner Mutter. Deshalb empfinden Frauen das abweisende Verhalten ihrer Männer oft als so ungerecht. Es ist in der Tat ungerecht, dass die Frau für etwas bezahlen soll, was in der Mutter-Sohn-Beziehung schief gelaufen ist.

Wenn nun dieser Mann gleichzeitig zu der aufgezeigten seelischen Entwicklung noch ein aggressives Potenzial mitbringt, wird er zu einer Gefahr für Frauen und Kinder. Er kann dann seine Frau seelisch und auch körperlich fortgesetzt demütigen, und er kann zum Missbraucher seiner Töchter oder der Töchter des Nachbarn werden. So wird der Missbrauch fortgesetzt, von Generation zu Generation, einmal in der Mutter-Sohn-Variante, dann wieder in der Vater-Tochter-Variante.

Der Mann hat sich seiner Mutter gegenüber so ohnmächtig gefühlt, dass er nun jede Beziehung, in der er Macht hat, benutzen kann, um sich zu rächen. Das heißt, diese Männer können gefährlich werden für alle Frauen, denen gegenüber sie in einer Machtposition sind, so etwa der finanziell und emotional abhängigen Ehefrau, der eigenen Tochter oder auch niedriger gestellten Frauen im Berufsleben.

In seiner Kindheit hat sich der Mann seiner eigenen Mutter gegenüber ohnmächtig gefühlt. In jeder Beziehung zu einer Frau, in der er als erwachsener Mann in der Machtposition ist, können die aufgestauten unbewussten Rachegefühle an die Oberfläche kommen und sich mit aggressiver sexueller Energie verbinden.

Ich möchte nun noch einen Blick auf die sexuelle Komponente dieser seelischen Fehlentwicklung werfen. Wenn die Mutter ihren Sohn als Ersatzpartner missbraucht, so spielt eine subtile sexuelle Komponente mit. Auch wenn diese Mutter ihren Sohn nicht direkt sexuell missbraucht, so kann es doch sein, dass sie ihn beispielsweise im selben Bett schlafen lässt wie sie oder ihm gegenüber wiederholt Bemerkungen macht, wie „Du bist mein kleiner Mann", die ihn auch auf einer unterschwellig sexuellen Ebene in diese Rolle drängen.

Jede Art von Grenzüberschreitung ist Missbrauch, unabhängig davon, ob diese Grenzüberschreitung verbal, körperlich oder sexuell vollzogen wird. Meist handelt es sich um Mischformen.

Manchmal gibt es auch Mütter, die extrem abweisend sind. Sowohl die emotionale Überversorgung als auch die emotionale Unterversorgung sind Risikofaktoren für einen heranwachsenden Jungen. Die Wahrscheinlichkeit ist groß, dass er in seiner seelischen und sexuellen Entwicklung fehlgeleitet wird.

Sehr bedeutsam ist in diesem Zusammenhang auch das Fehlen des Vaters. Gäbe es einen emotional und physisch anwesenden Vater, der sich um die Entwicklung des Jungen kümmern würde, so wäre hier ein Ausgleich geschaffen. Aber emotionale Überversorgung seitens der Mutter geht meist einher mit emotionaler und/oder physischer Abwesenheit des Vaters. Wenn hier kein Ausgleich geschaffen werden kann, dann lernt der Junge nicht, was Mannsein eigentlich bedeutet. Er wächst mit Bildern von Frauen und Mannsein auf, die ihm durch die Medien vermittelt werden, Stereotype, denen er versuchen kann nachzueifern.

Wenn dieser Junge dann in die Pubertät kommt und die ersten sexuellen Gefühle Mädchen gegenüber auftauchen, wird er wahrscheinlich sehr verwirrt sein und nicht wissen, wie er sich verhalten soll. Auf der einen Seite hat er durch seine Mutter gelernt, dass Frauen hilfsbedürftig oder überdominant oder beides im Wechsel sind. Das wird ihm eher Angst machen. Auf der anderen Seite fühlt er sich natürlich zum anderen Geschlecht hingezogen.

Erich hatte eine abwesende Mutter und einen abwesenden Vater. Erich wuchs bei seinen Großeltern auf. Als er in die Pubertät kam, fing er an, sich Porno-Hefte zu kaufen. Viele Jahre lang waren diese Hefte seine Art und Weise, mit Frauen in Kontakt zu treten und seine Sexualität zu leben. So wie er auch von seiner Mutter nur ein „Bild" gehabt hatte, so hatte er nun Sex mit Bildern von Frauen. Frauen aus Fleisch und Blut hingegen machten ihm Angst. Wie sollte es auch anders sein, hatte er doch weder eine Mutter gehabt, die ihm etwas über Weiblichkeit hätte beibringen können, noch einen Vater, der ihm etwas über Männlichkeit hätte sagen können.

Wenn Jungen sich ausschließlich an von den Medien und pornographischen oder erotischen Darstellungen vermittelten Frauenbildern orientieren, besteht die Gefahr, dass sie ein Frauenbild verinnerlichen, das mit der Realität wenig Gemeinsamkeiten aufweist. In pornographischen Heften, und nicht nur dort, wird ein Frauenbild vermittelt, das die Frau als Sexualobjekt, als williges und unterwürfiges Objekt für männliche Sexualwünsche und -phantasien hinstellt. Geht ein Mann, der sich an solchen Bildern orientiert, eine Beziehung zu einer Frau aus Fleisch und Blut ein, so sind Probleme, nicht nur im sexuellen, sondern vor allem im seelischen Bereich, vorprogrammiert.

In letzter Zeit bemerke ich aber auch Veränderungen an diesem Bild. Mir ist aufgefallen, dass prominente Frauen in den Medien zusehends mit einer Art aggressiver sexueller Ausstrahlung dargestellt werden. Sie sind äußerst knapp bekleidet, stellen ihre intimen Körperbereiche zur Schau, aber auf eine harte, fast männliche Art und Weise. Diese Mischung wirkt auf mich sehr seltsam. Auf der einen Seite sind es gut aussehende Frauen, deren Körper durch Schönheitsoperationen oder natürliche Schönheit dem „Ideal" nahe kommen, auf der anderen Seite strahlen sie eine innere Leere, Kälte und Aggressivität aus, dass man sich unwillkürlich abgestoßen fühlt.

Ich führte kürzlich ein Gespräch über dieses Thema mit einem Mann, und dieser sagte mir, dass es ihn wütend mache, wenn er solche Frauen sehe. Diese Art aggressiver Zurschaustellung der weiblichen Sexualität irritiere ihn und stoße ihn ab. Ich könnte mir vorstellen, dass er kein Einzelfall ist.

Es gibt viele Beispiele für solche Frauen. Ein Beispiel für eine Frau, die nicht nur durch ihre Musik, sondern vielleicht auch durch diese Art von Ausstrahlung in der letzten Zeit enorme Berühmtheit erlangt hat, ist die Sängerin Kylie Minogue. Wenn ich sie mir anschaue, in ihren hauchdünnen und minikurzen Kleidchen und Röckchen, mit ihrem puppenhaften Gesicht und ihren herausfordernden Bewegungen, und höre, dass sie über sich selbst sagt, sie sei die „sexieste" Sängerin überhaupt, dann wirkt das alles sehr seltsam auf mich. Auch Madonna gehörte phasenweise zu diesen Frauen, sie hat jedoch in den letzten Jahren einen einschneidenden Entwicklungsprozess vollzogen.

Ich kann mir vorstellen, dass diese Frauen auf Männer gleichzeitig abstoßend und anziehend wirken. Wenn ein Mann mit diesen widersprüchlichen Gefühlen nicht umgehen kann, entwickelt er unter Umständen Aggressionen und drückt diese in entsprechenden Situationen auch aus. Das ist natürlich keine Rechtfertigung für Gewalt, aber der Versuch einer Erklärung.

Egal ob Frauen als willenlos und unterwürfig oder als aggressiv und herausfordernd dargestellt werden, es handelt sich bei diesen Darstellungen immer um Zerrbilder wirklicher Weiblichkeit. Diese Zerrbilder sind in meinen Augen eine Herabwürdigung für Männer *und* Frauen gleichermaßen und tragen nicht zum Verständnis zwischen den Geschlechtern bei.

Unsere Gesellschaft propagiert durch die Medien ein Bild der Sexualität als seelenlose Vereinigung zwischen zwei Menschen, bei der es auf bestimmte Techniken, ein bestimmtes Aussehen und die Gefügigkeit der Frau ankommt. In Wirklichkeit kommt es bei einer sexuellen Begegnung auf ganz andere Dinge an, zum Beispiel, ob die „Chemie" – also die Gefühlsebene – zwischen zwei Sexualpartnern stimmt und ob sie sich mit Respekt und Liebe behandeln. Ohne Liebe, Respekt und seelische Verbindung wird jegliche sexuelle Beziehung nach kurzer Zeit farblos und unbefriedigend.

Sexuelle Erfüllung erlangt man nicht durch bestimmte Stellungen oder ein bestimmtes Aussehen oder eine bestimmte Penisgröße, sondern durch seelische Verbundenheit. Diese jedoch entwickelt sich hauptsächlich in langjährigen Partnerschaften. Davon reden aber weder Pornos noch andere einschlägige Medienbotschaften. Dem Mann wird die Botschaft vermittelt, dass, wenn die Frau nur gefügig ist, er all seine sexuellen Wünsche erfüllt bekommen kann. Steve Biddulph bemerkt in seinem wunderbaren Buch „Männer auf der Suche" sehr zutreffend, dass diese Botschaft aus verschiedenen Gründen für beide Geschlechter herabwürdigend ist: „(...) denn sie unterstellt, dass Männer nur den billigen Lustgewinn wollen und Frauen nichts anderes zu bieten haben." Das heißt, sie wertet in Männern den männlichen und den weiblichen Teil ab und in Frauen ebenso.

Wenn wir uns vor Augen halten, dass auch Männer einen weiblichen Teil in sich haben, eine „Innere Frau", und dass ihnen durch die Gesellschaft gewissermaßen verboten wird, mit diesem Teil in sich selbst in Kontakt zu treten und ihn zu entwickeln, dann können wir verstehen, warum Männer so von Frauen-Bildern abhängig sind. Bei Frauen ist es anders. Wir dürfen unseren männlichen Teil, unseren „Inneren Mann", entwickeln und müssen dies sogar, wenn wir beruflichen Erfolg haben und ein durchsetzungsfähiges Mitglied der Gesellschaft werden wollen. Wenn eine Frau männliche Qualitäten entwickelt, kann ihr das für ihre berufliche und persönliche Entwicklung sehr nützlich sein, sofern sie immer im Auge behält, dass sie eine Frau ist. Wenn ein Mann jedoch weibliche Qualitäten entwickeln will, so stößt er auf Ablehnung, meist bei beiden Geschlechtern gleichermaßen.

Das liegt auch daran, dass das Weibliche in unserer Gesellschaft so abgewertet wird. Für eine Frau bedeutet es Aufstieg, wenn sie männliche Qualitäten entwickelt, für einen Mann Abstieg, wenn er weibliche Qualitäten entwickelt. Die wenigen Hausmänner, die ich kenne, sind nicht gerade glücklich, denn sie fühlen die Abwertung, die mit der weiblichen Rolle verbunden ist.

Ich kann mir vorstellen, dass es für Männer sehr unbefriedigend ist, den weiblichen, emotionalen, intuitiven und passiven Teil ihrer Persönlichkeit nicht entwickeln zu dürfen und somit von ihrer Inneren Frau abgeschnitten zu sein. Ein solcher Mann ist auf Frauen im Außen angewiesen. Er braucht Frauen, um diese Seite zu spüren, um Gefühle zu spüren, um Tränen zu sehen, um Intuition zu spüren. Ich kann mir auch vorstellen, dass diese Abhängigkeit einen Mann wütend machen kann. Denn das Natürliche wäre, diesen Teil in sich selbst zu entwickeln, womit er dann nicht mehr so abhängig von Frauen wäre. Das ist der eigentliche Grund, warum Männer oft viel mehr von Frauen abhängig sind als umgekehrt.

Ein Mann, der von seiner inneren Frau abgeschnitten ist, sucht in der Sexualität und in der sexuellen Verbindung zu einer Frau Heilung von seinem Abgeschnittensein und seinen seelischen Verletzungen. Oft, wenn dieser Prozess unbewusst abläuft – und das tut er meistens – nimmt er einen unheilvollen Verlauf. Die Frau spürt die unbewusste Erwartungshaltung des Mannes und fühlt sich von ihr überfordert. Der Mann merkt, dass sie sich in der Sexualität abwendet und fühlt sich verletzt oder abgewertet oder zurückgewiesen. Er reagiert mit Wut und Aggression oder wendet sich anderen Frauen zu. So werden aus einer Verletzung immer mehr Verletzungen geschaffen.

Am Ende stehen zwei tief verletzte Menschen da, ein Mann und eine Frau, für die es immer schwerer ist, das Vertrauen aufzubringen, das erforderlich ist, um eine innige Beziehung einzugehen und aufzubauen. Wir alle kennen diese Menschen, die keine Partnerschaft mehr wollen, die so verletzt sind, dass sie kein Vertrauen mehr aufbringen können. Das sind Menschen, die lieber allein bleiben wollen als nochmals das Risiko einer neuen Verletzung auf sich zu nehmen. Aber ein Risiko ist immer auch eine Chance, alte Verletzungen zu heilen, aber nur, wenn das entsprechende Bewusstsein vorhanden ist.

Viele Frauen begrüßen es, wenn Männer ihre innere Frau entwickeln. Mit diesen Männern kann man oft viel besser reden, sie können sich besser in andere einfühlen, und ihr Zerstörungs- und Gewaltpotenzial ist wesentlich geringer als das von Männern, die ihren weiblichen Teil von sich abgeschnitten haben. Für Männer, die ihre weibliche Seite entwickelt haben, ist es oft leichter, den Pfad der Ausbeutung von Frauen zu verlassen und den auf Dauer viel befriedigenderen Weg der Intimität in einer wirklichen und gleichwertigen Partnerschaft zu beschreiten. Aber ich habe auch den Eindruck, dass die Entwicklung der weiblichen Seite bei Männern mit bestimmten Berufen und mit bestimmten Machtaspekten nur schwer zu vereinbaren ist.

Was wäre, wenn der Spitzenmanager Mitgefühl hätte mit seinen Konkurrenten? Eine komische Vorstellung. Wir können uns einen Spitzenmanager eigentlich immer nur als gefühlskalten und hauptsächlich vom Verstand gesteuerten Menschen vorstellen. Aber vielleicht ist das genau der Grund, warum Männer mit viel Macht oft anfällig sind für Affären mit Barmädchen, Praktikantinnen, Call-Girls oder Sekretärinnen. Vielleicht ist das die Art und Weise, wie sie einen Ausgleich schaffen zu der extrem männlich betonten Art, wie sie durchs Leben gehen. Vielleicht verschaffen sie sich auf eine oft fragwürdige oder sogar destruktive Art gewissermaßen von außen eine Prise Weiblichkeit, die sie im Inneren nicht entwickeln dürfen; denn so abhängig und gesellschaftlich geächtet wie ein Call-Girl ist auch ihre innere Frau, ein Zerrbild wirklicher Weiblichkeit und wirklicher weiblicher Kraft.

Wenn wir weiterdenken, so bedeutet das, dass ein Mann, der eine Frau oder ein Mädchen missbraucht, letztendlich auch seinen eigenen weiblichen Anteil verletzt und missbraucht und ihn im Namen der Gesellschaft noch weiter herabwürdigt. Das ist ein Teufelskreis; denn auch hier agiert die Gesellschaft auf doppeltem Boden. Einerseits zwingt sie die Männer dazu, sämtliche weibliche Anteile in sich abzutöten, um erfolgreich zu sein, wenn ein Mann aber dann wirklichen Frauen Gewalt antut, dann verurteilt sie ihn. Ich betone noch einmal, dass ich keine Gewalttat entschuldige, aber ich halte es für wichtig, auch diese Aspekte in unsere Suche nach Erklärungen mit einzubeziehen.

Im Grunde genommen zeigt der Mann, der eine Frau angreift und verletzt, was mit seiner Inneren Frau passiert ist – sie wurde verletzt oder gar ganz getötet. Hier müssen wir ansetzen, wenn wir wirklich etwas verändern wollen. Hier müssen sich Männer größere Freiräume erkämpfen, um alle Teile ihrer Persönlichkeit gleichermaßen entwickeln zu dürfen und um zu vollständigen Persönlichkeiten heranzureifen, die sich selbst und andere respektieren, die ihren Gefühlen nahe sind und deshalb auch den Gefühlen ihrer Partnerin. Es sind Männer, die Lebendigkeit und Liebe wollen und nicht Tod und Zerstörung. Hier hat sicherlich auch die Männerbewegung eine große Aufgabe zu erfüllen.

Manchmal denke ich, dass es für die seelische Entwicklung eines Mannes nicht unbedingt förderlich ist, wenn er viel Geld und viel Macht hat; denn ein Mann mit viel Geld und viel Macht hat es „leichter", nach einer gescheiterten Beziehung schnell in die nächste überzugehen. Er hat es nicht „nötig", an sich zu arbeiten, denn er wird immer wieder eine Frau finden, die sein Geld und seine Macht anziehend und erotisierend findet und bereit ist – zumindest für eine gewisse Zeit – über seine Fehler hinwegzusehen. Wenn ein Mann jahrelang so lebt und Frauen über Geld und Macht anzieht, nicht an sich arbeitet und nach einer gescheiterten Beziehung gleich wieder die nächste beginnt, dann besteht die Gefahr, dass dieser Mann mit den Jahren völlig „leer" wird, dass er seelisch verarmt und sich schließlich nur noch über seinen Besitz definiert.

Wir alle kennen solche Männer. Ein berühmter Fußballer und ehemaliger Fußball-Nationalspieler, ein Mann mit viel Geld und Macht, war in erster Ehe mit einer Frau verheiratet, die ihm zwei Kinder gebar. Diese leben seit der Scheidung bei der Mutter. Aus seiner zweiten Ehe ging ein Sohn hervor, der ebenfalls bei seiner Mutter lebt. Danach hatte er noch eine längere Beziehung mit einer prominenten Dame. Seitdem diese Beziehung zu Ende ging, hat es einige Affären gegeben, die sein Image nicht gerade aufpoliert haben. Der Tiefpunkt war vor einiger Zeit erreicht, als eine Französin kundtat, sie habe auf eine Kontaktanzeige geantwortet, die er aufgegeben hatte. Beim ersten Treffen habe er sich noch freundlich und charmant verhalten, beim zweiten Treffen abweisend und unfreundlich. Er wurde von Reportern darauf angesprochen und stritt alles ab. Die Frau hatte jedoch als Beweis seine Stimme auf ihrem Anrufbeantworter.

Dieser berühmte Fußballer ist in meinen Augen ein Mann, mit dem es im Bereich Beziehungen in den letzten Jahren bergab ging; und dies auch deshalb, weil er sich nicht die Zeit gelassen hat und vielleicht auch aufgrund seines Berufes als Fußballer und wegen seines Bekanntheitsgrades gar nicht lassen konnte, seine beendeten Beziehungen zu betrauern und seelisch aufzuarbeiten. Seine Beziehungen wurden immer kürzer und vielleicht auch leerer. Er hat genug Macht und genug Geld, aber wie wird es mit ihm in punkto Partnerschaft weitergehen?

Kürzlich las ich, dass es eine Wiederannäherung zwischen ihm und seiner zweiten Ehefrau gegeben habe. Ich kann mir gut vorstellen, dass er versucht, an einem Punkt in der Vergangenheit mit einem Menschen wieder anzuknüpfen, mit dem es noch eine seelische oder emotionale Verbindung gibt.

3.
Chronische Krankheiten

Viele chronische Krankheiten stehen mit traumatischen Erlebnissen aus der Vergangenheit in Zusammenhang. Das Risiko für sexuell missbrauchte Frauen, an einer chronischen Krankheit zu erkranken, ist erhöht. Die meisten Frauen zwischen vierzig und fünfundvierzig Jahren sterben an Brustkrebs.

Meine Klientin Svetlana ist fünfundvierzig Jahre alt und hatte Brustkrebs. Es wurde ihr eine Brust entfernt. Sie wurde in ihrer Kindheit wiederholt von ihrem Vater, der Arzt war, sexuell missbraucht. Svetlana sagte, es sei ein Schmerz in ihrer Brust, der sich manchmal wie zum Zerreißen anfühle. Wir arbeiteten den Missbrauch durch, und sie konnte den Schmerz ausdrücken.

Ihr Vater missbrauchte sie nicht nur, sondern er war auch ein extrem leistungsorientierter Mensch. Svetlana musste immer Leistung erbringen und fühlte sich oft als Versagerin in den Augen ihres Vaters. Auch jetzt noch versucht sie, in verschiedenen Bereichen ihres Lebens Leistungen zu erbringen und ständig produktiv zu sein.

Ich habe festgestellt, dass es einen Zusammenhang zu geben scheint zwischen Krebs einerseits und der Überproduktivität des betroffenen Menschen andererseits. Ich habe das Gefühl, dass die Zellen das tun, was dieser Mensch die ganze Zeit denkt: „Ich muss produktiv sein." Krebs hängt mit übermäßiger Zellteilung zusammen. Das heißt, etwas in dem normalen Zellteilungsprogramm ist außer Kontrolle geraten. So wie der Mensch nicht mehr zur Ruhe kommt und ständig dabei ist, Produktion und Leistung zu erbringen, so kommen auch die Zellen nicht mehr zur Ruhe, sondern teilen sich ständig, bis der Mensch krank wird oder stirbt und somit endlich seine Ruhe hat und von dem ständigen Zwang zur Leistung befreit ist.

Eine Klientin erzählte mir, sie sei froh, als Frau in dieser Gesellschaft zu leben und nicht als Mann. Trotz aller Nachteile, die es für Frauen gebe, gebe es doch auch einige Vorteile. Einer zum Beispiel sei derjenige, dass wir nicht im gleichen Maße wie die Männer dem Zwang zur Leistung ausgesetzt seien. Natürlich gebe es bei uns den Zwang zur Schönheit und Anpassung, zum Freundlichsein und Nettsein und zur Aufgabe unserer eigenen Bedürfnisse, aber der Zwang zur ständigen Leistung sei doch mehr auf die Männer bezogen.

Meiner Erfahrung nach gibt es mehr Frauen als Männer, die aussteigen aus dem, was die Gesellschaft von ihnen erwartet. Für Männer bedeutet es oft einen radikalen beruflichen Bruch, wenn sie sich auf sich selbst besinnen. Ich kenne nur sehr wenige Männer, die den Mut hatten, einen solchen Schritt zu vollziehen und sich ihren eigenen Bedürfnissen zuzuwenden. Hingegen kenne ich einige Frauen, die diesen Schritt vollzogen haben.

Auf einem Vortrag über "Chronische Krankheiten, der Sterbeprozess und die Sterbebegleitung" erzählte die Dozentin von einem Patienten, der ins Koma gefallen war. Sie sagte, es sei bei Koma-Patienten nicht immer so, dass sie sterben wollten. Manchmal hätten sie auch andere Bedürfnisse.

Sie hatte mit einer Gruppe von Menschen eine Übung durchgeführt, bei der sich jeder Teilnehmer in den Menschen, der im Koma lag, hineinversetzen und versuchen sollte, seine Gefühle und Gedanken zu erspüren. Das Resultat war verblüffend – die meisten der Teilnehmer gewannen den Eindruck, dass er noch nicht sterben, sondern vielmehr Zuwendung und vor allem Berührung erfahren wollte.

Am nächsten Tag berichtete die Frau des Koma-Patienten, dass sie ihn lange Zeit berührt und gestreichelt hätte. Sie sagte, sie habe gespürt, wie sehr er dies genoss.

Diese Geschichte löste in mir zweierlei Gedanken aus. Zum einen dachte ich, dass es wundervoll sei, solche Übungen zu machen, um sich in kranke Menschen einzufühlen, die sich verbal nicht mehr ausdrücken können, und zu versuchen, liebevoll und behutsam ihre Bedürfnisse zu erfüllen und ihnen eine Begleitung zu geben.

Auf der anderen Seite dachte ich: „Was ist das für eine Gesellschaft, in der wir leben, dass Menschen ins Koma fallen müssen, um endlich ihre Grundbedürfnisse, nämlich Zuwendung, Berührung und liebevolle Anteilnahme, erfüllt zu bekommen?" Ich konnte mir gut vorstellen, dass obiger Patient diese liebevolle Anteilnahme oft in seinem Leben vermisst hatte, sicherlich auch während seiner ersten Lebensjahre. Nun war er wieder in einer ähnlich hilflosen Rolle wie als Baby, aber diesmal bekam er das, was er vielleicht früher entbehren musste.

Ich kenne einige Menschen, die an chronischen Krankheiten leiden und bei denen diese Krankheiten dazu „dienen", sich endlich einmal aus Verpflichtungen und einem stressreichen und unerfüllten Berufsleben zurückzuziehen. Oft gewann ich den Eindruck, Krankheiten seien das einzige in unserer Gesellschaft „erlaubte" Mittel, um Raum für sich selbst zu erlangen und die Möglichkeit zum zeitweiligen Rückzug zu bekommen. Das ist sehr bedauernswert, einmal ganz abgesehen von dem riesigen Ausmaß an Kosten, das diese Krankheiten nach sich ziehen.

Meine Klientin Frederike ist Ärztin. Kürzlich erzählte sie mir, dass ein Kollege von ihr schon seit längerem krank sei. Er leide unter einem Bandscheibenvorfall. Sie sagte: „Na ja, sich eine Krankheit zu holen, das ist ja die einzige Möglichkeit, um einmal Ruhe zu haben." Sie sagte, sie habe aber entschieden, dass dies für sie nicht der richtige Weg sei. Sie wolle sich keine Krankheit zulegen, um zur Ruhe zu kommen. Nur im Alter werde sie sich „vielleicht mal ein Zipperlein gönnen".

Ich fand das, was sie sagte, sehr bemerkenswert, denn das, was sie als bewusste Entscheidung formulierte, läuft wahrscheinlich bei vielen Menschen im Unterbewusstsein ab. Auch hier hat es einen Entscheidungspunkt gegeben, aber da die Entscheidung im unbewussten oder halbbewussten Zustand getroffen wurde, kann der Mensch sich meist nicht mehr daran erinnern. Das, was Frederike sagte, erschien mir wie ein Beweis dafür, dass wir letztlich wirklich alles selbst entscheiden. Das Problem ist nur, dass wir uns dessen oft nicht bewusst sind. Wir haben es vergessen.

Aber der Körper reagiert trotzdem. Auch wenn die Entscheidung nicht im vollen Bewusstsein getroffen und vergessen wurde, führt der Körper das aus, was man ihm vermittelte.

Meine Klientin Sarah erzählte, sie habe eine Zeit lang unter starken Oberschenkelkrämpfen gelitten. Sie stand zu der Zeit unter starkem beruflichen Druck. Die Krämpfe wurden nicht besser. An einem Tag, an dem der berufliche Stress besonders groß war, hörte sie sich plötzlich selbst sagen: „Das ist ja alles ein Krampf." Ihr fiel fast der Stift aus der Hand, denn sie erinnerte sich, dass sie diesen Satz in den vergangenen Monaten laufend gedacht oder sogar laut gesagt hatte. Ihr Körper hatte nur auf das reagiert, was er gehört hatte.

Annabelle hatte ein Fibroadenom in der rechten Brust. Wir sprachen über das Symptom, und sie sagte: „Es fühlt sich an wie eine Schwellung unter der Haut." Ihr Gesicht wechselte den Ausdruck, und sie rief aus: „Mein Gott, ich habe ständig in den letzten Monaten das Wort *„unterschwellig"* gedacht oder gesagt. Es gab so viele Situationen, insbesondere in meiner Partnerschaft, wo unterschwellige Dinge abliefen, die ich nicht genau einordnen konnte. Das ist ja nicht zu fassen."

Ich stimmte ihr zu. Ihr Körper hatte ein Symptom entwickelt, das im Zusammenhang mit ihrer momentanen Lebenssituation und – wie wir herausfanden – mit einem vergangenen Leben stand, in dem sich eine „unterschwellige" Situation an die andere reihte. Wir bearbeiteten das vergangene Leben, und kurz darauf war das Fibroadenom verschwunden. Es war überflüssig geworden. Nachdem sie einige Zeit später die Partnerschaft, in der sie sich nicht wohl fühlte, beendet hatte, gab es in ihrem Leben nun auch keine *unterschwelligen* Situationen mehr.

Das Beeindruckende an diesen Beispielen ist, dass der Körper die Botschaften, die wir ihm vermitteln, tatsächlich wörtlich nimmt und so umsetzt. Das kann nicht nur Symptome hervorbringen, sondern eröffnet auch Möglichkeiten zur Heilung. Zudem macht es uns bewusst, dass der Körper ein Wunder der Natur ist, ein Freund und Verbündeter unserer Seele.

Ich möchte auch noch etwas zu dem Zusammenhang zwischen Gefühlen und chronischen Krankheiten sagen. Bei fast allen chronischen Krankheiten finden wir in der Geschichte des Patienten, dass er „chronisch" Gefühle verdrängt und unterdrückt. Meist handelt es sich um Schmerz, Wut, Ärger oder Trauer. Ich habe bei allen chronisch kranken Menschen, die ich bislang behandelt habe, diesen Zusammenhang gefunden.

3.2 Multiple Sklerose

Meine Klientin Alicia leidet unter Multipler Sklerose. Als ich sie fragte, wann die Krankheit angefangen habe, antwortete sie, das sei während ihrer ersten Schwangerschaft gewesen. Ihr Mann habe sich damals von ihr abgewendet und auch keinen Sex mehr mit ihr haben wollen. Sie sei während der Schwangerschaft sehr bedürftig nach Zuwendung von seiner Seite, nach Zärtlichkeit und Sexualität gewesen, aber er habe sie zurückgewiesen.

Während sie darüber spricht, kann ich ihre zurückgehaltenen Gefühle von Trauer, Ärger und Wut spüren. Ich kann mir gut vorstellen, wie sie sich gefühlt haben muss, als sie das Kind dieses Mannes unter dem Herzen trug, nach seiner Liebe und Zuwendung hungerte und von ihm so zurückgewiesen wurde. Ich kann mir die Verletzung gut vorstellen, die dieses Verhalten für sie bedeutet hatte.

Alicia aber gibt sich selbst die Schuld. Die berechtigten Wut-, Ärger- und Trauergefühle drückt sie nicht nach außen aus, sondern diese gehen in Form von Schuldgefühlen nach innen und richten sich gegen sie selbst. Ich bin davon überzeugt, dass dieser destruktive Umgang mit berechtigten Wutgefühlen maßgeblich zum Entstehen ihrer Krankheit beigetragen hat.

So wie es ein körperliches Immunsystem gibt, das Viren und Bakterien abwehrt, so gibt es auch ein seelisches Immunsystem, das dafür sorgt, dass sich ein Individuum gegen unangemessene und erniedrigende Behandlung zur Wehr setzt. Körperliches und seelisches Immunsystem stehen meiner Auffassung nach in einer Wechselbeziehung zueinander. Wenn ein Mensch auf der seelischen Ebene immer wieder gegen sein seelisches Immunsystem handelt, also immer wieder Kränkungen und Erniedrigungen hinnimmt, ohne sich zu wehren, und statt dessen sich selbst die „Schuld" gibt, dann hat dies auch Auswirkungen auf sein körperliches Immunsystem. Es wird geschwächt.

Die Arbeit mit Alicia war schwierig. Immer wieder, wenn sie die Wut auf ihren Ehemann verspürte und ihrer eigenen Kraft und Wahrheit ein Stück näher kam, machte sie plötzlich eine Kehrtwendung und gab sich selbst die Schuld. Sie wollte keine vergangenen Leben bearbeiten, so dass wir am Anfang der Therapie nur Gespräche führten und einige traumatische Situationen aus ihrer Kindheit bearbeiteten.

Sie lebte mit ihrem Mann und ihren zwei Kindern im selben Haus wie ihre Eltern, hätte aber lieber das Haus verkauft und woanders gelebt. Die Eltern wollten jedoch, dass das Haus im Besitz der Familie blieb. Wir bearbeiteten das Thema in der Therapie, und ihr wurde ganz klar, dass sie das Haus verkaufen wollte. Sie ging zu ihren Eltern und teilte ihnen ihre Entscheidung mit. Die Eltern akzeptierten diese, zwar nicht begeistert, aber sie versuchten auch nicht Druck auszuüben. Sie jammerten nur ein bisschen. Dies genügte, damit Alicia kurze Zeit später solche unerträglichen Schuldgefühle ihren Eltern gegenüber bekam, dass sie einen Tag später erneut mit diesen sprach und ihre Entscheidung revidierte. Sie teilte ihnen mit, dass sie nun doch in dem Haus wohnen bleiben würde.

Sie richtete sich mit diesem Verhalten gegen sich selbst. Ihre Krankheit wurde nicht besser, und sie brach die Therapie ab.

3.3 Allergien

Eine weitere chronische Krankheit, die in den letzten Jahren einen dramatischen Anstieg erlebte, sind die Allergien. Es gibt immer mehr und immer unterschiedlichere Allergien. Sonne, Licht, Erdbeeren, Milchprodukte, Hausstaub, Pollen und Katzenhaare sind nur einige der Allergien auslösenden Dinge.

Eine Allergie entsteht, wenn das Immunsystem einen Stoff nicht richtig identifiziert, also wenn es beispielsweise Licht oder Pollen als gefährlich identifiziert, obwohl diese Stoffe harmlos sind. Dann mobilisiert das Immunsystem seine Antikörper, und es gibt allergische Reaktionen. Diese reichen von Niesen bis zu Hautausschlägen und Asthma.

Eine allergische Reaktion auf einen an und für sich ungefährlichen Stoff bedeutet gewissermaßen, dass das Immunsystem „verwirrt" ist. Sicherlich tragen auf der körperlichen Ebene auch die vielen Impfungen, Medikamente, Antibiotika etc. zur Verwirrung des Immunsystems bei. Man kann sich vorstellen, dass sich das Immunsystem von Kindern, die schon von klein auf an die Einnahme diverser Medikamente auf der Basis chemischer Substanzen zur Behandlung jeglicher Krankheit gewohnt sind, anders entwickelt als dasjenige von Kindern, deren Krankheiten vorwiegend mit pflanzlichen oder homöopathischen Mitteln behandelt werden.

Aber ich denke, nicht nur körperliche, sondern auch seelische Einflüsse tragen zur „Verwirrung" des Immunsystems bei. Wir sind tagtäglich einer Fülle von Reizen ausgesetzt, wir werden von den Medien mit Bildern überflutet und müssen jeden Tag eine riesige Menge an Informationen verarbeiten. Viele Menschen sind auf der seelischen Ebene verwirrt. Ich könnte mir gut vorstellen, dass die Zunahme der Allergien auch diese Verwirrung widerspiegelt und das Immunsystem durch seine „verwirrten Reaktionen" dem Menschen seinen seelischen Zustand bewusst macht.

3.4 Chronische Schmerzen

Meine Klientin Anna begab sich aus verschiedenen Gründen zu mir in die Therapie. Einer der Gründe war, dass sie seit vielen Jahren unter chronischen Unterleibsschmerzen litt. Sie hatte bereits verschiedene Ärzte konsultiert und mehrere Behandlungsmethoden ausprobiert. Nichts hatte ihr dauerhaft helfen können.

In der Rückführung bitte ich sie, dorthin zu gehen, wo die Schmerzen angefangen haben. Ihr Unterbewusstsein führt sie in eine Situation aus diesem Leben, in der sie eine Abtreibung hat vornehmen lassen. Der Eingriff ist bereits vorüber, und sie liegt ermattet in einem Bett. Sie spürt Harndrang und bittet eine Schwester, sie zur Toilette zu begleiten. Die Schwester sagt zu ihr: „Wenn Sie jetzt zur Toilette gehen, dann werden sie immer Schmerzen haben."

Anna hat das aus ihrem Bewusstsein komplett verdrängt. Wir arbeiten alles durch, und sie gibt der Schwester diesen Satz zurück. Als Anna in die nächste Stunde kommt, berichtet sie aufgeregt, die Schmerzen seien verschwunden. Auch in den Monaten danach bleibt Anna schmerzfrei.

Vivienne ist ein junges Mädchen von knapp vierzehn Jahren. Sie leidet unter starken Regelschmerzen und wird von ihrer Tante in die Therapie gebracht. In der ersten Stunde lasse ich mir ihre Lebensgeschichte erzählen. Die familiären Umstände sind nicht unproblematisch. Ihre Mutter war siebzehn Jahre alt, als Vivienne geboren wurde. Vivienne wuchs bis zu ihrem siebten Lebensjahr bei ihren Großeltern auf. Dann kam sie zu ihrer Mutter und dem Stiefvater. Ihre erste Regelblutung hatte sie mit elf Jahren. Es war für sie kein positives Erlebnis. Sie erschrak und hatte Angst. Sie hatte das Gefühl, es sei zu früh, da sie die erste in ihrer Klasse war. Wir arbeiten dieses Erlebnis durch, und ich habe das Gefühl, dass die Schmerzen mit einem Trauma aus einem vergangenen Leben zu tun haben.

Vivienne hat sich noch nie mit dem Thema „Reinkarnation" auseinandergesetzt. Ich erzähle ihr etwas über meine Arbeit und frage sie, ob sie sich vorstellen könne, schon einmal in einem anderen Körper gelebt zu haben. Sie bejaht die Frage.

Wir steigen in die Sitzung ein mit den Schmerzen und dem Gefühl der Angst. Als erstes kommt eine Situation aus einem vergangenen Leben hoch, in der sie eine junge Frau ist und ihr Freund sie gerade wegen einer anderen Frau verlassen hat. Sie ist geschockt und wütend. Kurze Zeit später fährt sie mit einer Freundin in Urlaub. Sie fahren auf der Autobahn, und plötzlich kracht es. Dann spürt sie nichts mehr, bis sie im Krankenhaus aufwacht. Das erste, was sie wahrnimmt, ist, dass ihr Bauch wehtut. Sie ist operiert worden. Sie hört, wie jemand sagt: „Ein tragischer Unfall." Sie erfährt, dass ihre Freundin gestorben ist. Sie bekommt Schlafmittel, und es wird etwas gesagt über „innere Blutungen". Sie liegt im Koma. Obwohl ihr Wachbewusstsein ausgeschalten ist, bekommt sie alles mit, was gesagt wird. Sie wird nochmals operiert. Einer der Ärzte sagt: „Wir haben die Naht falsch gemacht und müssen es noch einmal öffnen." Und weiter: „Wir müssen das Blut absaugen." Ein anderer Arzt sagt: „Das sollte niemand erfahren, dass wir einen Fehler gemacht haben."

Nach der Operation kommt ihr Ex-Freund und hält ihre Hand. Vivienne hat Fieber und ist an eine Atmungsmaschine angeschlossen. Sie hört, wie jemand sagt: „Hoffentlich kommt sie auf die Beine." Dann sagt eine andere Person: „Wahrscheinlich wird sie nicht überleben." Sie hört, wie ein Arzt sich beschwert: „Oh, nein. Jemand hat ihr die falschen Medikamente gegeben." Ein anderer Arzt ergänzt: „Wir stellen jetzt alles aus, damit sie ihre Ruhe bekommt."

Vivienne stirbt. Sie nimmt viel unverarbeitete Energie mit, zum einen Wutgefühle über das Verhalten der Ärzte und darüber, dass diese ihren Fehler verheimlicht haben und zum anderen das Gefühl, sich nicht von ihrer Familie verabschiedet zu haben, weshalb diese nicht erfahren konnte, was zu ihrem Tod geführt hatte. Wir arbeiten alles gründlich durch. Ich lasse Vivienne die ganze Fremdenergie in Form von Sätzen und Gefühlen ausatmen. Ich lasse sie noch einmal mit den Seelen der Ärzte in Verbindung treten, um all das zu sagen, was sie damals nicht sagen konnte, um all das zu beenden, was unbeendet geblieben war. Auch lasse ich sie mit den Seelen ihrer damaligen Familie in Verbindung treten, damit sie sich endlich verabschieden und erzählen kann, was wirklich geschehen ist. Ich merke, wie gut ihr das Erzählen tut, wie gut es ihr tut, dass endlich die Wahrheit an die Oberfläche kommt, und wie sehr sie das braucht, um jenes Leben endlich abschließen zu können. Sie spricht auch noch einmal mit der Seele ihrer Freundin, die damals bei dem Unfall ums Leben gekommen war.

Dann lasse ich sie ihre eigene Energie zurückholen, alles, was in den traumatischen Situationen stecken geblieben ist. Als die Sitzung beendet ist, spüre ich, wie erleichtert Vivienne ist. Endlich hat sie das aussprechen können, was so lange Zeit in ihr gesteckt hat. Sie fragt mich, ob sie noch einmal wiederkommen soll, und ich antworte ihr, das hänge davon ab, wie sich ihre körperlichen Symptome entwickelten. Einige Zeit später kommt ihre Tante und berichtet, Vivienne sei schmerzfrei.

Die Arbeit mit diesem jungen Mädchen war für mich in vielfacher Hinsicht sehr beeindruckend. Zum einen wegen ihres Alters. Es war sehr berührend für mich, dass das vergangene Leben dieses knapp vierzehnjährigen Mädchens, mitten in der Pubertät, wo man mit allen möglichen Dingen beschäftigt ist, mit einer solchen Präzision und Leichtigkeit an die Oberfläche kam und sie sich so gut einlassen konnte. Die Geschichte war so präsent, als wäre sie gestern geschehen. Das Erzählen war so plastisch, dass ich das Gefühl hatte, dabei zu sein. Sicherlich spielt hier auch die Zeit eine Rolle. Vivienne ist im Jahr 1989 geboren, und ich hatte den Eindruck, dass sich das Leben, das wir bearbeiteten, irgendwann in den achtziger Jahren ereignet hatte, also zu einer Zeit, in der ich selbst in den Zwanzigern war.

Es ist natürlich ein Unterschied, ob ich mit Klienten Leben bearbeite, die Hunderte von Jahren her sind, oder ein Leben mitten aus diesem Jahrhundert, zu einer Zeit, wo ich selbst bereits gelebt habe. Es war so beeindruckend, so wahrhaftig, so lebendig. Es ist zudem wunderbar, das Vivienne dieses Thema bereits mit vierzehn Jahren bearbeitet hat und nicht erst mit vierundzwanzig.

3.5 Augenerkrankungen

Sina begibt sich wegen diverser körperlicher und psychischer Symptome in meine Behandlung. Eines dieser Symptome sind ihre Augenprobleme. Sie ist auf dem linken Auge kurzsichtig, und es befinden sich Narben auf der Netzhaut des linken Auges und auf der Hornhaut des rechten Auges. Sie kann sich erinnern, dass sie in ihrer Kindheit nach jedem Augenarztbesuch weinte und große Angst hatte, blind zu werden. Ihre Ur-Oma war blind. Ihre Mutter schlug sie oft und sie hatte das Gefühl, dass ihr „Hören und Sehen vergehe". Sie bekam immer wieder neue Brillen und fühlte sich mit den Brillen oft wie betrunken. Der Unterschied vom linken zum rechten Auge beträgt neun Dioptrien.

Wir steigen in die Sitzung ein mit dem Gefühl „Angst, blind zu werden", dem Körpergefühl „Heulen" und „Solarplexus zieht sich zusammen" und dem Satz „Ich bring' kein Bild mehr zusammen". Als erstes kommt eine Situation aus ihrer Kindheit hoch. Sie ist in der vierten Klasse, fühlt sich hässlich mit der Brille und hat das Gefühl, kein zusammenhängendes Bild sehen zu können. Ich bitte sie, noch weiter zurückzugehen, in ein vergangenes Leben, dorthin, wo das Thema angefangen hat. Sie sieht sich als junge Frau in einem dunklen Raum eingesperrt. Sie will nichts mehr fühlen. Etwas ist mit ihrem rechten Auge. Sie ist tot. Ich bitte sie, zurückzugehen in der Zeit, dahin, wo ihr Körper noch lebt. Sie erlebt, dass sie von ihrem Ehemann gequält wird. *Sie hat etwas gesehen, was sie nicht sehen sollte,* nämlich wie ihr Ehemann einen anderen Mann erschlägt.

Ich bitte sie, an den Anfang der Geschichte zurückzugehen. Sie ist eine Sklavin und wird von ihrem Ehemann gekauft. Sie muss ihm in allem zu Diensten sein, sie soll seinen Haushalt führen und Geld anschaffen. Dies geschieht, indem sie Reisende ausraubt. Ein Reisender wird von ihrem Ehemann umgebracht. Sie sieht alles, und ihr Ehemann sagt: „Das ist deine Schuld." Der Sterbende *schaut sie an,* und sie sieht in seinen Augen Entsetzen und Angst. Überall ist Blut. Der Mann ist tot und seine *Augen sind offen.* Ihr Ehemann zwingt sie, den Mann anzuschauen und sagt: „Schau' genau hin. Du bist daran schuld." Sie denkt: „Ich kann's nicht sehen."

Dann fängt er an, sie zu quälen. Er sticht ihr ein Holzstück in ihr rechtes Auge. Ihr Auge läuft aus. Er sagt: „Jetzt musst Du es nicht mehr sehen." Sie wird abgeholt und kommt ins Gefängnis. Jemand sagt zu ihr: „Du wirst bestraft für das, was Du getan hast." Sie sieht wie durch Nebel. Ihr rechtes Auge entzündet sich und wird ganz schlimm. Die Gefängniswärter kümmern sich nicht mehr um sie. Sie bekommt Fieber und sagt immer wieder „das Auge, das Auge". Schließlich stirbt sie. Ihre letzten Wahrnehmungen sind Hass auf ihren Ehemann und das Gefühl, nicht mehr sehen zu können.

Wir arbeiten alles gründlich durch. Ich lasse sie alle unerlöste Energie ausatmen, insbesondere aus ihrem Kopf und ihren Augen, und ich lasse sie den Satz „Ich kann's nicht sehen" aus ihrem System herausbringen. Dann lasse ich sie in Kontakt treten mit der Seele des damaligen Ehemannes und ihm die Verantwortung für den Mord zurückgeben. Als ich sie frage, was es für ihr jetziges Leben bedeuten könne, wenn dieses vergangene Leben erledigt sei, sagt sie: „Die Augen können sehen." Ich lasse sie ein Stück nach vorne in die Zukunft gehen, und das erste, was sie wahrnimmt, ist, dass sie *klar sehen* kann.

Als sie einige Wochen später in die nächste Sitzung kommt, berichtet sie, dass sie in den Tagen nach der Bearbeitung viel besser sehen konnte.

Dies ist für mich ein weiteres faszinierendes Beispiel dafür, wie alle Informationen im Körper gespeichert sind und die Seele die unerlösten Erfahrungen aus einer Inkarnation in die nächste mitnimmt und entsprechende körperliche Symptome entwickelt, welche die vergessene Geschichte erzählen und wie man Linderung und Heilung erreichen kann, indem man diese Geschichte wieder ins Bewusstsein bringt und integriert.

4.
Das Trauma des Zweiten Weltkriegs

Der zweite Weltkrieg ist ein kollektives Trauma, ein Trauma für alle Menschen und Völkergruppen, die daran beteiligt waren, egal welche Rolle sie auch immer gespielt haben. Da ich in Deutschland geboren wurde, hier aufgewachsen bin und auch jetzt hier lebe, möchte ich die Auswirkungen dieses kollektiven Traumas auf der seelischen Ebene aus einer deutschen Perspektive beleuchten.

Der Zweite Weltkrieg ist in mehrfacher Hinsicht eine Tragödie für viele Männer, Frauen und Kinder gewesen. Was ist mit den deutschen Männern in und nach dem Zweiten Weltkrieg geschehen? Deutschland verlor den Krieg, und die Männer, die aus dem Krieg oder aus der Kriegsgefangenschaft heimkehrten, waren traumatisiert und gebrochen. Sie fühlten sich als Versager. Sie hatten es nicht geschafft, ihr Vaterland siegreich zu verteidigen. Sie kamen zurück zu ihren Frauen, die in der Zwischenzeit einen Entwicklungsprozess in Richtung Stärke und Unabhängigkeit durchlaufen hatten.

Die Frauen mussten während der Abwesenheit der Männer oft die weibliche *und* die männliche Rolle übernehmen. Sie erzogen die Kinder und arbeiteten auch für den Lebensunterhalt oder einen Teil des Lebensunterhalts. Die Frauen entwickelten während dieser Jahre eine Vielzahl von Fähigkeiten. Als nun ihre Männer gebrochen aus dem Krieg zurückkehrten, war das Verhältnis zwischen ihnen ein völlig anderes. Vor dem Krieg waren die Männer die Familienoberhäupter und Versorger gewesen, nach dem Krieg hatten die

Frauen diese Rolle übernommen. Sie waren viel stärker als ihre Männer geworden.

Die Männer, die sich ihnen gegenüber als Versager fühlten, hatten natürlich auch Schwierigkeiten, wieder die gewohnten sexuellen Beziehungen mit ihrer Frau aufzunehmen. Welcher Mann hat sexuelle Gelüste einer Frau gegenüber, die er als viel stärker empfindet als sich selbst und der gegenüber er sich als Versager fühlt, und welche Frau hat sexuelle Gefühle einem solchen Mann gegenüber? Aber es gab die Töchter, die rein und jung und unschuldig waren und ihren Vätern Mitgefühl oder auch Mitleid entgegenbrachten, die ihren Vätern unbewusst etwas von der Last des Versagens und der Schuld abnehmen wollten, so wie jedes Kind seinen Eltern unbewusst seelische Lasten abnehmen will.

Dies ist ein normales Verhalten von Kindern, dem man in der Therapie immer wieder begegnet. Kinder haben die Tendenz, ihren Eltern psychische und physische Lasten abnehmen zu wollen, auch wenn sie dabei selber Schaden nehmen. Dies ist die „kindliche, naive Liebe", von der auch Bert Hellinger spricht, die man in den meisten familiären Verstrickungen findet und welche die Liebe zur Sippe oder Familie über die Liebe zu sich selbst stellt. Sie nimmt die Loyalität der Familie gegenüber wichtiger als die Loyalität der eigenen Person gegenüber.

Man kann sich gut vorstellen, dass eine Tochter wahrnimmt, wie sehr ihr Vater leidet, dass sie merkt, wie sehr sich das Verhältnis zwischen den Eltern verändert hat und wie alles aus dem Gleichgewicht geraten ist. Man kann sich auch vorstellen, dass diese Umstände dazu führen, dass eine Tochter etwas über sich ergehen lässt, aus Mitgefühl dem eigenen Vater gegenüber, auch wenn sie selber dadurch Schaden nimmt und in ihrer Entwicklung blockiert wird. Ich denke, dass einige Töchter auf diese Art und Weise in die Rolle der Ersatzpartnerin für ihre Väter gebracht wurden.

Meine Klientin Svetlana wurde in ihrer Kindheit von ihrem Vater wiederholt sexuell missbraucht. Ihr Vater war ein angesehener Arzt. Er war im Krieg gewesen und schwer traumatisiert. Manchmal wurde Svetlana in der Nacht von ihrer Mutter geweckt, weil ihr Vater sich schlotternd vor Angst in einem Schrank oder unter einem Bett versteckte und offensichtlich Todesangst hatte, so als befände er sich in einem Schützengraben und würde jeden Moment den Tod erwarten. Svetlana beschrieb die Atmosphäre in ihrem Elternhaus als erfüllt von ständiger Bedrohung und Todesangst, so als ginge es ständig um Leben und Tod.

Ich kann mir gut vorstellen, dass viele Teile dieses Mannes immer noch im Krieg steckten, also nicht richtig zurückgekommen waren in die Gegenwart. So verbreitete er dieselbe Atmosphäre in seinem Haus und unter seinen Kindern, in der er selber noch feststeckte.

Ich sehe auch eine Verbindung zwischen der Nähe zum Tod, in der sich dieser Mann immer noch befand, und seinen sexuellen Gelüsten seiner Tochter gegenüber. Oft schon ist über die Verbindung zwischen Sexualität und Tod geschrieben worden, und ich sehe hier eine neue Variante. Der Mann, der sich in Todesnähe befindet, greift auf seine Tochter zu, weil Kinder am meisten das Leben, die Reinheit und die Unschuld verkörpern. Er missbraucht seine Tochter, um wieder ins Leben zurückzukehren. Dies geschieht natürlich unbewusst.

Wir wissen, dass es in Kriegen unzählige Vergewaltigungen an Frauen und Mädchen gibt. Könnte es sein, dass Männer, die dem Tod nahe sind, auf eine brutale Art und Weise die Verbindung mit einer Frau, mit der Weiblichkeit, suchen, weil sie auf diese Art und Weise unbewusst hoffen, am Leben zu bleiben?

Frauen geben das Leben weiter. Sie sind diejenigen, unter deren Herzen die Kinder heranwachsen. Sie sind diejenigen, die mit ihren Brüsten ihre Kinder nähren, die sie schützen und ihnen Wärme und Geborgenheit geben.

Was passiert bei einer Vergewaltigung im Krieg? Was gibt der Mann energetisch an die Frau ab und was nimmt sie energetisch auf? Könnte es sein, dass er unbewusst versucht, „Todesenergie" an die Frau abzugeben und „Lebensenergie" von ihr aufzunehmen?

Es ist klar, dass Männer, die Frauen und Mädchen sexuell missbrauchen und vergewaltigen, selber traumatisiert sind. Ein Mensch, der psychisch normal ist, spürt eine natürliche Grenze, die sexuelle Übergriffe dem anderen Geschlecht gegenüber verbietet.

In der Generation von deutschen Vätern, deren Töchter jetzt sexuelle Missbrauchserfahrungen aus ihrer Kindheit bearbeiten, haben die meisten Männer den Zweiten Weltkrieg als Soldaten erlebt.

Annabelles Großvater war als Soldat im Krieg. Ihre Großmutter und ihre Mutter, die zu Beginn des Krieges sieben Jahre alt war, wurden im letzten Kriegsjahr 1944, als die Nahrung immer knapper wurde, an einen anderen Ort evakuiert, ein kleines Dorf in Hessen, in dem sie Verwandte hatten. Dort lebten sie vier Jahre lang. Annabelles Mutter war dreizehn, als sie dort ankamen, und siebzehn, als sie wieder in ihre Heimatstadt zurückgingen. Das heißt, sie verbrachte ihre gesamte Pubertät dort, und sie wollte auch nicht mehr zurück in ihre Heimat, als es so weit war.

Ihre Großmutter war im Gegensatz zu ihrem Großvater entschieden gegen den Nationalsozialismus gewesen. Sie hatte sich geweigert, in die Partei einzutreten, sie hatte sich sogar geweigert, mit dem Hitlergruß zu grüßen, was für die Frau eines NSDAP-Mitglieds schon eine Gehorsamkeitsverweigerung war. Ihre Großmutter war sehr gläubig, sie lebte das Prinzip der Nächstenliebe und half Bedürftigen. So verschickte sie anonym Päckchen mit Kleidung und Nahrungsmitteln an arme Menschen, die in ihrer Nachbarschaft wohnten. Sie wollte keinen Dank dafür, sie tat es einfach aus ihrem Glauben heraus.

Annabelles Großmutter und ihr Großvater waren sich also in wichtigen Lebensfragen sehr uneinig. Zwischen ihnen stand ihre Mutter, das einzige Kind, das der Ehe entsprang. Schwangerschaft und Geburt verliefen unter dramatischen Umständen. Nach der Geburt lag zuerst die Großmutter auf Leben und Tod, und als es ihr wieder besser ging, wäre ihre Mutter als Baby fast an einer Nierenbeckenentzündung gestorben. Beide überlebten jedoch, wobei ihre Großmutter immer wieder bettlägerig war wegen einer Krankheit ihrer Beine. Wenn ihre Großmutter bettlägerig war, übernahm Annabelles Mutter ihrem Großvater gegenüber die Rolle der Ersatzpartnerin. Sie idealisierte ihren Vater.

Annabelles Mutter wurde im Jahre 1932 geboren und wuchs während der Zeit des Nazi-Regimes heran. Sie wurde entsprechend indoktriniert und durchlief alle damals üblichen Kinder- und Jugendgruppen der Partei.

Nach dem Krieg musste ihr Großvater sich zunächst ein Jahr lang verstecken. Ihre Mutter und ihre Großmutter wussten nicht, wo er sich aufhielt. Als sie wieder in ihre Heimatstadt zurückkamen, wohnten in ihrem Haus zwei andere Familien. Es war schwierig, das Haus wieder zurückzubekommen und die notwendige „Entnazifizierung" für ihren Großvater zu erreichen. Sie schafften es aufgrund der Tatsache, dass Annabelles Großmutter eine so gläubige Frau war und ihre gesamte Nachbarschaft für sie sprach. Die Nachbarn und Bekannten sagten auch aus, dass ihre Großmutter von Anfang an gegen den Nationalsozialismus gewesen sei und in dem Bereich ihren eigenen Weg – gegen den Willen ihres Mannes – gegangen sei.

So bekamen sie ihr Haus zurück. Man kann sich vorstellen, was passierte, als Annabelles Großvater wieder zurückkam. Ihre Großmutter hatte alles wieder aufgebaut, sich um alles gekümmert und gesorgt, ihr war es zu verdanken, dass das Haus wieder in ihrem Besitz war, und nun kam der gescheiterte Nazi zurück. War ihre Ehe schon vor dem Krieg nicht besonders gut, so war sie jetzt natürlich noch schlechter, zumal über nichts geredet wurde.

Annabelles Mutter erzählte ihr einmal, dass sie von dem

Zeitpunkt, als ihr Vater aus dem Krieg zurückgekommen sei, bis zu dem Zeitpunkt seines Todes, im Jahre 1969, zu Hause kein einziges Mal über die Ereignisse vor und während des Krieges gesprochen hätten. Alles, was also aufzuarbeiten gewesen wäre, wurde totgeschwiegen. Ihre Mutter idealisierte ihren Vater jedoch weiter, jetzt allerdings aus anderen Gründen, nicht mehr als Kriegsheld und Nazi-Anhänger, sondern als Mann, der unmittelbar nach seiner Rückkehr wieder eine Arbeitsstelle in einer großen Firma gefunden hatte und sich in den Nachkriegsjahren in kürzester Zeit in eine leitende Position hocharbeitete.

„Arbeiten konnte mein Vater" – diesen Satz sagte sie oft zu Annabelle. Vermutlich war Arbeit für ihn wie für so viele Männer, die aus dem Krieg heimgekehrt waren, noch die ehrbarste Art und Weise der Wiedergutmachung und Wiedereingliederung ins soziale und wirtschaftliche System.

Ich finde die enorme Leistung, die Männer und Frauen nach dem Krieg erbracht haben und mit der sie Deutschland wieder aufgebaut haben, bewunderns- und anerkennenswert, aber der Respekt und die Bewunderung, die wir empfinden, sollte uns nicht davon abhalten, auch einmal die Schattenseiten des deutschen Wirtschaftswunders zu beleuchten.

Eine dieser Schattenseiten ist, dass das „Arbeiten" oft suchthafte Züge annahm, da es der Verdrängung diente. Ich möchte nicht wissen, wie viele arbeitssüchtige Männer in den Nachkriegsjahren Deutschland wieder auf die Beine brachten. Diese Männer brauchten die Arbeit, um zu vergessen, um Stalingrad zu vergessen, um die „Schande" des verlorenen Krieges zu vergessen, um ihr eigenes persönliches Versagen zu vergessen.

In vielen großen deutschen Firmen wird diese Arbeitssucht immer noch weiter gepflegt. Ich selber war zehn Jahre lang in einer der größten deutschen Firmen tätig und konnte beobachten, wie dort Arbeitssucht regelrecht herangezüchtet wird und arbeitssüchtiges Verhalten von denjenigen verlangt wird, die dort Karriere machen wollen. Ich habe niemals erlebt, dass ein Mann, der Karriere machen wollte, pünktlich abends um 17 Uhr oder 18 Uhr die Firma verließ. Überstunden gehörten dort einfach zum guten Ton; und nicht nur Überstunden, sondern auch „Überwochenenden".

Ich erlebte einmal mit, wie mein Chef kurz vor dem Wochenende von seinem Vorgesetzten zu einer Reise nach Lateinamerika „verdonnert" wurde. Das Unangenehme war, dass mein Chef besagtes Wochenende bereits mit seiner Frau verplant hatte. Die beiden wollten eine kleine Reise unternehmen. Ich erlebte, wie sich mein Chef drehte und wand, aber eines kam für ihn natürlich nicht in Frage, nämlich seinem Vorgesetzten zu widersprechen oder ihn zu bitten, jemand anderen zu schicken. Es war selbstverständlich, dass die Geschäftsreise oberste Priorität hatte und seine familiären Angelegenheiten dahinter zurückstanden. Er musste also seiner Frau absagen, kurz vor dem Wochenende, auf das sich beide gefreut hatten.

Ich erinnere mich auch an das 25. Dienstjubiläum desselben Chefs, das ich damals organisierte. Bei diesem Jubiläum lernte ich seine Frau kennen. Sie war eine reife, charmante, kluge und gebildete Frau. Aber sie war nicht nur das. Sie war auch verbittert durch die Erfahrung, mit einem Mann verheiratet zu sein, der bereits seit fünfundzwanzig Jahren das „Eigentum" der Firma war. Sie war verbittert darüber, immer an zweiter oder dritter oder letzter Stelle zu stehen und bei allen Versetzungen und Umzügen ihre eigenen Pläne über den Haufen werfen zu müssen und immer wieder in fremden Städten neu anfangen zu müssen. Sie äußerte ihre Verbitterung lautstark. Wir saßen zu viert an einem Tisch – eine Kollegin, ich, ein weiterer Kollege und Frau Z. Sie unterhielt den gesamten Tisch mit ihren berechtigen Tiraden über die Firma. Der männliche Kollege zog sich völlig gebeutelt nach einiger Zeit an einen anderen Tisch zurück.

Ich konnte die Verbitterung der Frau gut verstehen, zumal

in der Firma auch eine gewisse Doppelmoral herrschte. Bei Feiern und Jubiläen wurden zwar immer die Ehefrauen mit eingeladen und in den entsprechenden Jubiläumsreden wurden ihre Opfer, Treue und Solidarität mit den Firmenzielen immer wieder betont, aber das waren nur Trostpflaster auf der brutalen Realität, und die hieß: „Entweder 100% für die Firma da zu sein oder die Karriere war beendet."

Natürlich zog diese gewollte Arbeitssucht bei den Männern auch andere Süchte nach sich. Koffein- und Alkoholsucht waren besonders stark verbreitet, soweit ich es beobachten konnte. Die firmeneigenen Kühlschränke (und in jedem Büro gab es einen) waren immer gut mit Alkoholika gefüllt. Es gab Männer, die bereits in den Morgenstunden eine leichte Fahne hatten, spätestens aber in den Nachmittagsstunden. Beim Besuch eines höhergestellten Chefs, der Alkoholiker war, wurden die Sekretärinnen diskret angewiesen, dafür zu sorgen, dass genügend Gin im Kühlschrank war und bei seinem Eintreffen unaufgefordert ein Glas Gintonic auf den Tisch zu stellen, auch in den Morgenstunden. Niemand sagte etwas über dieses Verhalten. Es wurde geduldet, obwohl es sich um eine offensichtliche Alkoholsucht handelte.

Auch fiel mir in besagter Firma der enge Zusammenhang zwischen der Arbeit und dem Krieg auf. Oft, wenn mein Chef mit seinem Projektkollegen in Lateinamerika telefonierte, hörte ich ihn sagen: „Ja, hier bin ich, an der Front. Es läuft gut. Der Gegner ist geschlagen." Oder ähnliche Worte. Die Männer benahmen sich, als wären sie noch im Krieg und als ginge es bei jedem Projekt um Leben und Tod.

Ich habe oft das Gefühl, dass das Thema des Nationalsozialismus und des Zweiten Weltkriegs in Deutschland *auf der seelischen Ebene* noch weitgehend unbearbeitet ist. Ich sehe einen engen Zusammenhang zwischen den unbearbeiteten Themen des letzten Krieges und der Arbeitssucht vieler deutscher Männer. Diese Männer laufen immer noch vor etwas davon, sie müssen so viel arbeiten, um die „Schande" und das „Versagen" ihrer Väter und Großväter und Urgroßväter nicht zu spüren, um die Wunden ihrer Familien nicht zu spüren und vor allem nicht die ihrer eigenen Männlichkeit.

Es gibt viele Männer, die sich täglich ihre Gesundheit durch ihre Arbeitssucht ruinieren. Herzkrankheiten und andere chronische Krankheiten sind eine direkte Folge von Arbeitssucht; und Arbeitssucht wiederum ist eine direkte Folge von Verdrängung bestimmter unangenehmer Themen. Man kann sich kaum vorstellen, dass ein psychisch gesunder Mensch freiwillig sechzehn Stunden am Tag arbeitet. Aber wenn man natürlich in einer großen Firma arbeitet, in der Arbeitssucht zum guten Ton gehört, wird man automatisch mit hineingezogen – oder man nimmt seinen Hut.

Annabelle erinnert sich, dass in ihrer Schulzeit im Geschichtsunterricht ab einer bestimmten Klasse nur noch das Thema „Drittes Reich" besprochen wurde. Es wurden zahlreiche Filme angeschaut, fast alles amerikanische Filme. Annabelle entwickelte mit der Zeit eine Haltung der Abwehr gegen diese Filme und die Botschaft, die sie vermitteln sollten, nämlich dass die Deutschen als Volk irgendwie schuldig seien. Sie sträubte sich, denn sie und ihre Generation waren in ihren Augen *nicht schuldig*. Sie waren die Kinder oder Enkelkinder von denjenigen, die im Krieg gewesen waren. Annabelle litt sehr darunter und entwickelte Schuld- und Schamgefühle, ohne zu wissen, wofür genau sie sich eigentlich schämte.

Ihre gesamte Familie wurde durch den zweiten Weltkrieg stark traumatisiert, insbesondere ihre Mutter. Das überschattete ihre gesamte Kindheit. Das, was ihre Mutter in den Kriegs- und Nachkriegsjahren erlebt hatte, war so schlimm, dass sie keine Mutter im eigentlichen Sinn sein konnte. Sie prügelte ihre unverarbeiteten Erlebnisse in Annabelle hinein, und die Atmosphäre ihrer Kindheit glich oft mehr einem KZ als einem normalen Elternhaus.

Besonders die Zeit ihrer Pubertät war sehr schlimm. Ihr Vater hatte eine berufliche Krise, als Annabelle dreizehn Jahre alt war. Die Alkohol- und Tablettensucht ihrer Mutter eskalierte zu diesem Zeitpunkt ebenfalls. Es gab täglich Auseinandersetzungen, während derer ihre Mutter tobte und drohte, alles zu verkaufen und die Familie zu verlassen. Annabelles Vater war in diesen Situationen hilflos. Er lief durchs Haus und führte Monologe. Annabelle war die Rolle zugedacht, Ordnung zu schaffen, sich um ihre Mutter zu kümmern, all ihren Kummer anzuhören und irgendwie dafür zu sorgen, dass es weiterging. Annabelle war natürlich total überfordert, denn ihre Pubertät begann, und sie hätte dringend Unterstützung von beiden Eltern gebraucht.

Annabelle sagte, sie wisse nicht, wie sie diese Zeit überlebt habe. Viele Schutzengel und geistige Helfer müssten in ihrer Nähe gewesen sein, denn sonst wäre sie verrückt geworden. Es war kaum zum Aushalten. Ihre Mutter war die meiste Zeit hysterisch und redete ständig davon, dass sie kein Geld hätten, alles verkaufen und wegziehen müssten. Annabelle lebte in ständiger Angst.

Annabelle sagte mir, am meisten habe sie verwundert, dass niemand, einfach niemand, ihren Zustand bemerkte oder bemerken wollte. *Alle schauten einfach weg.* Das ist für sie immer noch unbegreiflich, genauso unbegreiflich wie der Holocaust. Sie kämpfte um ihr psychisches und physisches Überleben, und niemand schien es zu bemerken, ihre Eltern nicht, ihre Freunde und deren Eltern nicht, die Nachbarn und Freunde ihrer Eltern nicht, und auch ihre Lehrer in der Schule nicht.

In Deutschland kann jemand, der einen Kratzer an ein anderes Auto macht und deswegen nicht sofort die Polizei verständigt, wegen Fahrerflucht angezeigt werden, aber in demselben Land werden tagtäglich tausende von Kindern auf die verschiedensten Arten und Weisen missbraucht – und da schreit niemand auf, da kommt keine Polizei und niemand wird angezeigt.

In Annabelles Zuhause herrschten inzwischen kriegsähnliche Zustände. Es regierte das Chaos. Ihre Mutter war fast ständig unter Alkohol- oder Tabletteneinfluss. Sie prügelte

Annabelle und missbrauchte sie als seelischen Mülleimer. Nebenbei ging Annabelle auch noch aufs Gymnasium und musste Englisch, Französisch und Latein lernen, von ihren Pubertätsproblemen ganz zu schweigen.

Wenn sie ihre Mutter um Geld bat, weil sie etwas für die Schule oder etwas für sich selbst kaufen wollte, rastete diese aus und ohrfeigte Annabelle. Sie sagte: „Wir haben kein Geld. Wir müssen sowieso alles verkaufen."

Zu dem Zeitpunkt hatten Annabelles Essstörungen bereits begonnen. Sie aß fast nichts mehr. Es gab sicherlich verschiedene Gründe dafür, aber einer der Gründe war wahrscheinlich, dass sie ihre Eltern nicht noch mehr Arbeit und Geld kosten wollte. Sie wollte sich ihnen sozusagen abnehmen. Wenn sie nichts mehr aß, würde sie irgendwann einfach verschwinden. Auch ihre Eltern hatten Essstörungen. Sie aßen enorm viel, stopften das Essen regelrecht in sich hinein, und versuchten dann wieder abzunehmen.

Dieses Verhalten habe ich bei vielen Menschen in Deutschland beobachten können. Erst viel später begriff ich, dass es wahrscheinlich mit dem Krieg zu tun hatte. Viele Menschen verhielten sich unbewusst noch immer so, als wäre Krieg: Viel essen, wenn etwas da ist, und dann wieder hungern, weil nichts mehr da ist.

Viel später erst begriff Annabelle, dass ihre Mutter unbewusst in den Jahren ihrer Pubertät ihre eigene Pubertät während des Zweiten Weltkrieges inszeniert hatte. Sie schaffte dieselbe Atmosphäre von Angst und Chaos, die damals geherrscht haben muss.

Annabelles Mutter musste sich in ihrer Jugend oft im Bunker verstecken, wenn Bombenalarm war. In Annabelles Elternhaus gab es einen großen Keller, und das war der Raum, in dem sich ihre Mutter meistens aufhielt. All ihre Alkohol- und Tablettenvorräte befanden sich im Keller. Immer, wenn sie trank, bügelte oder Korrespondenz erledigte, tat sie dies im Keller. Der Keller war wahrscheinlich der einzige Raum, in dem sie sich sicher fühlte.

Für Annabelles Eltern und Großeltern ging der Krieg auf einer bestimmten Ebene nie zu Ende. Ihre gesamte Kindheit und Jugend war davon überschattet. Das Schlimmste aber war, dass niemals direkt über den Krieg gesprochen wurde. Das war ein Tabu. Man lebte seine unverarbeiteten Traumata aus, aber man sprach nicht darüber. Dieses Tabu des Nicht-Darüber-Redens empfand Annabelle als noch schlimmer als die Schläge und Verrücktheiten ihrer Mutter.

Sie hätte die Schläge ertragen, wenn ihre Mutter ihr hätte erklären können, warum sie sie schlug. Aber da, wo es Erklärungen und Verstehen hätte geben können, da war nichts. Nichts, woran Annabelle sich festhalten konnte, nichts, was ihr hätte helfen können zu verstehen, was eigentlich vor sich ging. Die Filme, die sie in der Schule sahen, halfen ihr nicht bei der Verarbeitung, im Gegenteil, sie verstärkten noch ihre Verwirrung.

Was sie gebraucht hätte, wäre gewesen, dass ihr jemand auf einer menschlichen Ebene das Thema nahe gebracht hätte, mit weniger Fakten und mehr menschlichem Hintergrund. Sie hätte es gebraucht, dass das Thema in ihrer Familie aufgearbeitet würde, dass ihre Eltern und Großeltern untereinander und mit ihr darüber gesprochen hätten. Das wäre heilsam gewesen. Aber das fand nicht statt. Die einzige aus der Familie, die ihr etwas über die Nazi-Zeit erzählte, war ihre Großmutter. Annabelle sagte, dass sie ihr heute noch dankbar dafür wäre.

Die Situation, die sie in ihrem Elternhaus und in der Schule erlebte, führte dazu, dass sie ab einem bestimmten Alter aus Deutschland weg wollte. Wenn sie an ihre Zukunft dachte, dann dachte sie an das Ausland. Als sie zwanzig Jahre alt war, setzte sie ihre Fluchtimpulse in die Tat um und ging nach Peru. Von ihrer Mutter kam der Vorschlag, nach Peru zu gehen. Sie selber war in ihrer Jugendzeit in England und in Frankreich gewesen, doch Peru war etwas Neues, und Annabelle fühlte sich von dem Land angezogen.

So „landete" sie also in der Nähe von Lima, in einer reichen Familie. Der Mann war Österreicher und Besitzer einer Staubsaugerfabrik. Außerdem war er Annabelle sehr unsympathisch. Die Frau war Spanierin aus Madrid. Sie hatte studiert und hielt sich für etwas Besseres. Sie war sehr kühl und trug durch ihre Ausstrahlung nicht gerade dazu bei, dass Annabelle sich heimisch fühlte.

Kurze Zeit später lernte sie Fernando kennen. Am meisten faszinierte sie an ihm der Umstand, dass er in einer politischen Widerstandsgruppe gegen das Regime gewesen war. Er erzählte ihr von seinen Aktivitäten, und sie fühlte sich davon magisch angezogen. Zu diesem Zeitpunkt war sie noch weit entfernt davon zu wissen, dass auch sie in ihrem letzten Leben in Deutschland, während der Nazi-Zeit, zu einer Widerstandsgruppe gehört hatte. Das alles war ihr damals noch völlig unbekannt. Das Thema „Reinkarnation" hatte noch nicht einmal angefangen, sie zu interessieren.

Fernando und sie blieben noch einige Zeit in Peru, dann wurde Annabelle schwanger. Sie ging nach Deutschland, wo ihre Tochter Iris geboren wurde. Später kehrte sie wieder nach Peru zurück und blieb noch ein paar Monate dort. Wenn Einheimische sie fragten, warum sie aus Deutschland ausgewandert sei, fing sie an zu weinen und sagte: „Es hängt irgendwie mit den Nazis zusammen." Sie verstanden Annabelle natürlich nicht, und sie verstand sich auch selbst nicht. Sie dachte: „Ich bin verrückt. Warum sage ich so etwas? Die Nazi-Zeit ist doch schon lange vorbei."

Sie hatte keine Erklärung für ihre Gefühle und Äußerungen. Sie fühlte etwas, das sie sich durch ihren Verstand nicht erklären konnte.

Als die Beziehung mit Fernando zu Ende ging und sie wieder nach Deutschland zurückkehrte, hatte sie sehr ambivalente Gefühle. Auf der einen Seite spürte sie tief in ihrem Inneren, dass ihr Weg in Peru zu Ende war und sie nach Deutschland zurück musste, um weiterzugehen, auf der anderen Seite empfand sie enorme Widerstände gegen ihr Land.

Annabelle kam schließlich nach Mittelfranken. Sie wohnte in einem kleinen Dorf in der Nähe von Erlangen. Sie hatte große Aversionen gegen Nürnberg. Sie dachte damals: „Nie werde ich nach Nürnberg ziehen." Wenn andere von Nürnberg schwärmten, sagte Annabelle: „Ich finde die Stadt schrecklich. Ich könnte mir nie vorstellen, dort zu leben."

Sie begann, sich für Reinkarnation zu interessieren. Weitere Jahre vergingen, bis sie in einer Rückführung herausfand, dass sie in ihrem letzten Leben in einer Widerstandsgruppe gegen das Nazi-Regime gewesen war. Sie war von den Nazis gefoltert und umgebracht worden.

Als Annabelle dies erkannte, wurde ihr einiges klar. Ihr wurde bewusst, warum sie mit zwanzig Jahren nach Peru gehen musste. Es war eine Flucht aus Angst. Ihr Unterbewusstsein hatte Angst, dass wieder dasselbe geschähe, dass sie wieder verraten, gefoltert und umgebracht werden würde. Die Flucht mach Peru hatte auf der unbewussten Ebene den Sinn, sie in Sicherheit zu bringen. Aber genauso, wie ihr Unterbewusstsein dafür gesorgt hatte, dass sie „in Sicherheit" kam, so sorgte es auch dafür, dass sie wieder nach Deutschland zurückkehrte, um ihren angefangenen Weg fortzusetzen. Das wäre in Peru nicht möglich gewesen.

Als Annabelle sich an der Universität Erlangen im Fach Betriebswirtschaft einschrieb, hatte sie ihr altes Studienbuch von der Universität Gießen dabei. Sie hatte Mitte der achtziger Jahre vier Semester an der Universität Gießen studiert, das Studium dann aber abgebrochen. Das Studienbuch datierte aus dem Jahr 1985. Sie hatte es eigentlich „nur so" mitgenommen, denn sie rechnete fest damit, dass sie ein neues Studienbuch bekommen würde. Aber zu Annabelles Überraschung sagte die Sachbearbeiterin, ihr altes Studienbuch würde weitergeführt. In dem Moment spürte sie in sich, dass auch etwas anderes nun weitergeführt würde. Sie spürte wieder den roten Faden in ihrem Leben, sie spürte, dass nun der Zeitpunkt gekommen war, an dem sie ihre Pläne wiederaufnehmen konnte, die sie in den Jahren in Peru völlig auf Eis gelegt hatte.

Annabelle glaubt, dass sie an dem Punkt nicht nur an einen Faden wieder anknüpfte, der bei ihrer Emigration nach Peru gerissen war, sondern auch an einen Faden, der in ihrem letzten Leben gerissen war. Etwas, das sie dort angefangen hatte, was aber durch ihren frühen und gewaltsamen Tod unvollendet geblieben war, konnte sie nun weiterführen.

Sie hatte viele Widerstände dagegen gehabt, nach Deutschland zurückzukehren, aber als sie hier angekommen war, fühlte sie sich vom ersten Moment an zu Hause. Sie fühlte sich in Mittelfranken viel heimischer, als sie sich jemals in Gießen, ihrer Geburtsstadt, gefühlt hatte. Sie hatte das Gefühl, zurückgekommen zu sein in ihre eigentliche Heimat. Die Menschen waren freundlich zu ihr, und sie fand überall offene Türen.

Sie glaubt, dass sie in ihrem letzten Leben in Nürnberg gelebt hat. Sie sagt, ihr sei hier alles so vertraut. Sie wohnt jetzt seit einigen Jahren in Nürnberg und liebt inzwischen diese Stadt. Sie hat das Gefühl, alles zu kennen und vieles wiederzuerkennen. Seit sie ihr letztes Leben bearbeitet hat, ist die Todesangst verschwunden, und sie kann sich hier richtig wohl fühlen. Ihre Seele weiß jetzt, dass sie nicht mehr abgeholt, gefoltert und umgebracht wird. Sie fühlt sich endlich in Sicherheit.

Annabelle spürt auch, dass ihre Kindheit des letzten Lebens sehr glücklich war und sie fürsorgliche und liebevolle Eltern hatte. Bei vielen Menschen, die ihr begegnet sind, seit sie in Mittelfranken wohnt, nimmt sie wahr, dass sie sie auch damals gekannt hat. Darunter sind Menschen, von denen sie das Gefühl hat, dass sie mit ihr zusammen in der Widerstandsgruppe waren, aber auch Menschen, von denen sie sich vorstellen könnte, dass sie auf der anderen Seite standen und zu den Folterknechten gehörten. Bei ihrem Ex-Freund Alfred hatte sie stark dieses Gefühl.

Annabelle kann sich noch genau erinnern, wie sie ihn kennenlernte. Sie war bei einer Bekannten zum Kaffee eingeladen. Sie wusste nicht, dass auch noch ein Mann anwesend sein würde. Die Bekannte, die sie eingeladen hatte, hatte ihr nichts davon gesagt, da sie anscheinend befürchtete, sie würde dann nicht kommen. Sie hatte wohl die Absicht, Annabelle zu verkuppeln. Annabelle betrat ihre Wohnung und ging ins Wohnzimmer. Plötzlich nahm sie neben sich einen Schatten wahr. Der Schatten richtete sich auf, und sie sah einen sehr großen, blonden und blauäugigen Mann neben ihr stehen.

Ihr erstes Gefühl war Angst. Sie hatte große Angst. Sie versuchte, diese Angst zu überspielen, aber es gelang ihr nicht. Dieser Mann hatte etwas an sich, das ihr Angst einflößte. Sie fühlte sich gleichzeitig von ihm abgestoßen und auf eine merkwürdige Weise, die sie sich nicht richtig erklären konnte, zu ihm hingezogen.

Mit diesem Mann war Annabelle fast vier Jahre zusammen. Es waren qualvolle Jahre für sie. Ab einem bestimmten Punkt begriff sie, dass sie ihn aus ihrem letzten Leben kannte. Aber von dem Punkt an dauerte es noch eine Weile, bis sie es schaffte, sich aus der Beziehung zu befreien. Ihr Grundgefühl während dieser Beziehung war Angst. Es war die Angst, die sie auf eine seltsame Weise zu ihm hinzog und gleichzeitig abstieß.

Einmal waren Annabelle und Alfred zu Ostern mit seinen Kindern in einem Museum, in dem sie eigentlich eine Eier-Ausstellung sehen wollten. 'Zufälligerweise' sahen sie, dass es dort noch eine andere Ausstellung gab – Folterinstrumente aus der Nazi-Zeit. Sie gingen gemeinsam durch diese Ausstellung und sahen alle Folterinstrumente. Es gab auch einen Folterstuhl, der Annabelle sehr an den Stuhl erinnerte, auf dem sie selbst gefoltert worden war. Sie hatte das Gefühl, in eine andere Realität eingetreten zu sein.

Alfred glaubte nicht an vergangene Leben. Annabelle konnte mit ihm über solche Themen überhaupt nicht sprechen. So auch an jenem Tag. Sie musste alles für sich behalten, was sie dachte und fühlte. Seltsam war nur, dass es am nächsten Tag aus anderen Gründen einen heftigen Streit zwischen Annabelle und Alfred gab und sie sich trennten.

Dies war nicht die einzige Trennung zwischen den beiden. Es gab immer wieder Trennungen und Versöhnungen, bis Annabelle es endlich schaffte, sich aus der Beziehung zu lösen. Sie glaubt, dass sie und Alfred sich getroffen haben, um etwas Karmisches zu bereinigen. Aber von Alfreds Seite aus ging das einfach nicht. Annabelle hat lange gebraucht, um zu begreifen, dass es für sie genug war, ihren Teil zu erkennen und zu bereinigen und sie seinen Teil ihm überlassen musste. Schließlich begriff sie es. An dem Punkt konnte sie ihren Weg weitergehen und Alfred seinem Schicksal überlassen. Das endgültige Ende der Beziehung war eine große Befreiung für sie.

Dies ist Annabelles Geschichte. Ich habe in den letzten Jahren im Rahmen meiner Arbeit einige solcher Geschichten gehört. Durch all die Menschen, mit denen ich therapeutisch gearbeitet habe oder die mir einfach nur ihre Lebensgeschichte erzählt haben, gewann ich den Eindruck, dass Annabelles Geschichte kein Einzelschicksal ist. Auch auf kollektiver Ebene finden sich ähnliche Muster. Ich habe das Gefühl, dass viele von den Seelen, die in der Nazi-Zeit inkarniert waren, wiedergekommen sind und jetzt leben. Ich habe aber auch das Gefühl, dass über dem Thema immer noch der Schleier der Tabuisierung liegt.

In meiner Arbeit mit Rückführungen und Familienaufstellungen kommt das unbewältigte Thema des Krieges immer wieder zum Vorschein. Ich habe bis jetzt kaum eine Familie gefunden, in der über die Geschehnisse in einer offenen und heilsamen Art und Weise geredet wurde. Meist stellt sich heraus, dass geschwiegen wurde, und zwar sowohl über das, was man erlitten, aber noch mehr über das, was man selber getan hatte.

Aber das, worüber wir nicht reden, ist auf eine andere Art und Weise präsent. Woher kommen die vielen Neonazis? Zeigen sie uns nicht, was noch unbewältigt ist? Worauf wollen sie uns hinweisen?

Mein Sohn ging vier Jahre lang in eine Gesamtschule in Nürnbergs Stadtteil Langwasser. Dieser Stadtteil wurde nach dem Krieg auf einem Teil des ehemaligen Reichsparteitagsgeländes aufgebaut. In die Schule, in die Nils ging, gehen Kinder aus vielen verschiedenen Ländern. Es ist sozusagen eine „multikulturelle Schule".

Nils erzählte mir vor einiger Zeit, dass es in Langwasser verschiedene, miteinander konkurrierende Banden Jugendlicher gebe, zum einen die Türken, zum anderen die Russen und zum dritten die Nazis. Ich fragte ihn, zu welcher Bande er dazugehöre. Er schaute mich mit einem zaghaften Blick an und sagte: „Zu den Russen." Ich war überrascht und fragte ihn: „Warum gehörst Du denn zu den Russen?" Ich merkte, dass er zögerte, so als habe er Angst, mir zu antworten. Schließlich sagte er mit Zurückhaltung in der Stimme: „Die Russen kämpfen mit den Nazis zusammen."

Ich fragte nicht mehr weiter. Aber dieses Gespräch zeigte mir, wie sehr die Kriegsstrukturen noch und wieder unter den heranwachsenden Kindern lebendig sind, wie sie diese alten, unverarbeiteten Geschichten neu inszenieren. Diese Inszenierungen sind eine Botschaft an uns, und zwar weniger eine Botschaft zu Ermahnungen, Strenge und Verboten unseren Kindern gegenüber, sondern eine *Aufforderung, dass wir uns endlich den verdrängten Geschichten stellen und endlich unseren eigenen Teil zur Bearbeitung und Beendigung des Kriegsgeschehens beitragen.*

Oft reden wir, wenn wir über zerrüttete Familien sprechen, von „Familienkrieg". In den Familien geht der Zweite Weltkrieg weiter. All das, was nicht verarbeitet wurde, geht dort weiter. Ich glaube, dass auch die hohe Anzahl von Trennungen und Scheidungen in den letzten dreißig Jahren nicht nur, aber auch eine der Auswirkungen des Zweiten Weltkriegs ist.

Wir müssen uns fragen, was dort eigentlich passiert ist, *auf der seelischen Ebene*, in den Familien, mit den Männern, Frauen und Kindern.

Ganze Familien wurden im Krieg auseinander gerissen. Väter, die nicht mehr zurückkamen, Kinder, die ihren Müttern entrissen wurden, Familien, die sich auf der Flucht verloren, das alles sind keine Einzelschicksale, sondern das ist ein kollektives Trauma.

Rabbi Yonassan Gershom, der das Buch „Kehren die Opfer des Holocaust wieder?" geschrieben hat, ist ein Experte auf dem Gebiet der Reinkarnation. Er ist der Auffassung, dass Seelen normalerweise die Tendenz haben, wieder in ihre angestammte Sippe oder Familie zurückzukehren. Das war aber nach dem Zweiten Weltkrieg nicht mehr möglich, weil es diese Familien nicht mehr gab. Die Seelen mussten sich also andere Familien suchen. Gleichzeitig gab es viele so genannte Schock-Inkarnationen. Das sind Inkarnationen von Seelen, die im Schock gestorben waren, z.B. auf dem Schlachtfeld, und die sofort wieder in einem neuen Körper inkarnierten.

Diese mit einem Schock inkarnierten Menschen fühlten sich oft in der neuen Familie als Fremdkörper. Sie empfanden sich als nicht zugehörig und spürten, dass die Familie, in der sie „gelandet" waren, nicht ihre „wirkliche", seelische Familie war.

Auch Annabelle fühlte sich in ihrer Familie nie richtig heimisch. Oft hatte sie ein Gefühl von Fremdheit. Wenn sie woanders zu Besuch war und wieder nach Hause musste, weinte sie als Kind. Als Jugendliche fühlte sie sich einfach unwohl bei dem Gedanken, wieder „nach Hause" zu müssen.

In esoterischen Kreisen wird oft davon gesprochen, dass man sich „seine Eltern ausgesucht hat". Meiner Erfahrung nach trifft das nur zu, wenn die Seele im vorherigen Leben wirklich bewusst gestorben ist, wenn sie wach alle Stadien durchlaufen hat, die zu einem bewussten Sterben dazugehören. Dies ist aber bei vielen im Zweiten Weltkrieg gestorbenen Seelen überhaupt nicht der Fall. Diese starben auf dem Schlachtfeld oder durch Folterungen der Nazis. Wenn sie Juden waren, wurden sie vergast oder erschossen. Von friedlichem und bewusstem Sterben kann hier überhaupt nicht die Rede sein. Es ist wichtig, sich das vor Augen zu führen, denn dadurch erklärt sich vieles, was man sich sonst nicht erklären kann.

Warum gibt es so viele Trennungen und Scheidungen? Ist es nicht so, dass viele Familien wie zusammengewürfelt wirken; dass es keinen richtigen Zusammenhalt mehr zwischen ihnen gibt? Es gibt immer weniger „normale" Familien in Deutschland und dafür immer mehr „Patchwork-Familien". Mit diesem Ausdruck bezeichnet man Familien, in denen nicht mehr beide leiblichen Elternteile mit ihren Kindern zusammenleben, sondern zwei geschiedene Elternteile mit ihren Kindern eine neue Familie bilden.

Wenn ich Zeugungen aus den vierziger und fünfziger Jahren bearbeite, finde ich oft, dass unverarbeitete traumatische Kriegserlebnisse von Eltern sich bei der Zeugung mit dem morphogenetischen Feld des Kindes verbinden. Kürzlich bearbeitete ich mit einer Klientin ihre Zeugung. Als ich sie bat, sich auf ihren Vater während der Zeugungssituation zu konzentrieren und seine Körpergefühle zu spüren, war das Erste, was sie sagte: „Kalte Füße." Ich bat sie, dahin zu gehen, wo die Kälte in die Füße ihres Vaters hineingekommen sei, und das erste Bild, was sich zeigte, war „Russland". Dann kam der ganze Schrecken des Russland-Krieges, in dem ihr Vater als Soldat gekämpft hatte, an die Oberfläche. Sie weinte und sagte: „Überall Leichen, überall Blut. All die jungen Menschen. All die enttäuschten Hoffnungen. Oh Gott, wie furchtbar. Und ich kann nicht helfen." Das waren die Gedanken ihres Vaters, der Arzt war und sich angesichts des Grauens in Russland völlig ohnmächtig gefühlt hatte.

Über das morphogenetische Feld der Eltern kommt die Information bei der Zeugung in die Seele des Kindes hinein und wird so von Generation zu Generation weitergegeben, bis das Trauma aufgelöst wird.

Ich ließ die Klientin nach der Bearbeitung die Energie ihres Vaters gut ausatmen und sich mit ihrer eigenen Lebensenergie verbinden. Später erzählte sie mir, dass sie schon lange unter kalten Füßen gelitten habe. Nun verstand sie, woher die kalten Füße kamen.

Eine andere Klientin erzählte mir, ihr Vater sei Alkoholiker. Er sei im Kleinkindalter mit seiner Mutter aus Ostpreußen geflohen. Sein Vater war in russischer Kriegsgefangenschaft gewesen, und er hatte diesen erst im Alter von zwölf Jahren kennen gelernt. Als meine Klientin geboren wurde, war ihr Vater bereits Alkoholiker und ihre Mutter Diabetikerin. Die Ehe der Eltern war sehr unglücklich. Jeder lebte in seiner Welt. Der Vater ihres Vaters lebte eine Zeit lang mit im Haus. Dann starb er. Nach seinem Tod verbrachte der Vater meiner Klientin die meiste Zeit in dem Zimmer, in dem sein Vater gelebt hatte. Dort saß er stunden- und tagelang, trank und las und war in seiner eigenen Welt. Er wollte seinem Vater nahe sein, und er konnte keine Nähe zu seiner Frau oder seiner Tochter zulassen.

Es gibt viele solcher erschütternder Geschichten. Sie zeigen mir auch, dass viele deutsche Männer, die den Zweiten Weltkrieg als Kinder, Jugendliche oder Soldaten miterlebten, in dem Deutschland kollektiv auferlegten Schuldgefühl stecken geblieben sind und dadurch in der Verarbeitung der traumatischen Kriegsgeschehnisse nicht weiterkommen konnten. Schuldgefühle behindern die Verarbeitung von traumatischen Erlebnissen erheblich. Ein Mensch, der Schuldgefühle hat, ist so mit Verdrängung beschäftigt, dass er es sich nicht erlauben kann, zu weinen, zu wüten, zu schreien, zu trauern und schließlich zu akzeptieren, also alle normalen Stadien von menschlichen Verarbeitungsprozessen schwieriger Lebensereignisse zu durchlaufen. Er bleibt stecken.

Wenn aber ein Mensch im Vergangenen verharrt, gibt es keine seelische Entwicklung mehr. Die seelische Entwicklung stagniert. Menschen, die aufgrund von bewussten oder unbewussten Schuldgefühlen in ihrer seelischen Entwicklung stagnieren, greifen oft zu Suchtmitteln wie Alkohol und Drogen. Auch zu der Entwicklung chronischer Krankheiten gibt es einen Zusammenhang. Diese Krankheiten sind oft eine Art „unbewusster Selbstbestrafung", um die „Schuld" abzutragen. Auch chronische Krankheiten sind ein Krieg im Körper. Der Krieg im Äußeren, der auf der seelischen Ebene unbeendet geblieben ist, wird auf einen anderen Schauplatz, nämlich den Körper und die Körperzellen, verlagert und dort fortgesetzt.

Wir müssen uns fragen: Welchen Zusammenhang gibt es zwischen der enormen Anzahl von chronisch kranken Menschen in Deutschland, seien es Krebs-, Diabetes-, Herz-, MS- oder anderweitig chronisch kranke Menschen, und unverarbeiteten Themen aus dem Zweiten Weltkrieg?

Schauen wir uns weiterhin die Modewelt an mit ihren oft magersüchtigen Models und den allgemein hohen Prozentsatz von magersüchtigen Frauen in Deutschland. Sieht es nicht so aus, als bestünde ein Zusammenhang zwischen der so weit verbreiteten Magersucht und unbewältigten Themen aus dem Zweiten Weltkrieg? Was zeigen uns diese Frauen?

Überschlanke Frauen werden geradezu idealisiert, obwohl es von gesundheitlichen und auch ästhetischen Gesichtspunkten her nicht zu verstehen ist. Diese Models sehen wirklich manchmal so aus, als kämen sie gerade aus einem KZ. Sie wirken krank und verhungert. Ihre Gesichter werden dann noch künstlich blass und mit Augenringen geschminkt. Meist blicken sie ernst und teilnahmslos, wie Menschen, die kurz vor dem Verhungern stehen.

Wenn in einer Partnerschaft ein arbeitssüchtiger Mann und eine magersüchtige Frau zusammenkommen, dann kann man sich vorstellen, wie diese Partnerschaft verläuft. Aber gerade Arbeitsucht bei Männern und eine überschlanke Figur bei Frauen werden uns von unserer Gesellschaft als ideal und erstrebenswert hingestellt.

Ich arbeite in meiner Praxis mit magersüchtigen Frauen und arbeitssüchtigen Männern. Ich arbeite auch mit Menschen, die in den Nachkriegsjahrzehnten geboren sind und in Rückführungen ein Leben während der Nazi-Zeit wiedererlebten. Von diesen Menschen handelt das nächste Kapitel.

4.1 Karina

Karina kommt Mitte 1999 zum Erstgespräch in meine Praxis. Sie leidet unter heftigen Stimmungsschwankungen, Instabilität in Beziehungen und beruflichen Dingen. Ich diagnostiziere bei ihr PTBS (Posttraumatische Belastungsstörung). Sie hat eine extrem traumatische Kindheit mit Misshandlungen jeder Art erlebt.

Ihre Mutter ist Türkin. Sie war in der Türkei aufgewachsen und wurde wahrscheinlich von ihrem Vater sexuell missbraucht. Sie kam allein nach Deutschland, als sie erwachsen war. Sie wurde schwanger von einem Mann, mit dem sie eine kurze Beziehung hatte. Sie wollte diese jedoch nicht fortsetzen. Karina wurde geboren. Als sie drei Jahre alt war, heiratete ihre Mutter einen anderen Mann. Dieser Mann hatte starke Alkoholprobleme und war extrem gewalttätig. Er schlug Karinas Mutter und auch Karina selbst.

Am schlimmsten war es für Karina, wenn sie als kleines Mädchen hilflos zusehen musste, wie ihr Stiefvater ihre Mutter krankenhausreif schlug. Einmal warf er sie die Treppe hinunter. Sie hatte Prellungen und blaue Flecken am ganzen Körper.

Karinas Kindheit fand in einer Atmosphäre von Angst, Gewalt und Schutzlosigkeit statt. Prügelszenen waren an der Tagesordnung. Als sie siebzehn Jahre alt war, schlug ihr Stiefvater sie so stark, dass sie mit einer Gehirnerschütterung ins Krankenhaus eingeliefert wurde. Sie wurde daraufhin vom Jugendamt aus dem Elternhaus herausgenommen und verbrachte eine Zeit lang in einem Heim.

Später wanderte sie in die Dominikanische Republik aus. Dort wurde sie schwanger von einem Einheimischen. Sie brachte das Kind in Deutschland zur Welt. Ihre Tochter ist mittlerweile neun Jahre alt. Der Vater des Kindes lebt in der Dominikanischen Republik. Der Kontakt ist sporadisch, und der Vater kümmert sich nicht um seine Tochter.

Aufgrund ihrer traumatischen Kindheit konnte Karina keine normale Bindungsfähigkeit zu anderen Menschen entwickeln. Ihre Beziehungen blieben kurz und unverbindlich. Auch die Beziehung zum Vater ihrer Tochter scheiterte bereits vor der Geburt des Kindes. Sie war ständig auf der Flucht vor ihrer Vergangenheit und brach mehrmals angefangene Ausbildungen ab. Die emotionale Seite ihrer Persönlichkeit war aufgrund der Traumatisierungen in der Kindheit stark unterentwickelt, und dies führte dazu, dass sie auch ihre intellektuellen Fähigkeiten nicht entsprechend einsetzen konnte. Sie vermochte keine Stabilität in ihr persönliches und berufliches Leben zu bringen.

Da ihre berufliche Situation mit einem kleinen Kind nicht gerade leichter wurde, arbeitete sie eine Zeit lang in einer Bäckerei. Dort befand sie sich in einer schwierigen Situation, weil sie wegen ihrer Fähigkeit, Dinge zu durchschauen und zur Sprache zu bringen, von ihren Kollegen und Vorgesetzten als gefährlich eingestuft wurde. Sie selbst hatte Glaubenssätze wie: „Es wird alles gegen mich verwendet", „Ich kann nicht sprechen", „Ich habe keine Stimme" und „Ich muss stillhalten und darf mich nicht wehren".

In der Therapie bearbeiten wir zunächst einige traumatische Erlebnisse aus ihrer Kindheit, darunter viele Gewaltszenen, in denen sie entweder selbst Gewalt erleidet oder hilflose Zuschauerin ist. Während der Rückführungen in die Kindheit kommen viele aufgestaute Gefühle, wie Todesangst, Trauer und Wut, an die Oberfläche. Als sie diese verdrängten Gefühle gespürt und ausgedrückt hat, geht es ihr langsam besser, und ihr Leben wird stabiler.

Wir beginnen mit der Bearbeitung vergangener Leben. Nachdem wir einige Leben bearbeitet haben, in denen sie sowohl Opfer- als auch Täterrollen eingenommen hat, führt uns eine Rückführung in ihr letztes Leben während des Nazi-Regimes. Sie erlebt sich als junge jüdische Frau. Ihr Mann ist Künstler. Seine Kunst wird von den Nazis als „entartet" bewertet, und eines Tages wird er von der Gestapo mitgenommen. Sie hat das Gefühl, „ganz allein auf der Welt zu sein". Kurze Zeit später wird auch sie abgeholt. Man bringt sie in ein Gebäude, in dem sie verhört, gefoltert und vergewaltigt wird. Wir finden hier den Satz „Ich muss stillhalten und darf mich nicht wehren" wieder. Die Nazis wollen bestimmte Informationen von ihr. Sie sagen zu ihr: „Du wirst es schon noch zugeben." Sie denkt: „Das kann nicht wahr sein." Die Nazis sagen zu ihr: „Du lügst."

Ein Nazi erzählt ihr, ihr Mann habe sie betrogen. Sie weiß, dass das nicht stimmt. Derselbe Mann versucht sie zu küssen. Sie denkt: „Ich will nicht", ist aber unfähig, sich zu wehren. Jemand sagt: „Du Hure."

Sie erlebt unzählige Vergewaltigungen und denkt: „Es nimmt kein Ende." Sie wünscht sich schließlich nur noch zu sterben. Sie soll etwas unterschreiben, was ihren Mann betrifft, aber sie kann es nicht tun, weil es eine Lüge wäre. Sie darf ihren Mann noch ein letztes Mal durch eine Scheibe sehen. Er sieht sie nicht. Sie fühlt großen Schmerz. Sie bleibt den Nazis gegenüber dabei, dass sie nicht unterschreibt. Sie wird immer wieder gefoltert und vergewaltigt.

Dann verlässt sie all ihre Kraft. Sie wird in eine Zelle gebracht und es ist, als hätte man sie vergessen. Nach drei Tagen stirbt sie. Ihr letzter Gedanke, bevor ihr Bewusstsein den Körper verlässt, ist: „Es gibt kein Licht mehr." Sie nimmt Gefühle von Einschränkung, Wehrlosigkeit und Resignation mit.

Das sind genau die Gefühle, die sie in der Kindheit ihres jetzigen Lebens immer wieder erlebt hatte. Hier wurde ganz deutlich, wie viel unerlöste Energie sie vom letzten Leben mit in dieses Leben gebracht hatte. Sie war in ihrem jetzigen Leben bis zu einem bestimmten Zeitpunkt ständig auf der Flucht. Auch ihre Emigration in die Dominikanische Republik gehörte dazu.

Wir arbeiten alles gründlich durch, und ich lasse sie ihre Gefühle von Wut spüren, die sie damals unterdrücken musste. Ich bitte sie, anzufangen sich zu wehren und ihren Körper das ausdrücken zu lassen, was er damals nicht ausdrücken konnte. Alle aufgestauten Impulse kommen heraus.

Sie tritt nochmals in Kontakt mit den Seelen der Männer, die sie vergewaltigt haben, und beendet das, was unerledigt geblieben ist. Sie gibt die Energie zurück, die sie aufgenommen hat, und holt sich ihre eigene Energie wieder. Sie spricht auch nochmals mit der Seele ihres Mannes und verabschiedet sich von ihm. Zum Abschluss tauscht sie ihren alten Glaubenssatz „Ich muss stillhalten" gegen den neuen Glaubenssatz „Ich kann mich wehren" aus.

Nach dieser Arbeit beginnt sich ihre persönliche und berufliche Situation entscheidend zu verändern.

Sie fühlt sich eine Zeit lang sehr traurig. Sie beginnt, die Menschen um sie herum in einer anderen Art und Weise wahrzunehmen. Sie hat das Gefühl, dass sich „die Energie gedreht hat". Während sie vorher gegen sie war, ist sie jetzt für sie. Sie hat die Aufnahmeprüfungen für eine weiterführende Schule bestanden.

Sie fängt an sich durchzusetzen und wehrt sich in Situationen, in denen sie verletzt wird. Sie wird sich ihres Wertes zunehmend bewusst. Während sie früher das Gefühl hatte, von Menschen und Umständen beherrscht zu werden, hat sie jetzt das Gefühl, selber über ihr Leben zu bestimmen und selber die Akteurin zu sein, nicht nur die Reagierende. Sie beginnt, neue berufliche Perspektiven zu entwickeln und sich weiterzubilden. Sie hat letztes Jahr angefangen, ihr Abitur nachzumachen und will ein Betriebswirtschaftsstudium daran anschließen.

4.2 Chantal

Chantal ist in Polen geboren und hat eine extrem belastende Kindheit und Jugend erlebt. Ihr Vater hatte massive Alkoholprobleme, und es gab immer wieder verbale und tätliche Auseinandersetzungen zwischen den Eltern, deren Zeuge sie wurde. Sie hat noch eine vier Jahre jüngere Schwester. Chantal ist durch diese wiederholten häuslichen Gewaltsituationen traumatisiert.

Die Familie kam nach Deutschland, als sie fünfzehn Jahre alt war. Sie sprach kein Wort Deutsch, wurde aber ungeachtet dessen sofort in eine deutsche Schule geschickt. Sie verstand dort nichts und erlebte Gefühle von extremer Angst, Verlassenheit und Minderwertigkeit. Ihre Eltern waren nicht in der Lage, ihr in dieser für sie äußerst schwierigen Situation unterstützend zur Seite zu stehen.

Chantal kam Mitte 1999 zum Erstgespräch in meine Praxis. Ich diagnostizierte bei ihr eine posttraumatische Belastungsstörung, einhergehend mit impulsiven Handlungen und massiven Stimmungsschwankungen.

Chantal hatte aufgrund der geschilderten Umstände massive Identitätsstörungen und konnte keine normale Bindungs- und Beziehungsfähigkeit entwickeln. Sie litt unter schweren Minderwertigkeitsgefühlen aufgrund der extremen und anhaltenden Belastungen während ihrer Kindheit und Jugend, die sich in ihrem späteren Leben in Beziehungsschwierigkeiten, Problemen am Arbeitsplatz und starken Stimmungsschwankungen manifestierten. Dazu kamen Gefühle von Enge, und sie glaubte, dass es für sie keinen Platz gebe. Auch zeigte sie extreme Angst, Fehler zu begehen. Sie fühlte sich oft schuldig und hatte Angst, bestraft zu werden, auch wenn sie nichts getan hatte.

In der Therapie bearbeiten wir zunächst einige Situationen aus ihrer Kindheit. Dann beginnen wir mit der Aufarbeitung vergangener Leben. Wir steigen mit einem Traum ein. Sie hatte geträumt, ein Mann versuche, ihr diverse Knochen „einzurenken". Sie schrie in dem Traum die ganze Zeit.

In der Rückführung erlebt sie, dass der Mann mit der Faust auf ihren Kopf schlagen will. Er sagt, ihre Zähne stünden heraus und müssten „verschoben" werden. Sie schreit: „Nein." Sie weiß, dass das, was der Mann ihr sagt, nämlich dass er sie „einrenken" wolle, nicht stimmt. Sie spürt, dass er eigentlich etwas anderes mit ihr vorhat. Der Mann ist Arzt. Es sind auch noch andere Menschen anwesend, die ihm helfen und sie festhalten. Ihre Arme und Beine werden verdreht. Der Arzt schlägt mehrmals auf ihren Kopf und ihr Kinn. An dem Punkt geht Chantal aus ihrem Körper heraus. Sie dissoziiert und vermittelt sich selbst: „Es ist nicht so schlimm, was gerade passiert."

Wir unterbrechen die Sitzung. Als sie nächstes Mal wiederkommt, erzählt sie, sie habe extreme Reaktionen auf die Rückführung gehabt – Todesangst und die Angst, abgeholt zu werden. Sie dachte: „Wenn die mich abholen, dann bringen sie mich mit Gewalt weg, und ich werde umgebracht. Entweder ersticke ich oder verhungere." Außerdem hatte sie Schmerzen in verschiedenen Körperbereichen.

Sie bekam einen Anruf von einem Finanzbeamten. Dieser Anruf löste unangenehme Gefühle in ihr aus. Sie hatte Angst vor Beamten und sagte: „Ich komme mit diesen Beamtentypen nicht klar." Sie selbst ist in einem öffentlichen Amt tätig.

Wir arbeiten weiter. Sie sagt, sie verspüre eine „unheimliche Wut", und der Druck werde immer stärker. Es werde immer enger, als ob ihr Körper zusammengeschoben würde. Sie denkt: „Ich will raus, aber ich kann nicht."

In der Rückführung ist sie wieder in einem Raum. Er ist ähnlich dem Raum, in dem der Arzt Experimente vornimmt, jedoch zu einem anderen Zeitpunkt. Es ist etwas früher. Sie wird mit anderen Menschen zusammen in den Raum geschoben. Eigentlich gibt es dort *keinen Platz* mehr. Sie macht sich klein und denkt: „Wenn ich verschwinden würde, dann könnte ich mich in Sicherheit bringen." Sie läuft in einen anderen Raum, um zu entkommen. Die Decke ist verglast, es ist sehr hell, und der Arzt ist da. Sie versucht, alle Sinne auszuschalten. Der Arzt ist ein großer, grauhaariger Mann. Er wirkt sehr ruhig und Respekt einflößend. Es wirkt auf sie so, als wolle er sie studieren. Sie denkt: „Es wird irgendetwas mit mir passieren, was wehtut" und „Er ist viel zu nah an mir" und „Eer darf es nicht". Dann dissoziiert sie wieder.

Sie verlässt ihren Körper. Sie hat das Gefühl, langsam zu ersticken.

Wir arbeiten alles gründlich auf und gehen auch mehrmals durch das Sterben hindurch, so lange, bis ihr wirklich bewusst geworden ist, dass sie damals gestorben ist.

Nach dieser Rückführung sagt Chantal, sie habe das Gefühl, seit dem Zeitpunkt, an dem sie mit ihren Eltern nach Deutschland gekommen sei, also seit ihrem fünfzehnten Lebensjahr, sei sie in die falsche Richtung gelaufen. Sie müsse und könne nun die Richtung ändern. Ihr werden die Zusammenhänge zwischen dem, was sie in ihrem letzten Leben erlebt hat und dem, was sie in ihrem jetzigen Leben erlebt, bewusst. Insbesondere das Gefühl, keinen Platz zu haben, der Wunsch, sich klein zu machen und zu verschwinden sowie die Angst vor Autoritäten werden ihr im Zusammenhang mit dem, was sie erlebt hat, verständlich.

In den folgenden Wochen ändern sich einige Dinge in Chantals Leben entscheidend. Wie Karina, so beginnt auch Chantal sich zu wehren in Situationen, in denen sie angegriffen wird. Ihre Wahrnehmung – sowohl ihrer selbst als auch anderer Menschen – verändert sich. Sie wagt es plötzlich, sich in Situationen auf eine neue Art und Weise zu verhalten, so wie sie es sich früher nicht getraut hätte. Sie hat das Gefühl, wieder Raum für sich zu haben und beginnt, Lebensfreude zu verspüren.

4.3 Frederike

Frederike ist eine Frau Mitte Vierzig. Sie hat diverse Probleme auf der emotionalen Ebene, vor allem hat sie das Gefühl, sehr kopfgesteuert zu sein und ihre Gefühle nicht richtig zu spüren. Frederike ist lesbisch und hat eine langjährige Beziehung mit einer Frau hinter sich, die mit Trennung endete. Frederike will wieder Zugang zu ihren Gefühlen finden, von denen sie sich völlig abgeschnitten fühlt.

Wir bearbeiten zu Anfang der Therapie einige Situationen aus ihrer Kindheit. Ihre Mutter hatte starke Gefühle von Ablehnung ihr gegenüber, die sie aber verdrängte. Frederike reagierte darauf, indem sie nichts mehr fühlte. Sie sagt, sie sei sich einfach „neutral" vorgekommen. Wenn sie nichts mehr spürte, fühlte sie sich sicherer. Das „Nicht-mehr-fühlen" und das „Sich-neutral-fühlen" wurde für Frederike zum Überlebensmuster. Immer, wenn es gefährliche oder schmerzliche Situationen gab, ging sie in den „Nicht-mehr-fühlen-Status", um sich wieder sicherer zu fühlen. Ihr Überlebensmuster schützte sie lange Zeit vor neuen Verletzungen, trug aber auch dazu bei, dass ihr emotionales Innenleben verarmte.

Wir bearbeiten zahlreiche vergangene Leben. Immer wieder taucht das Thema „Neutralität" auf. Immer wieder finden wir Situationen, in denen es brenzlig wird und Frederike sich auf die „neutrale Position" zurückzieht, in der es scheinbar weniger Gefahr gibt.

Eine Rückführung führt uns in ihr Leben in der Nazi-Zeit. Der Einstieg in die Sitzung ist ihr Gefühl, von sich selbst getrennt zu sein und sich selbst zuzuschauen. Die Gefühle, die dazugehören, sind Hilflosigkeit und Leere. Das erste Bild, das auftaucht, ist ein Bild von einem ausgeschaufelten Massengrab. Sie ist ein Mann und steht daneben. Sie muss zuschauen, wie Menschen erschossen werden. Sie werden so erschossen, dass sie in das Grab hineinfallen. Es ist ein schöner Frühlingstag. Sie ist ein Zuschauer ohne Gefühl. Sie ist von jeglichen Gefühlen abgeschnitten.

Ich bitte sie, dahin zu gehen, wo es noch Gefühle gibt. Sie sieht sich als Mann mit einer Frau und einer Tochter. Sie spürt Wärme, Geborgenheit und ein Zuhause.

Dann passiert etwas. Sie sitzt in einem Büro an ihrem Arbeitsplatz und erhält einen Anruf. Jemand sagt etwas von einem Unfall. Sie denkt: „Das kann nicht sein" und erleidet einen Schock. Von diesem Moment an sind ihre Gefühle wie abgeschaltet. Frederike hat den Eindruck, alle ihre Kraft in diesem Moment zu verlieren. Ich bitte sie, ein paar Mal durchzuatmen und den Schock auszuatmen. Dann bitte ich sie zu spüren, wo ihre Gefühle hingegangen sind. Sie gewinnt den Eindruck, diese hätten sich überall im Raum verteilt. Ich bitte sie, ihre Gefühle aus allen Ecken wieder zurückzuholen. Sie weint und sagt: „Es tut unendlich weh." Endlich kann sie das spüren, was sie so lange unter dem Schutz ihrer „Neutralität" verdrängt hat.

Sie sagt, das Schlimmste sei, dass sie übrig ist. Sie fragt sich, was sie jetzt noch tun solle und hat das Gefühl „Ich kann nichts". Sie trifft eine Entscheidung: „Ab jetzt fühle ich nichts mehr."

Sie sieht sich an einem schönen warmen Sommertag. Es weht eine leichte Brise und riecht nach Sommer. Sie denkt: „Wenn es am schönsten ist, kann ich am wenigsten fühlen."

Sie nimmt Zuflucht zum Alkohol, um sich selbst zu betäuben. Sie bleibt eine lange Zeit in diesem Zustand scheinbarer Gleichgültigkeit. Freunde versuchen, ihr zu helfen, indem sie sie mit Frauen in Kontakt bringen. Sie aber denkt: „Ich will keine Familie mehr, sonst tut es bloß wieder weh." Sie zieht sich völlig zurück und ist oft betrunken. Auch in ihrem jetzigen Leben hat Frederike große Probleme mit Alkohol gehabt und Zeiten völligen Rückzugs erlebt.

Sie verliert ihre Arbeit. Über die Zeit, in der sie lebt, denkt sie: „Alte Werte gehen verloren." In diesem Zustand wird sie von der SS angesprochen. Sie sagt: „Das ist ein Misanthropenverein. Denen ist auch alles egal." Sie tritt der SS bei. Es geht darum, Menschen zu erschießen. Sie fühlt sich selbst innerlich tot. Als sie zuschaut, wie einer ihrer Kollegen Menschen erschießt, spürt sie: „Ich bring' das nicht fertig." Jemand sagt zu ihr: „Feigling, Versager."

Plötzlich wird ihr bewusst, worin sie sich zu verstricken beginnt. Sie wacht auf. Sie hört mit dem Trinken auf und sammelt Informationen über die politischen Umstände und ihre Hintergründe. Sie will endlich wissen, was eigentlich passiert ist. Dann versucht sie, denjenigen, die in Gefahr sind, zu helfen. Sie fälscht Papiere und schmuggelt Menschen über die Grenze. Das funktioniert zwei bis drei Jahre lang.

Dann verliebt sie sich in eine Frau. Diese Frau ist Jüdin. Ihre Kollegen von der SS merken dies. Da sie schon lange ahnen, dass Frederike Menschen in Gefahr hilft, stellen sie ihr eine Falle. Frederike weiß, wann die jüdische Frau abgeholt werden soll und ist vorher da, um sie wegzubringen. Die SS ist jedoch auch da, und sie wird gefangen genommen. Sie denkt: „Wenn ich schneller gewesen wäre, dann hätte ich sie vielleicht noch retten können." Sie hat Schuldgefühle der Frau gegenüber.

Sie wird vernommen. Sie will nichts sagen und wird daraufhin gefoltert. Die SS erpresst sie. Wenn sie etwas sagt, wird die jüdische Frau nicht gefoltert, wenn sie nichts sagt, wird sie gefoltert, und Frederike muss die Folterungen mit ansehen. Das hält sie nicht aus. Sie sagt alles. Die jüdische Frau wird erschossen. Teile von Frederike gehen mit ihr mit. Sie fühlt sich als Verräter. Sie wird in ihrer Zelle einfach „vergessen". Die Nazis lassen sie verhungern. Ihr letzter Gedanke ist: „Endlich geschafft."

Als ihr Bewusstsein den Körper verlassen hat, lasse ich sie noch einmal die Situation anschauen. Sie sieht ein Gerippe aus Haut und Knochen.

Wir bearbeiten alles gründlich. Ich lasse sie noch einmal mit allen beteiligten Seelen in Kontakt treten, um das Unbewältigte abzuschließen. Wir arbeiten alles körperlich gut durch, bis sie wirklich spürt, was dort passiert ist und alle Teile von sich selbst wieder gut in sich integriert hat.

Frederikes Leben ändert sich in den nachfolgenden Wochen und Monaten signifikant. Sie geht eine Beziehung mit einer Frau ein, die harmonisch und gleichberechtigt ist und in der sie sich wohl fühlt. Sie hat mehr Zugang zu sich selbst und ihren Gefühlen und hat aufgehört, über sich selbst zu denken, dass sie „schlecht" sei. Langsam ändert sich die Art und Weise, wie sie sich selbst gegenüber steht.

4.4. Genoveva

Genoveva ist eine junge Frau von einundzwanzig Jahren, als sie zum ersten Mal in meine Praxis kommt. Sie leidet unter extremen Stimmungsschwankungen. In ihrer Jugend hatte sie die Befürchtung, schizophren zu sein. Eine Ärztin, die sie damals konsultierte, beruhigte sie allerdings und sagte ihr, sie solle sich keine Sorgen machen, denn sie stecke in der Entwicklung.

Zu Anfang der Therapie bearbeiten wir einige Situationen aus ihrem Erwachsenenleben sowie ihrer Jugend und Kindheit. Genoveva geht es langsam besser. Es kommt mehr Stabilität in ihr Leben. Sie lernt einen jungen Mann kennen, mit dem sie eine Beziehung eingeht.

In eine Stunde kommt Genoveva zusammen mit ihrem Lebensgefährten. Sie sagt, sie hätten ein sexuelles Problem. Sie fühle nichts bei der Sexualität. Nur wenn sie Angst habe, verlassen zu werden, könne sie etwas empfinden. Sobald sie sexuelle Gefühle verspüre, müsse sie anfangen zu lachen, und Liebe sei für sie mit dem Tod verbunden.

Wir steigen ein mit den Gefühlen Angst und Ekel und mit den Körperempfindungen "Druck im Unterleib" und "Enge in der Brust". In der Rückführung kommt als erstes das Bild einer Straßenparade hoch. Genoveva sieht Blasmusiker und viele Menschen. Es herrscht Aufbruchsstimmung. Alle jubeln wegen des Führers. Genoveva ist stolz, weil sie Deutscher ist. Sie ist ein junger Offizier und steht direkt neben dem Führer. Auf meine Frage, was ihre Aufgaben seien, antwortet sie, sie solle im Reich aufräumen und habe mit der Juden- und Zigeunerlösung zu tun. Sie solle diese „beseitigen".

Sie ist stolz, weil sie ganz oben in der Hierarchie steht. Sie erschießt Menschen, die „beseitigt" werden sollen, und fühlt sich gut dabei. Wenn sie „etwas beseitigt hat", fühlt sie sich lebendig, dann fühlt sie ihre Macht. Sie sagt „Ich hasse Juden." Diese seien „Kreaturen, keine Menschen", „unehrlich", „listig", „schlecht", „wie der Teufel" und „geizig".

Ich bitte sie, an den Anfang der Geschichte zurückzugehen. Sie sieht sich als siebenjährigen Jungen. Sie haut einen anderen Jungen, „weil er schlecht ist". Ich frage sie, wo der Satz herkommt, und sie sagt, ihre Mutter habe ihr das gesagt. Ich bitte sie, noch ein Stück weiter zurückzugehen in der Zeit, und sie sieht, dass der Junge ihr Freund ist. In dem Moment, in dem ihre Mutter ihr sagt, dass er „schlecht" sei, ist sie traurig und versteht nicht, warum ihr Freund „schlecht" sein soll. Die Mutter sagt, der Junge und seine Familie hätten mehr Geld und Besitz als sie und ihre Familie, und deshalb seien sie „schlecht". Genoveva fühlt sich verwirrt. Dann beginnt sie, den Jungen zu hassen. Sie schlägt ihn und fängt an, ihre eigentlichen – freundschaftlichen – Gefühle abzuspalten. Sie denkt: „Ich will das auch haben, was er hat", aber sie hat auch ein schlechtes Gewissen, weil sie ihn geschlagen hat. Ihr Vater lobt sie dafür. Sie sagt: „Ich weiß nicht, was ich fühlen soll."

Ich bitte sie, in der Zeit nach vorne zu gehen, dahin, wo sie zum ersten Mal mit den Nazis in Kontakt kommt. Sie sieht sich in der Menge. Sie hört einer Rede des Führers zu. Sie ist begeistert von seinen Worten und denkt: „Ich möchte ihm dienen." Sie hat das Gefühl, zum ersten Mal mit erhobenem Haupt durch die Straßen gehen zu können und fühlt sich wertvoll, weil sie Deutscher ist. Sie möchte helfen „aufzuräumen" und Recht und Ordnung herzustellen. Sie sagt: „Deutschland muss rein werden von diesem Aas." Ich frage sie, wie sich ihr Leben gestaltet, nachdem sie in die Partei eingetreten ist. Sie sagt: „Wir – sie und ihre Kameraden – schnappen uns irgendwelche Weiber, und wir machen sie mit Gewalt und Alkohol ruhig. Das macht Spaß. Wir fesseln und schlagen sie, bis sie bewusstlos sind. Dann vergewaltigen wir sie." Und weiter: „Danach schaffen wir sie weg. Sie sind dumm, unanständig und Schlampen."

Zu ihrer Aufgabe der „Beseitigung" werde sie „berufen". Sie sagt: „Ich will alles tun, was der Führer will. Ich will es gründlich tun." Sie fühlt sich mächtig und gut, wenn sie jemanden erschießt. „Es macht Spaß, auf die zu zielen", sagt sie. Dann gebe es neue Ziele in ihrem Leben. Sie wolle „eine anständige deutsche Frau" heiraten. Sie heiratet eine der Freundinnen der Lebensgefährtin des Führers. Diese sei „jung und dumm". Man müsse sie „besitzen", und sie solle „gehorchen und anständig sein". Auf meine Frage, was das bedeute, antwortet sie: „Beim Sex soll die Frau nur daliegen, und sie soll Kinder bekommen."

Den Spaß holt sie sich weiterhin mit ihren Kameraden außerhalb der Ehe. Aus der Ehe gehen drei Jungen hervor. Genoveva sagt: „Weiber sind nichts wert." Sie sieht sich mit ihrer Frau im Schlafzimmer und denkt: „Die blöde Kuh." Sie schlägt sie, und das erhöht ihren Spaß. Sie sagt: „Nur Schlampen haben Spaß daran." Ihre Frau soll gehorchen, dann fühlt sie sich machtvoll und spürt, dass sie die Kontrolle hat. Sie sagt: „Man darf nie nett zu den Weibern sein. Man muss sie immer kurz halten."

Die allgemeine Stimmung wird immer aggressiver. Sie sagt: „Ich bin stolz" und „Ich habe alles im Griff" und „Alles funktioniert". Dann sieht sie eine Jüdin, die ein kleines Kind hat. Sie sieht in den Augen der Frau „absolutes Leid", bevor sie sie erschießt. Sie erschießt auch das zweijährige Mädchen.

Ich sage ihr, sie solle ein Stück nach vorne gehen in der Zeit. Sie sagt: „Alles ist in Schutt und Asche. Der Krieg ist verloren. Der Führer ist weg. Es gibt kein Geld. Meine Frau und meine Kinder sind tot, und ich bin ganz alleine." Ich bitte sie, dahin zu gehen, wo sie stirbt. Sie sieht, dass sie „gepackt" wird und denkt „Lieber bringe ich mich selber um" und „Ich sterbe als Mann". Sie bringt sich um.

Wir arbeiten alles gründlich durch, und ich lasse Genoveva die Zusammenhänge zwischen diesem Leben und ihrem jetzigen Leben bewusst werden. Sie ist in ihrem jetzigen Leben eine Frau, *die nichts beim Sex fühlt,* genau wie ihre Frau aus dem letzten Leben und wie die vielen Frauen, die sie und ihre Kameraden mit Gewalt und Alkohol bewusstlos gemacht und vergewaltigt haben. Ihr Vater in diesem Leben ist ein Schwarzer. Ihr Großvater mütterlicherseits hat eine rassistische Einstellung, und die Familie verurteilte ihre Mutter dafür, ein Kind mit einem Schwarzen gezeugt zu haben. Genoveva hat immer darunter gelitten, nicht „reinrassig" zu sein. Ihre Eltern ließen sich scheiden, als sie noch sehr klein war. Ihr Vater ging zurück nach Amerika und hat sich nie *als Vater* um sie gekümmert. Er ist ein egozentrischer Mann mit psychopathischen Zügen, der sich vorwiegend für sich selbst interessiert. Die Parallelen zu dem Mann, der sie im letzten Leben war, sind unübersehbar. Genoveva ist auch in diesem Leben – nur von einer ganz anderen Seite – mit dem Thema „Wert" und „Selbstwert" beschäftigt.

Die Bearbeitung der Kindheit des letzten Lebens liefert einen guten Einblick in die Entwicklung zum Täter. Sie war ein Junge, der freundschaftliche Gefühle für einen anderen Jungen hatte, die seine Eltern nicht erlaubten. Sie geriet in einen Loyalitätskonflikt und hatte damals keine andere Wahl, als sich – unbewusst natürlich – gegen den Freund und für die Eltern zu entscheiden. Genau an dem Punkt nahm die Entwicklung ihren Anfang, die darin mündete, dass Genoveva Offizier der Nazis wurde. Den fühlenden Teil von ihr spaltete sie damals als Kind ab, um nicht in Konflikt mit ihren Eltern zu geraten. Diesen Mechanismus finden wir immer wieder, wenn wir untersuchen, wie Menschen zu Tätern werden.

Ein Täter ist immer jemand, der den kindlichen, verletzlichen, fühlenden Teil von sich abgespalten hat, weil seine Eltern oder andere Personen, von denen er in der Kindheit abhängig war, diesen Teil nicht akzeptierten. Anstelle des abgespaltenen Teils verinnerlicht dieser Mensch alle Glaubenssätze und Dogmen, die von seinen Bezugspersonen kommen. Er übernimmt *etwas Fremdes* von außen, das den abgespaltenen Teil ersetzt. Dies geschieht unbewusst, und der betreffende Mensch empfindet den fremden Teil wie einen eigenen. Arno Gruen hat diesen Mechanismus in seinem Buch „Der Fremde in uns" ausführlich beschrieben.

Alice Miller erläutert dieses Thema und seine Implikationen ebenfalls eindringlich in ihren Büchern.

Karina, Chantal, Frederike und Genoveva sind Beispiele für Menschen, die schwere Traumatisierungen aus ihrem letzten Leben in der Nazi-Zeit mit in dieses Leben gebracht haben und den Mut aufbrachten, diese Erfahrungen an die Oberfläche zu holen und in der Therapie zu bearbeiten. Ihr Leben hatte danach eine ganz andere Qualität bekommen. Sie *überlebten* nicht mehr, sondern sie fingen an, wirklich zu *leben* und Lebensfreude und Lebensqualität zu verspüren.

Ich bin der Auffassung, dass sie keine Einzelfälle darstellen, sondern eine große Anzahl von Seelen unter uns lebt, die in ihrem letzten Leben die Nazi-Zeit und den Zweiten Weltkrieg miterlebt haben.

In meiner Praxis habe ich einige Zeit lang hauptsächlich Opfererfahrungen aus jener Zeit mit Klienten bearbeitet. Dann begannen auch Menschen zu kommen, die Tätererfahrungen aus dieser Zeit mitbrachten.

Ich kann mich noch gut an eine Frau erinnern, die zum Erstgespräch in meine Praxis kam. Als sie den Raum betrat, begann sie bereits zu weinen. Sie sagte, sie wäre an Unterleibskrebs erkrankt gewesen und hätte das Gefühl, mit den Nazis verwickelt gewesen zu sein. Sie wollte genaue Informationen über meine Arbeit. Ich merkte, dass sie viel Angst hatte. Sie kam nicht mehr wieder.

Ich glaube, dass es einen Zusammenhang zwischen dem gehäuften Auftreten chronischer Krankheiten in den letzten dreißig Jahren und traumatischen Erlebnissen im Zusammenhang mit der Nazi-Zeit und dem Zweiten Weltkrieg gibt. Krankheit ist „Krieg im Körper". Der zwar äußerlich beendete, aber auf der seelischen Ebene unbeendete Krieg geht im Körper weiter.

Wir wissen, dass chronische Krankheiten eine Art unbewusster „Selbstbestrafung" sein können, eine Möglichkeit, karmische Lasten abzutragen. Ich glaube jedoch, dass es auch noch andere Möglichkeiten des Abtragens oder besser

Transformierens karmischer Lasten gibt, die nicht notwendigerweise mit einer chronischen Krankheit verbunden sind.

Ich kann mir gut vorstellen, dass chronische Krankheiten geheilt werden können, wenn Menschen mit Täter-Biographien aus der Nazi-Zeit den Mut haben, ihre diesbezüglichen traumatischen Erlebnisse in der Therapie zu bearbeiten und sie endlich zu beenden.

Wenn ich mich umschaue, dann sehe ich, dass der Zweite Weltkrieg auf der seelischen Ebene noch nicht zu Ende ist. Viele Seelen stecken dort noch fest, sie haben noch etwas abzuschließen. Ich wünsche mir sehr, dass solche Menschen die Kraft und den Mut finden, sich in eine Therapie zu begeben und Heilung von ihren körperlichen und seelischen Leiden zu finden.

Was wir brauchen, ist eine kollektive Bearbeitung des Traumas mit einer eindeutig positiven Motivation. Diese sollte auf jeden Fall auch spirituelle Gesichtspunkte mit einbeziehen. Wir müssen weg von den Polarisierungen und in die Mitte kommen. Wir brauchen einen gemeinsamen Nenner; und diesen gemeinsamen Nenner gibt es. *Es ist das unermessliche Leid, das jede Familie, jeder Mensch, der den Zweiten Weltkrieg miterlebte, erlitten hat.* Wenn wir begreifen, dass wir alle betroffen sind, ausnahmslos, dann kann es vielleicht Annäherung zwischen den Fronten geben.

Diese Annäherung kann aber nur dann geschehen, wenn jeder Einzelne seinen Teil dazu beiträgt, Opfer und Täter gleichermaßen. Das kann nur geschehen, wenn jeder bereit ist, sich mit seiner eigenen Vergangenheit auseinanderzusetzen und diese zu bearbeiten, und wenn er bereit ist, das anzunehmen, was an die Oberfläche kommt, was auch immer das sein mag.

Das ist bestimmt nicht leicht, aber dieser Mut und diese Ehrlichkeit *jedes Einzelnen* werden gebraucht, um in dem Thema voranzukommen und Heilung nicht nur auf individueller, sondern auch auf kollektiver Ebene zu erreichen.

5.
Heilung seelischer Verletzungen

5.1 Klassische Therapiemethoden

Es gibt viele therapeutische Methoden. Ich möchte hier nur die klassischen kurz umreißen – die Psychoanalyse, die Verhaltenstherapie und die Gesprächstherapie. Dies sind übrigens auch die Methoden, die in Deutschland nach dem neuen Psychotherapeuten-Gesetz als Kassenleistung anerkannt werden.

Die Psychoanalyse wurde von Sigmund Freud als therapeutische Methode entwickelt. Freud entdeckte Ende des vorletzten Jahrhunderts, dass in allen Fällen von hysterischen Patientinnen, die er behandelt hatte, ein frühkindliches Trauma sexuellen Missbrauchs der neurotischen Persönlichkeitsentwicklung zugrunde lag. Die Theorie, die er aufgrund dieser Fälle entwarf, nannte er "Verführungstheorie". Vereinfacht ausgedrückt, besagte die Verführungstheorie, dass allen Fällen von Neurosen bei Frauen, insbesondere bei Hysterie, ein verdrängter sexueller Missbrauch in der frühen Kindheit zugrunde lag. Freud stellte diese Theorie im Herbst 1897 bei einem Vortrag der Öffentlichkeit vor und erntete eisige Ablehnung.

Das kann man sich gut vorstellen, handelte es sich doch bei der Mehrheit der Zuhörer um Männer, die sich vielleicht auf verbotene eigene sexuelle Wünsche oder Vorstellungen zurückgeworfen fühlten. Freud war enttäuscht über die Ablehnung seiner Theorie, denn er hielt sie für bahnbrechend auf dem Gebiet der Neurosen-Forschung. Er sah sich gezwungen, sich dem Druck der Öffentlichkeit zu beugen, um sein Ansehen nicht aufs Spiel zu setzen, und verwarf seine

Theorie im September 1897. Er entwickelte eine neue Theorie, der zufolge die sexuellen Szenen in der frühen Kindheit, die er bei all seinen Patientinnen in der Analyse gefunden hatte, lediglich von diesen phantasiert seien.

Kernstück dieser Theorie war der so genannte „Ödipus-Komplex". Dieser besagt, dass ein Junge sexuelle Wünsche und Phantasien seiner Mutter gegenüber hat. Später kam auch noch der so genannte „Elektra-Komplex" hinzu. Dieser beinhaltet, dass ein Mädchen sexuelle Wünsche und Phantasien ihrem Vater gegenüber hat.

Wenn man sich die Vielzahl von Fällen sexuellen Missbrauchs von Vätern an ihren Töchtern und die oft verheerenden Folgen für die betroffenen Frauen anschaut, mutet einem diese Freud'sche Theorie wie blanker Hohn an. Aber Freud „erreichte" mit dieser kompletten Umdrehung seiner ursprünglichen Theorie zwei Dinge: Zum einen konnte die von der damaligen viktorianischen Zeit geforderte Idealisierung der Eltern aufrechterhalten werden, und zum zweiten konnte er seine geniale Entdeckung – die Psychoanalyse – retten. Zum dritten aber „erreichte" er noch etwas: Sämtliche Analysen, die ab jenem Zeitpunkt durchgeführt wurden, basierten auf dieser Theorie, also auf einer durch gesellschaftlichen Druck entstandenen Verfälschung der Wahrheit.

Dieser Umstand hat eine große Tragweite, wenn man sich vor Augen hält, dass seit nunmehr über hundert Jahren Analysen auf der Basis des so genannten Ödipus-Komplexes durchgeführt werden. Dies ist einer der Gründe, warum die Psychoanalyse in meinen Augen nur bedingt eine Methode ist, um zu den tieferen Ursachen einer Verhaltensstörung vorzudringen und diese zu heilen. Wenn ein Analytiker Bilder oder Erinnerungen einer Patientin, die in die Richtung eines sexuellen Missbrauchs weisen, als „Phantasien" interpretiert, so wird er ihr kaum eine Hilfe bei der Heilung ihrer seelischen Verletzungen bieten können. Im Gegenteil, hier wird sich das Trauma der Kindheit nicht lösen, sondern vielmehr wiederholen.

An dieser Stelle sei angemerkt, dass Freud ein äußerst patriarchales Frauenbild hatte. Die Frau war in seinen Augen ein minderwertiges Wesen, dem er großen Neid auf den Mann, insbesondere Neid auf das männliche Geschlechtsteil, den so genannten „Penis-Neid", zuschrieb. Auch Freuds Vorstellungen über die weibliche Sexualität muten sehr patriarchal und frauenfeindlich an. So schrieb er über den weiblichen Orgasmus, dass eine „reife Frau" nur vaginale Orgasmen habe, klitorale Orgasmen seien hingegen ein Anzeichen für Unreife in der weiblichen Entwicklung. Angesichts der wissenschaftlichen Erkenntnisse auf dem Gebiet der Sexualforschung in den letzten Jahrzehnten sind Freuds diesbezügliche Theorien schlicht unhaltbar.

Ein weiterer Grund, weshalb ich die Psychoanalyse nur bedingt als eine geeignete Methode zur Heilung seelischer Verletzungen halte, ist, dass sie alle Ursachen für Verhaltensstörungen in der Kindheit sucht und den Menschen quasi mit der Geburt anfangen lässt. Der Mensch fängt meines Erachtens jedoch schon sehr viel früher an. Diese extreme Konzentration auf die Kindheit kann auf Abwege führen. Sicherlich liegen in der Kindheit viele *Aktualisierungen von alten Traumata und neue Traumatisierungen,* aber ich glaube, dass es wichtig ist, weiter zurückzugehen, in vergangene Leben, und dort die *Ursachen* für Störungen und Symptome zu suchen.

Ich kenne Menschen, die langwierige Analysen durchgeführt haben, ohne eine dauerhafte Verbesserung ihrer Probleme erreichen zu können. Andererseits kenne ich auch Menschen, die großen Nutzen aus einer analytischen Behandlung gezogen haben.

Ebenso ist mir noch wichtig zu betonen, auch vor dem Hintergrund des oben Gesagten, dass die Psychoanalyse auf einem männlichen und teilweise auch sehr dogmatischen Gedankensystem beruht. Viele Analytiker sind Männer. Das Frauenbild der Psychoanalyse ist patriarchal. Freud war ein Patriarch, und auch das hat sicherlich dazu beigetragen, das er sich damals im Grunde gegen die Wahrheit seiner weiblichen Patientinnen und für die Forderungen seiner männlichen Kollegen entschieden hat.

Allerdings gibt es inzwischen auch viele Modifikationen und Neuerungen bei psychoanalytischen Therapien, so dass ich mir durchaus vorstellen kann, dass auch eine Analyse für einen bestimmten Menschen in einer bestimmten Lebenssituation mit einer bestimmten Problematik ein Schritt in Richtung Veränderung und Heilung sein kann.

Die zweite Methode, die ich kurz vorstellen will, ist die Verhaltenstherapie. Die Verhaltenstherapie wurde Anfang des 20. Jahrhunderts von dem amerikanischen Psychologen John B. Watson entwickelt. Ihr liegt ein Menschenbild zugrunde, dass Watson wie folgt beschrieb: „Gebt mir einen Menschen, und ich mache alles aus ihm, was ihr wollt."

Watson ging davon aus, dass der Mensch bei seiner Geburt eine *tabula rasa* sei und man sein Verhalten in jede gewünschte Richtung prägen könne. Er führte die ersten so genannten „Konditionierungsexperimente" durch. Das bekannteste ist das "Experiment mit dem kleinen Albert". Dieses Experiment wurde folgendermaßen durchgeführt:

Der kleine Albert, ein elf Monate alter Junge, wurde mit einer Ratte bekannt gemacht. Er lernte, mit dem Tier zu spielen und sich an ihm zu erfreuen. Nach einiger Zeit ließ man immer, wenn Albert mit der Ratte spielte, einen lauten Gong hinter seinem Kopf ertönen, der den Jungen erschreckte. Nachdem man dies ein paar Mal wiederholt hatte, fing der Junge schon an zu weinen, wenn er die Ratte sah, auch wenn der Gong noch gar nicht ertönt war. Auch beim Anblick anderer Pelztiere, wie Mäuse und Hamster, fing Albert an zu weinen.

Dieses Experiment ist vom ethischen Gesichtspunkt aus natürlich mehr als fragwürdig. Aber Watson bewies damit, was eine der Grundlagen seiner Theorie war – dass man Menschen bestimmte Ängste ankonditionieren kann. Die Verhaltenstherapie basiert wesentlich auf der Annahme, dass man Menschen erwünschtes Verhalten ankonditionieren (= angewöhnen) und so genanntes „unerwünschtes" Verhalten abkonditionieren (= abgewöhnen) kann. Mit „unerwünschtem" Verhalten sind beispielsweise Ängste, Phobien und Zwänge gemeint.

In der Therapie geht es nicht vorrangig um die Erforschung des Bewusstseins oder der Erlebnisse der Vergangenheit, sondern darum, das „störende Verhalten", z.B. eine Phobie oder starke Angst, in Richtung erwünschtes Verhalten zu verändern. „Verhalten" steht im Mittelpunkt. Träume, Gefühle und sonstige Vorstellungen sind nur zweitrangig.

Auch wenn man sagen muss, dass moderne Verhaltenstherapeuten, insbesondere die kognitiven Verhaltenstherapeuten, wesentlich mehr Aspekte menschlichen Erlebens in die Therapie einfließen lassen als das, was von Watson postuliert wurde, so liegt dieser Therapieform in ihrer klassischen Variante doch ein fragwürdiges und reduktionistisches Menschenbild zugrunde. Die Therapie will den Menschen wieder funktionsfähig machen. Das ist das Hauptziel.

Meine Klientin Sandra hatte sich wegen ihrer schweren Ängste einer Verhaltenstherapie unterzogen, die eine kurzfristige Verbesserung ihrer Symptome brachte. Nach einiger Zeit waren die Ängste jedoch wieder aufgetaucht, und sie begab sich in meine Behandlung. Auf meine Frage nach ihrem jetzigen Therapieziel sah sie mich an und sagte: „Ich will endlich die *Ursache* meiner Ängste wissen. Es reicht mir nicht, an meinem Verhalten zu arbeiten. Ich will wissen, *warum* ich diese Angst habe. Irgendwo muss sie ja herkommen."

Solche und ähnliche Aussagen habe ich schon von vielen Klienten zu hören bekommen. Ich habe daraus den Eindruck gewonnen, dass die Verhaltenstherapie das menschliche Bedürfnis nach Erklärungen und nach dem Finden von Ursachen manchmal nur unzureichend befriedigen kann und viele Fragen offen bleiben.

Aber auch hier sei gesagt, dass die Verhaltenstherapie durchaus bei einer bestimmten Symptomatik und einem bestimmten Menschentyp zu einem bestimmten Zeitpunkt ein Schritt nach vorn sein kann. Wie bereits erwähnt, haben sich neuere Richtungen der Verhaltenstherapie in den letzten Jahren und Jahrzehnten auch anderen therapeutischen Einflüssen geöffnet. Einige Vertreter dieser neuen Richtungen haben durchaus ein erweitertes und revidiertes Menschenbild, das es auch erlaubt, Gefühle, Erlebnisse aus der Vergangenheit, Träume und andere Elemente in die Therapie mit einzubeziehen.

Die dritte der klassischen Methoden ist die Gesprächspsychotherapie. Sie wurde von Carl Rogers entwickelt. Ihr liegt ein humanistisches Menschenbild zugrunde. Rogers ging davon aus, dass in jedem Mensch der Wunsch nach Selbstverwirklichung angelegt sei und er selbst über Heilungskräfte verfüge, die in einer geeigneten Therapie aktiviert werden könnten. Rogers legte großen Wert auf die Haltung des Therapeuten. Er definierte drei so genannte „Therapeutenvariablen", d.h. Haltungen, die ein Therapeut seinem Klienten gegenüber unbedingt einzunehmen habe und die für den Erfolg der Therapie maßgeblich seien. Diese sind unbedingte Wertschätzung dem Klienten gegenüber, Empathie und Kongruenz. Kongruenz bedeutet Stimmigkeit. Der Therapeut soll sich in Übereinstimmung mit seinen eigenen Gefühlen und Gedanken verhalten.

Rogers ging davon aus, dass ein Klient, wenn er über eine Zeit hinweg durch seinen Therapeuten gleich bleibende Empathie, Wertschätzung und Kongruenz erfahre, er diese Eigenschaften verinnerliche und sich nach einiger Zeit sich selbst gegenüber auch auf diese mitfühlende und wertschätzende Art und Weise verhalte. Der Klient sollte gewissermaßen das Verhalten des Therapeuten verinnerlichen und einen eigenen „Inneren Therapeuten" oder eine „Innere gute Mutter oder guten Vater" entwickeln. In dieser Therapieform wird nicht so großer Wert auf bestimmte Inhalte, Bearbeitung der Vergangenheit oder Korrektur von Verhalten gelegt. Es wird über das gesprochen, was der Klient an Material mitbringt.

Der Gesprächstherapie bringe ich persönlich die meiste Sympathie entgegen. Meine Klientin Renate hatte sich einige Jahre lang einer Gesprächstherapie unterzogen. Sie konnte an sich selbst die von Carl Rogers postulierten Auswirkungen bemerken. Nach ein oder zwei Jahren Therapie fing sie tatsächlich an, sich selbst viel liebevoller zu behandeln, als sie es vorher getan hatte. Sie bemerkte, dass sich ihr Innerer Dialog veränderte und sie nicht mehr so viele Sätze zu sich selbst sagte, die sie von ihrer Mutter gehört hatte. Die Strenge im Umgang mit sich selbst, die sie durch ihre Mutter internalisiert hatte, wich langsam einer liebevollen Zuwendung. Diese Zuwendung konnte sie in vielen Situationen und bei vielen verschiedenen Themen anwenden. Sie bemerkte auch, dass ihr Verhalten ihrer Tochter gegenüber sich veränderte. Sie war zu ihr ebenfalls viel liebevoller, geduldiger und verständnisvoller.

Ich glaube, dass die Gesprächstherapie eine geeignete Methode ist, die Beziehung zu sich selbst zu heilen und so eine geeignete Vorbereitung bietet, wenn man mehr in die Tiefe gehen und an tieferen Schichten des Unterbewusstseins arbeiten will.

5.2 Das deutsche Gesundheitssystem

Seit Inkrafttreten des neues Psychotherapeuten-Gesetzes in Deutschland gelten die hier beschriebenen klassischen Therapiemethoden, also Psychoanalyse, Verhaltenstherapie und Gesprächstherapie, als Kassenleistungen, während alle anderen Therapieformen aus der kassenärztlichen Versorgung „herausgefallen" bzw. gar nicht erst hineingekommen sind. Und dies, obwohl es einige wissenschaftliche Untersuchungen gibt, die den Nutzen der Psychoanalyse sehr in Zweifel ziehen. Auch die Verhaltenstherapie hat sich kritisch unter die Lupe nehmen lassen müssen. Der Hauptkritikpunkt hier ist, dass es zu Symptomverschiebungen kommen kann. Man kann mit VT (=Verhaltenstherapie) zwar kurzfristig Verbesserungen eines bestimmten Symptoms erreichen, aber oft tritt dann an anderer Stelle ein neues Symptom auf.

Wenn sich ein Klient wegen einer starken Phobie in VT begibt, so kann diese kurzfristig gebessert werden, auch wenn über die Ursachen der Phobie nichts ans Licht kommt. Aber dann kann es passieren, dass derselbe Klient nach einiger Zeit eine Allergie oder eine andere körperliche Krankheit entwickelt. Das bedeutet, das Symptom verschiebt sich. Es wird nichts gelöst, sondern verschoben. So kann es unter Umständen sogar geschehen, dass die sich neu entwickelnden Symptome bedrohlicher und hartnäckiger sind als dasjenige Symptom, welches mit VT behandelt wurde.

Die Frage drängt sich auf, warum in Deutschland nur Psychoanalyse, VT und Gesprächstherapie von den Kassen bezahlt werden. Warum lässt man nicht die Versicherten selbst entscheiden, welcher therapeutischen Methode und welchem Therapeuten sie sich anvertrauen wollen?

Wie geht man in unserem Gesundheitssystem mit der Selbstverantwortung jedes Einzelnen um? Werden Versicherte als mündige Bürger behandelt oder wird ihnen die Verantwortung abgenommen? Die Kosten für dieses Abnehmen von Verantwortung sind immens und werden auf Dauer nicht mehr von den Kassen getragen werden können.

Das deutsche Gesundheitssystem ist weltweit eines der Undurchsichtigsten und Unwirtschaftlichsten. Nicht nur das, es ist auch ein System, das Patienten, Ärzte, Psychotherapeuten und Kassen gleichermaßen entmündigt. Es wundert mich nicht, dass es in diesem System hohe Kosten, wenig Selbstverantwortung und oft auch wenig Heilung gibt. Wie soll es Heilung von seelischen Verletzungen oder körperlichen Krankheiten geben, wenn den betroffenen Menschen ihre Selbstverantwortung entzogen wird? Das ist eine schwierige und widersprüchliche Situation.

Kürzlich sah ich einen sehr kritischen Bericht über das deutsche Gesundheitssystem im Fernsehen. Das deutsche wurde mit dem französischen System verglichen. Es kam bei dem Vergleich schlecht weg. In Frankreich hat jeder Versicherte eine gewisse Selbstbeteiligung. Er zahlt nach jedem Arztbesuch das Honorar bar an den Arzt. Dann reicht der Patient die Rechnung bei seiner Kasse ein und bekommt den überwiegenden Anteil erstattet. Durch dieses Verfahren werden enorme Verwaltungskosten gespart. Es ist ein unbürokratisches und transparentes System für alle Beteiligten.

In Deutschland jedoch ist es so, dass der Arzt mit der Kassenärztlichen Vereinigung abrechnet und diese wiederum mit den Kassen. Welche Interessen vertritt eigentlich die KV (=Kassenärztliche Vereinigung)? Warum können die Kassen nicht direkt mit den Versicherten abrechnen? Die KV zahlt dem Arzt vierteljährlich einen bestimmten Betrag. Das bedeutet in letzter Konsequenz, Ärzte, die dem Kassensystem angeschlossen sind, sind Angestellte der KV.

Seit Inkrafttreten des neuen Psychotherapeutengesetzes sind auch Psychotherapeuten, die die Kassenzulassung haben, diesem System angeschlossen. Auch sie rechnen mit der KV ab. Sämtliche Therapien müssen von anonymen Gutachtern genehmigt werden. Das heißt konkret, wenn ein Patient zum Erstgespräch in die Praxis kommt, muss der Therapeut ein ausführliches Gutachten erstellen, welches an einen anonymen Gutachter geschickt wird, der weder den Patienten noch den Therapeuten jemals zu Gesicht bekommen hat. Dieser Gutachter entscheidet, ob die Therapie genehmigt wird oder nicht. In dem Gutachten müssen detaillierte Informationen über den Patienten, seine Lebensgeschichte und seine Symptomatik stehen, sonst hat die Therapie keine Chance auf Genehmigung. Außerdem muss das Gutachten exakten formalen Vorgaben entsprechen, sonst wird der Antrag „aus formalen Gründen" abgelehnt.

Ich wage kaum auszurechnen, welche Kosten durch das Anfertigen von Gutachten und die Bezahlung der Gutachter entstehen, Kosten, die man sparen könnte. Dieses Geld sollte eigentlich den Versicherten zur Verfügung stehen. Inzwischen gibt es sogar Seminare und Kurse für Therapeuten, in denen sie lernen, wie man Gutachten schreibt, denn dies ist eine Kunst, und nur, wenn ein Gutachten formal und inhaltlich exakt den gesetzlichen Vorgaben entspricht, hat die Therapie Aussicht auf Genehmigung.

Jeder Therapeut, der mit den gesetzlichen Kassen abrechnet, muss solche Gutachten schreiben. Mir selbst ist das Anfertigen von Gutachten nicht sehr sympathisch. Es ist ein komisches Gefühl, einem fremden Menschen, den ich nicht zu Gesicht bekomme, nämlich dem Gutachter, intime Informationen über einen anderen Menschen, nämlich den Patienten, zukommen zu lassen. Das scheint mir nicht vereinbar mit der Vertrauensbasis zwischen Patient und Therapeut.

Ich bin froh, dass ich vor einiger Zeit entschieden habe, meine Praxis als Privatpraxis zu führen. Damit ist sichergestellt, dass allein der Klient und ich entscheiden, was im Rahmen der Therapie geschieht und wie viele Stunden notwendig sind. So ist die Grundlage für das Vertrauensverhältnis gelegt. Der Klient trägt die Verantwortung für sich selbst, und ich trage die Verantwortung dafür, sorgfältig und nach bestem Wissen und Gewissen zu arbeiten. Das ist für mich eine tragfähige Grundlage, auf der Entwicklung, Heilung und Transformation geschehen können. Die Ergebnisse meiner Arbeit bestätigen dies.

Angesichts der aufgezeigten Umstände ist es nicht verwunderlich, dass die Verwaltungskosten des deutschen Gesundheitssystems im internationalen Vergleich an der Spitze stehen.

Es besteht ein großer Handlungsbedarf. Die Kosten explodieren, und alle sind sich einig, dass es so nicht weitergehen kann. Veränderung kann jedoch nur dann erzielt werden, wenn es ein Umdenken und eine sinnvollere Verteilung von Verantwortung gibt. Die Entmündigung der Versicherten sollte aufhören. Der Verwaltungsaufwand und Bürokratismus sollte einem vereinfachten, an menschlichen Grundsätzen und Eigenverantwortung orientierten System weichen.

Dann könnte es weniger Kosten und mehr Heilung geben.

Dabei ist mir wichtig zu betonen, dass Verantwortung nichts mit Schuld zu tun hat. Eine Haltung, die besagt, dass jemand „an seiner Krankheit selbst schuld ist", steht mir absolut fern. Das war die Haltung, die im Mittelalter vorherrschte. Damals wurde Krankheit als eine Form göttlicher Strafe gesehen. Die Kirchen hatten einen nicht unerheblichen Anteil an der Verbreitung dieser Ideologie.

Hängt es vielleicht auch damit zusammen, dass Menschen Angst bekommen, wenn man von Verantwortung spricht? Assoziieren sie vielleicht Verantwortung mit „Schuld" im kirchlichen Sinne? Ist das einer der Gründe dafür, warum Menschen die Verantwortung für sich selbst und ihren Gesundheitszustand an Ärzte und Therapeuten abgeben? Tun sie es in der unbewussten Hoffnung, zusammen mit der Verantwortung eine wie auch immer geartete „Schuld" abzugeben?

Ich denke, in dem Punkt ist noch viel Bewusstseinsarbeit notwendig. Erst wenn Menschen begreifen, dass Verantwortung und Schuld zwei völlig unterschiedliche Dinge sind und Verantwortung mit Kraft, Stärke und Heilung zusammenhängt, dann werden sie auch wieder bereit sein, die Verantwortung für ihre Gesundheit und ihren Heilungsprozess zu übernehmen.

5.3 Reinkarnationstherapie

Ich kann mich noch gut an einen Klienten erinnern, einen älteren Mann, der bereits seit fünfundzwanzig Jahren die verschiedensten Therapien ausprobiert hatte, unter anderem eine langwierige, sich über Jahre erstreckende Psychoanalyse. Jede dieser Therapien hatte ihn ein Stück weitergebracht, dauerhafte Heilung hatte er jedoch bislang nicht erreichen können. Er wollte nun seine Themen mit der Reinkarnationstherapie angehen. Er sagte, einige der Therapien, denen er sich unterzogen hatte, hätten in zwei Metern Tiefe gegraben, andere in fünf Metern Tiefe, andere in sieben Metern Tiefe, aber er habe immer das Gefühl gehabt, das, was er suche, liege in neun Metern Tiefe.

Dies ist für mich ein schönes Bild dafür, was die Reinkarnationstherapie von anderen therapeutischen Methoden unterscheidet. Sie ist meiner bisherigen Erfahrung nach eine der tiefsten und gründlichsten Therapieformen, die ich kenne, mit der sich enorme Veränderungen und dauerhafte Heilungen verschiedenster Störungen und Symptome erzielen lassen.

5.3.1 Hintergrund und Methode

Bei der Reinkarnationstherapie handelt es sich um eine ganzheitliche Therapieform, die Elemente verschiedenster konventioneller Methoden verwendet, wie der Psychoanalyse, der Gestalttherapie und der Gesprächstherapie sowie der Körpertherapie, aber weit über diese Therapiemethoden hinausgeht. Diese Therapie setzt auf allen Ebenen menschlichen Erlebens an, also auf der körperlichen, der emotionalen, der mentalen und der spirituellen Ebene. Diese Ganzheitlichkeit unterscheidet sie von einigen anderen – sowohl konventionellen als auch alternativen – Therapiemethoden, die ich kenne. Die holographische Reinkarnationstherapie ist eine besondere Form der Reinkarnationstherapie. Diese Methode, mit der ich vorwiegend arbeite, wurde von Tineke Noordegraaf und Rob Bontenbal entwickelt.

Eine der Grundannahmen dieser Therapieform ist, dass jedes Symptom, sei es ein körperliches Symptom, beispielsweise chronische Kopfschmerzen, oder ein psychisches Symptom, wie zwanghafte Gedanken oder eine Phobie, seine Ursache in traumatischen Erlebnissen aus der Vergangenheit hat, die verdrängt wurden; und dass die Kette der traumatischen Erlebnisse in einem vergangenen Leben ihren Anfang genommen hat.

Die Erinnerung an diese Erlebnisse ist dem normalen Bewusstsein nicht zugänglich. Die psychische Störung oder das körperliche Symptom weisen darauf hin, dass es in der Vergangenheit etwas Unerledigtes gibt. Wenn ein traumatisches Erlebnis unverarbeitet geblieben ist, etwa durch Sterben im Schock, so wird die unerlöste Energie aus dem Trauma über den Tod hinaus in die weiteren Leben mitgenommen. Diese Energie sorgt dafür, dass die Person wahrscheinlich in den folgenden Leben immer wieder dem Ursprungstrauma ähnliche Situationen anzieht, wobei sie selber wechselnde Rollen spielen kann.

Nehmen wir ein Beispiel: Jemand wurde in einem vergangenen Leben mit dem Strick erhängt. Der Tod war plötzlich und wurde von dem betroffenen Menschen als ungerecht empfunden. Er konnte sich jedoch damals nicht gegen die Situation wehren. Vielleicht konnte er sich auch nicht von seinen Angehörigen verabschieden. Sein Leben hat sozusagen verfrüht geendet. Der Mensch wurde mitten aus seinen Tätigkeiten geholt und von seinen Nächsten weggerissen. Er starb im Schock. Er konnte nichts mehr beenden.

Die Seele nimmt diese Wahrnehmung mit in das Zwischenleben. Wenn die Person wieder inkarniert, so kann es sein, dass die Mutter bei der Zeugung Halsschmerzen hat oder das Gefühl zu ersticken. Eventuell hatte das Kind bei der Geburt die Nabelschnur um den Hals. In seiner Kindheit könnte es beispielsweise Krankheiten oder Unfälle gehabt haben, bei denen der Halsbereich betroffen war. Als Erwachsener könnte die Person immer wieder unter Halsentzündungen gelitten haben. Dieses Symptom „erinnerte" die Person daran, dass es in der Vergangenheit noch etwas zu erledigen gab, dass noch etwas unerledigt geblieben war. Dieses Unerledigte wird in der reinkarnations-therapeutischen Bearbeitung erledigt. Wenn dies geschehen ist, kann das Thema abgeschlossen werden, das Symptom wird überflüssig und Heilung kann eintreten.

Grundsätzlich besteht eine reinkarnations-therapeutische

Sitzung aus folgenden Elementen: Vorgespräch, Einstieg, Durcharbeiten, Integration und Nachgespräch.

Der Einstieg in eine therapeutische Sitzung ist immer thematisch. Im Vorgespräch wird das Thema auf allen Ebenen, der körperlichen, der mentalen und der emotionalen Ebene, herausgearbeitet. Die sich dabei herauskristallisierenden Elemente nennt man MES-Brücke, das bedeutet, man macht eine Brücke aus mentalen Elementen (M – Wörter, Sätze, Gedanken), Emotionen (E) und somatischen Elementen (S). Dies ist die Brücke in die Vergangenheit, zu den traumatischen Erlebnissen, die verdrängt wurden.

Ein Beispiel: Nehmen wir an, der zuvor beschriebene Mensch kommt in die Praxis, weil er es leid ist, immer wieder Halsentzündungen zu haben. Damit haben wir schon einmal das Symptom auf der körperlichen Ebene, nämlich Halsschmerzen. Die nächste Frage an den Klienten ist, welche Gefühle die Halsschmerzen in ihm auslösen. „Wie fühlst Du Dich, wenn die Schmerzen anfangen?" Der Klient sagt vielleicht: „Ich habe Angst." Die nächste Frage ist, ob es bestimmte Wörter, Sätze oder Gedanken gibt, die zu dem Körpergefühl Halsschmerzen und der Wahrnehmung Angst gehören. Der Klient sagt vielleicht: „Ja, es gibt den Gedanken „ich ersticke"."

Wir steigen dann mit diesen Elementen ein: Halsschmerzen (S), Angst (E) und der Satz „Ich ersticke" (M). Der Klient legt sich nun hin, schließt die Augen und atmet gut durch. Ich bitte ihn, den Satz „Ich ersticke" ein paar Mal zu wiederholen und dann innerlich dahin zu gehen, wo es diese Situation zum ersten Mal gab – die Angst, die Halsschmerzen und den Satz „Ich ersticke".

Das Unterbewusstsein, in dem alle vergangenen Erfahrungen und Erlebnisse gespeichert sind, fängt nun an zu arbeiten und bietet Bilder an, so sagt der Klient vielleicht: „Ich stehe auf einem Platz, ich habe eine Schlinge fest um den Hals. Der Hals tut weh und ich denke „Ich ersticke"." Ich verankere den Klienten in dieser Situation und frage nach anderen Elementen. Kannst Du etwas riechen? Etwas hören? Gibt es noch andere Menschen dort? Sagen die etwas? Gibt es noch andere Körperempfindungen? Wenn der Klient gut in der Situation verankert ist, arbeite ich diese und das gesamte dazugehörige Leben und Sterben durch.

Das Durcharbeiten der Sterbesituation ist von besonderer Wichtigkeit. Viele körperliche Symptome, wie die oben genannten Halsschmerzen, auch Kopfschmerzen, Magenprobleme und Phobien haben mit der Sterbesituation aus einem vergangenen Leben zu tun, besonders wenn das Sterben sehr traumatisch war oder plötzlich eintrat. Wenn ich das Sterben durcharbeite, achte ich auf alle körperlichen Empfindungen und lasse mir auch die Gedanken und Gefühle sagen, die der Klient im letzten Moment des Lebens hatte, also kurz bevor das Bewusstsein den Körper verließ. Das können Gedanken und Entscheidungen sein wie: „Ich bin schuld" oder „Nie mehr Macht und Verantwortung, damit richte ich nur Unheil an". Diese Gedanken und Entscheidungen werden in Form von unbewussten Glaubenssätzen verinnerlicht und in der seelischen Matrix mitgenommen, wenn das Bewusstsein den Körper verlässt. Sie inkarnieren wieder, wenn es einen neuen Körper gibt, und haben somit große Auswirkungen auf die folgenden Leben der Person.

Wenn der Klient Schuldgefühle wegen des Geschehen mitgenommen hat, etwa Angehörigen gegenüber, weil er das Gefühl hatte, sie durch seinen plötzlichen Tod „im Stich gelassen" zu haben, dann kann es hilfreich sein, den Klienten noch einmal mit den Seelen dieser Menschen in Kontakt treten zu lassen, damit er das sagen kann, was er damals nicht sagen konnte, und sich gegebenenfalls entschuldigen, gute Wünsche aussprechen oder einfach nur gut verabschieden kann. Dies gehört zur Integration des Traumas. Auch das Ausatmen von Fremdenergie und das Zurückholen von eigener Energie aus der traumatischen Situation gehören zur Integrationsarbeit.

Das Durcharbeiten der körperlichen Empfindungen ist von größter Wichtigkeit. Die körperlichen Symptome, wegen derer der Klient in die Therapie gekommen ist, beispielsweise Kopfschmerzen, findet man meist auch in der Sterbesituation. Wenn „Kopfschmerzen" das letzte Körpergefühl war, bevor der Klient gestorben ist, dann „braucht" er immer wieder Kopfschmerzen, um zu spüren, dass sein Körper überlebt. Es ist wichtig, dass der Therapeut dem Klienten diesen Zusammenhang bewusst macht. Wenn dies geschehen ist und er die mit dem Körpergefühl verbundenen belastenden Gefühle wie Angst oder Schuld *im Zusammenhang mit der ursprünglichen Situation* gespürt und von seinem System getrennt hat, kann sich das Körpersymptom auflösen.

Wie bereits gesagt, ist es meist so, dass man ein bestimmtes Thema, wie beispielsweise Halsprobleme, zu verschiedenen Zeitpunkten der Entwicklung einer Seele finden kann – in vergangenen Leben, bei der Zeugung, in der Pränatalzeit, bei der Geburt, in der Kindheit, in der Jugend und im Erwachsenenalter. Diese thematische Wiederholung traumatischer Erlebnisse nennt man „Das große Hologramm".

Daraus ergibt sich, dass man in all diesen Phasen therapeutisch arbeiten kann. Bei jedem Menschen tauchen die miteinander verknüpften Themen in einer anderen Reihenfolge auf. Es ist möglich, dass zuerst viel Material aus der Kindheit kommt und man dann beginnt, vergangene Leben zu bearbeiten. Bei einem anderen Menschen kann es genau umgekehrt sein; man bearbeitet zuerst Zeugung und Pränatalzeit und beginnt dann mit der Bearbeitung vergangener Leben, bis man sich schließlich die Kindheit vornimmt. Es gibt keine Vorgaben. So, wie die Seele die Themen anbietet, ist es normalerweise gut und in Übereinstimmung mit dem Entwicklungsstand des Klienten. Ich arbeite immer nur mit der Energie und den Themen, die mir der Klient vorlegt. Ich stülpe ihm nichts über und versuche nicht, ihn in eine Richtung zu drängen.

Was die therapeutische Bearbeitung des jetzigen Lebens betrifft, so sind Zeugung, Pränatalzeit und Geburt von besonderer Bedeutung. Wenn man die Zeugung bearbeitet, findet man meist alle Elemente wieder, welche die aktuelle Lebenssituation des Klienten problematisch machen. Man findet dieselben Sätze, dieselben Gedanken und dieselbe Energie.

Margot kam in die Therapie, weil es ihr an Urvertrauen und Selbstbewusstsein mangelte. Außerdem hatte sie körperliche Symptome, wie Pilze, Gelenkschmerzen und Neurodermitis. Margot fühlte sich ständig unter Druck gesetzt, sie hatte viel Angst, bestimmte Dinge nicht zu schaffen und nicht genügend Zeit zu haben. Auch gab es in ihr viel unterdrückte Wut.

Wir bearbeiten ihre Zeugung. Ich bitte sie, dahin zu gehen, wo sie im ersten Moment im Bauch ihrer Mutter ist, und mir zu sagen, was an die Oberfläche kommt. Es ist Angst. Dann bitte ich sie, in die Zeugungssituation hineinzugehen und mir das erste Gefühl zu sagen, welches hochkommt. Es ist Aggression. Die Mutter provoziert den Vater. Sie denkt: „Zeig' mal, was Du kannst." Der Vater hat Angst und fühlt sich unter Druck gesetzt. Er denkt: „Ich bin kein Schlappschwanz." Er will beweisen, dass er etwas kann. Bei der Mutter gibt es zwar körperliche Lustgefühle, aber auch viel Angst. Sie hat das Gefühl, etwas Verbotenes zu tun und hat Angst, es könne entdeckt werden. Sie denkt an ihre Eltern: „Wenn meine Eltern das herausfinden, dann werde ich geschlagen."

Wir gehen ein Stück nach vorne in der Zeit, zu dem Moment, in dem die Mutter die Schwangerschaft bemerkt. Das erste Gefühl der Mutter ist Panik, und der erste Gedanke ist „abtreiben". Sie hat große Angst vor ihren Eltern.

Wir gehen zu dem Moment, in dem die Mutter dem Vater erzählt, dass sie schwanger ist. Sie sagt: „Ich bin schwanger." Der Vater sagt „Oh je" und denkt an seine Mutter. Er fragt sich zum einen, was seine Mutter, die sehr dominant ist, wohl denkt und wie sie reagiert, wenn sie die Neuigkeit erfährt, und zum zweiten, dass sie ihnen helfen kann.

Margots Mutter erzählt ihren Eltern von der Schwangerschaft. Sie wird von ihnen – wie sie befürchtet hatte – verprügelt und aus dem Haus geworfen. Sie zieht in das Haus ihrer zukünftigen Schwiegermutter ein. Sie denkt immer noch an Abtreibung. Irgendwann ist es *zu spät,* um das Baby abzutreiben.

Die Beziehung zwischen Mutter und Vater ist angespannt. Beide fühlen sich mit der Situation überfordert. Die Mutter des Vaters ist sehr dominant und mischt sich oft in die Angelegenheiten des Paares ein. Sie verlangt Unterordnung, vor allem von ihrer Schwiegertochter. Der Vater stellt sich nicht eindeutig auf die Seite seiner Frau, sondern lässt sich von seiner Mutter bestimmen. Er will das Baby haben, jedoch nicht aus seinem Herzen heraus, sondern aus dem Gefühl moralischer Verpflichtung.

Die Anspannung wird im Laufe der Schwangerschaft immer größer. Es wird über nichts offen gesprochen. Die Konflikte schwelen unter der Oberfläche. Die Mutter träumt sich immer öfter weg. Sie hat Sehnsucht nach einem anderen Mann und nach einem anderen Leben. Sie hat keine Verbindung zu dem Kind, das in ihrem Bauch heranwächst. Der deutlichste Gedanke dem Kind gegenüber ist „es ist lästig".

Wir arbeiten alles gründlich durch, und Margot werden die Zusammenhänge zwischen ihrer momentanen Lebenssituation und dem, was sie während der Zeugung und Pränatalzeit erlebt hat, bewusst. Sie wurde geboren, weil es ab einem bestimmten Zeitpunkt *zu spät* war, um abzutreiben. So ist es nicht verwunderlich, dass Margot immer wieder durch den Gedanken „es könnte zu spät sein" angetrieben wird. Die Angst zu versagen, der Druck, die Anspannung, die Aggression, all das hat bei der Zeugung und in der Zeit im Mutterleib begonnen. Margot wird bewusst, wie viel Energie sie in Form von Gedanken, Empfindungen und Körpergefühlen von ihren Eltern übernommen hat. Wir arbeiten alles gründlich durch, und sie gibt die von ihren Eltern übernommene Fremdenergie wieder zurück.

Ein Kind im Mutterleib erlebt die Gefühle und Gedanken der Eltern als seine eigenen. Es kann noch nicht unterscheiden zwischen ich und du. Alles, was die Eltern erleben, fließt fast ungefiltert ins Unterbewusstsein des ungeborenen Kindes. Wenn man hier therapeutisch arbeitet, indem man die Erfahrungen der Eltern an die Oberfläche holt, dann kann man die Energie der Eltern und die des Kindes trennen. Die in Form von Gedanken, Sätzen, Empfindungen oder Körpergefühlen übernommene Energie kann aus dem eigenen energetischen System herausgebracht werden. Wenn das geschieht, dann kann der betreffende Mensch seine eigene Energie besser spüren. Er kann sich mit seiner eigenen Energie verbinden, kann dasjenige spüren, was ihn ausmacht, was er in dieses Leben mitgebracht hat. Dann kann er beginnen, seine eigenen Potenziale zu leben anstatt das Leben der Eltern nachzuahmen und immer wieder dieselbe oder ähnliche Erfahrungen zu wiederholen.

Ebenso wie die Bearbeitung von Zeugung und Pränatalzeit, ist auch die Bearbeitung der Geburt meist sehr hilfreich.

Bettina begab sich wegen ihrer chronischen Kopfschmerzen in Therapie. Nachdem wir einige traumatische Situationen aus ihrer Kindheit bearbeitet hatten, begannen wir mit dem Prozess ihrer Geburt.

Ich bitte sie, zu einem Moment vor ihrer Geburt zu gehen und mir zu sagen, was zuerst an die Oberfläche kommt. Sie sagt: „Es gibt grelles Licht und es ist kalt." Ihre Mutter hat Angst und Schmerzen. Die Angst wird immer größer, je näher die Geburt rückt. Sie denkt: „Hoffentlich ist es ein Junge." Es gibt viele Stimmen im Kreißsaal. Die Geburt beginnt. Die Mutter denkt: „Die Schwangerschaft ist gezwungenermaßen passiert. Jetzt muss es weitergehen." Sie schreit vor Schmerzen und hat Angst zu sterben.

Der Arzt verhält sich gleichgültig. Der Kopf des Babys ist kurz vor dem Austritt. Jemand sagt: „Das Baby hat einen dicken Kopf." Die Schmerzen der Mutter werden immer größer. In dem Moment, in dem der Kopf des Babys austritt, sind die Schmerzen der Mutter am größten. Die Mutter hat

Todesangst und denkt: „Das Baby bringt mich um." Das Baby übernimmt die Schmerzen der Mutter, gekoppelt mit dem Gefühl, dass es an den Schmerzen schuld ist. Der Arzt sagt „Weitermachen" und Bettina denkt „Ich will da raus". Jemand zerrt an ihr, packt sie und sagt: „Es ist ein Mädchen." Es ist eine unangenehme Situation für Bettina. Es ist kalt, und das Licht ist grell. Es herrscht eine Atmosphäre von Nervosität, Hektik und Anspannung.

Ich bitte Bettina, zum ersten Kontakt mit ihrer Mutter nach der Geburt zu gehen. Sie erlebt den Kontakt als distanziert. Die Mutter hat keine Wärme für ihre kleine Tochter, sie ist nicht stolz auf sie, und Bettina fühlt sich eher „aufbewahrt" als angenommen und beschützt. Über ihre Gefühle sagt sie: „Meine Gefühle sind nicht wichtig."

Ich lasse sie nochmals durch die Geburt hindurchgehen, damit sie den Zusammenhang zwischen den Schmerzen der Mutter und ihren chronischen Kopfschmerzen spüren kann. Genau in dem Augenblick, in dem ihr Kopf austritt, sind die Schmerzen der Mutter am größten. Genau in diesem Moment denkt die Mutter: „Das Baby bringt mich um." Bettina fühlte sich schuldig für die Schmerzen der Mutter und hat diese übernommen. Sie sind in ihren Kopf eingezogen. Wir bearbeiten das Erlebte, und Bettina trennt die von ihrer Mutter übernommene Energie von ihrem eigenen energetischen System.

Die obigen Beispiele zeigen, dass Zeugung, Pränatalzeit und Geburt Schlüsselsituationen sind, in denen wir meist einen direkten Bezug zu Symptomen oder Störungen in der aktuellen Lebenssituation des Klienten finden können. Bei der Geburtsbearbeitung zeigen sich oft Elemente, die mit Schmerzsymptomen eines Klienten im Zusammenhang stehen. Auch Ängste und Todesangst finden wir hier. Die Bearbeitung der Zeugung hat einen besonderen Bezug zum Thema Sexualität und zur Mann-Frau-Beziehung. In der Pränatalzeit geht es oft um die Themen Angenommensein oder Ablehnung und Todesangst oder Vertrauen.

Ich habe in den letzten Jahren mit meinen Klienten viele Zeugungen, Schwangerschaften und Geburten bearbeitet. Die meisten fanden in den fünfziger und sechziger Jahren statt. Ich habe viele Parallelen zwischen den einzelnen Erlebnissen gefunden, die mich zu der Einsicht brachten, dass sich zwar individuelle Erlebnisse voneinander unterscheiden, wir aber auch von einem kollektiven Zeitgeist sprechen können, der in den bearbeiteten Zeugungen durch das individuell Erlebte hindurchscheint.

Viele Zeugungen aus den fünfziger und sechziger Jahren fanden in einer von Schuldgefühlen, Scham oder Verkrampfung geprägten Atmosphäre statt. Bei den Frauen spielte Angst meist eine Rolle, sie hatten wenig körperliche Lustgefühle und insgesamt gab es wenig Liebe in der Mann-Frau-Beziehung. Die Gründe zusammen zu sein oder zusammen zu bleiben waren oft mehr äußerer Natur. Die Familie, die Gesellschaft und die Moral spielten eine weitaus größere Rolle als die eigenen Gefühle und Vorstellungen.

Vor diesem Hintergrund ist es nicht erstaunlich, dass viele Ehen aus dieser Zeit entweder mit Scheidung endeten oder unglücklich verliefen und die aus diesen Ehen hervorgegangenen Kinder oft das übernommene Leid ihrer Eltern in ihren eigenen Beziehungen wiederholten, so lange, bis sie sich entschieden, die alten Verletzungen zu heilen, das Schicksal der Eltern bei diesen zu belassen und eigene Wege zu gehen.

5.3.2 Das Durcharbeiten der Gefühle

Nicht nur bei der Bearbeitung der Sterbesituation, sondern auch bei der Bearbeitung anderer traumatischer Erlebnisse innerhalb eines Lebens, bei der Zeugung, in der Pränatalzeit oder bei der Geburt lege ich besonderen Wert auf die Durcharbeitung der Gefühle. Damit meine ich alle Gefühle, die es in traumatischen Situationen geben kann, also Angst, Panik, Todesangst, Wut, Ärger, Hilflosigkeit, Ohnmacht und Resignation.

Wenn ich beispielsweise einen sexuellen Missbrauch bearbeite, lasse ich die Klientin spüren, was ihr Körper eigentlich in der Situation tun wollte. Meist fangen Klientinnen dann spontan an, sich zu bewegen, mit den Füßen zu treten und mit den Armen um sich zu schlagen. All die verdrängte und aufgestaute Wut kommt heraus. Oft fühlen sich Klientinnen nach einer solchen Sitzung sehr erleichtert. Sie konnten endlich das tun, was seit Jahren, Jahrzehnten oder Jahrhunderten darauf gewartet hatte, von ihnen getan zu werden. Sie konnten endlich in einem geschützten Raum ihre wahren Gefühle gegenüber dem Täter spüren und ausdrücken.

Dies ist von enormer und nicht zu unterschätzender Wichtigkeit. Missbrauchssituationen sind Situationen, in denen man von jemandem verraten wird. Menschen, die sich in solchen Situationen nicht schützen konnten, etwa weil sie Kind waren, eine emotionale Bindung zum Täter hatten oder auf andere Art und Weise von ihm abhängig waren, haben manchmal das Gefühl, sich selbst „verraten" zu haben. Wenn dann der Mensch in einer therapeutischen Sitzung den Schmerz über das, was er damals nicht tun konnte, spüren kann und gleichzeitig nachträglich in einem geschützten Raum und unter therapeutischer Begleitung das tun darf, was er in der traumatischen Situation nicht vermochte, um sich zu schützen, dann wird der subjektiv erlebte „Selbstverrat" aufgehoben, und der Mensch kann sich wieder ein Stück näher kommen.

Ich habe auch schon Klientinnen erlebt, die so erstarrt oder resigniert waren, dass es lange dauerte, bis die Wut zutage kam. Wenn es dann passierte, wurde es immer als Befreiung erlebt.

Wut ist ein Gefühl, dass für viele Menschen bedrohlich ist. Dabei ist Wut nichts anderes als eine natürliche und menschliche Reaktion auf einen verbalen oder körperlichen Angriff. Wut ist ein Gefühl, das für uns überlebenswichtig ist. Wut hat auch viel mit Kraft zu tun.

Wir können das bei Frauen beobachten, die durch ihre Erziehung vollkommen von ihrer Wut abgeschnitten wurden. Das sind Frauen, die oft sehr kraftlos wirken und sich im Leben nicht gut durchsetzen können. Viele Frauen in unserer Gesellschaft sind so erzogen und haben entsprechende Glaubenssätze verinnerlicht, wie: „Frauen dürfen niemals wütend sein" oder „Frauen sind hässlich, wenn sie wütend sind" oder „Eine Frau, die wütend ist, ist keine richtige Frau" und viele andere mehr.

Ich sehe einen engen Zusammenhang nicht nur zwischen der Unterdrückung natürlicher Wut bei Frauen und der Entwicklung körperlicher Krankheitssymptome, sondern auch mit den Problemen vieler Frauen, im Leben zurechtzukommen, eigene Interessen zu vertreten und in verletzenden Situationen angemessen zu reagieren. Vielleicht hat unsere Gesellschaft ein Interesse daran, Frauen weiterhin von ihrem Kraftpotenzial fernzuhalten, indem sie sie schon in der frühen Kindheit von ihrer Wut und von ihrer Kraft abschneidet. Aber all dies kann geheilt werden.

Es erscheint mir wichtig, zu erkennen, dass die in der Vergangenheit abgespaltenen Wutgefühle in ihrer archaischen Form gespeichert sind; also nicht der erwachsene Teil der Persönlichkeit hat sie in „erwachsener" Form gespeichert, sondern der verletzte Teil, z.B. das verletzte innere Kind. Das heißt, dass sich diese Gefühle als Schreien, Brüllen, Strampeln, mit den Armen schlagen oder Ähnliches äußern. Das sind die Gefühle, die verdrängt wurden, und sie müssen heraus, damit es Heilung geben kann.

Manchmal werde ich von Klienten gefragt, ob es nicht gefährlich sein kann, wenn jemand an archaische Wutgefühle herankommt und diese ausdrückt. Ich habe noch nie erlebt, dass es gefährlich gewesen wäre, wenn jemand in einer therapeutischen Sitzung und im Zusammenhang mit einer Situation aus der Vergangenheit, in der er sehr verletzt worden ist, Wutgefühle ausgedrückt hat. *Das, was gefährlich ist, ist das jahrzehntelange Aufstauen solcher Gefühle, denn dann besteht die Gefahr, dass sie sich in einer Situation entladen, die einen Auslöser enthält und in der unschuldige Menschen angegriffen werden.* Vielleicht äußert sich die verdrängte Wut auch als körperliches Symptom, etwa als hartnäckiger Hautausschlag. *Nicht die Bearbeitung traumatischer Situationen ist gefährlich, sondern die Verdrängung.* Die meisten Menschen erleben es als sehr befreiend, wenn sie sich zum Zweck ihrer Heilung von lange aufgestauten Gefühlen befreien.

Meine Klientin Isadora erzählte mir ein Erlebnis zum Thema „Wut". Isadora hatte beruflich sehr viel zu tun und war in ihrer kurzen Mittagspause im Supermarkt einkaufen, nachdem sie den ganzen Vormittag gearbeitet hatte. Auch am Nachmittag hatte sie wieder zu arbeiten. Ihr Einkaufswagen war voll beladen, und sie beschloss, mit dem Wagen zu dem ebenfalls in dem Supermarkt befindlichen Bäckereistand zu fahren, um Brot zu kaufen. Vor ihr stand eine ältere Frau. Als sie fertig war, sah sie Isadoras Wagen und sagte: „Da kann man ja drüberfallen." Isadora merkte, wie es in ihr anfing zu kochen, und sie erwiderte klar und deutlich: „Nein, das glaube ich nicht." Darauf sagte die ältere Dame: „Das macht man ja auch nicht, hier mit dem Wagen hinkommen." Isadora antwortete mit Schärfe und Deutlichkeit: „Doch, das macht man sehr wohl, wenn man schwer zu schleppen hat und nur die Mittagspause zum Einkaufen hat." Alle Anwesenden schauten sie an, und in ihren Gesichtern spiegelten sich die unterschiedlichsten Gefühle angesichts ihres Verhaltens.

Sie selber spürte in dem Moment sowohl ihre Wut als auch ihre Kraft. Es war wichtig für sie, so spontan und klar zu reagieren. Wenn sie ihre Wut heruntergeschluckt hätte, so wäre sie ihr bestimmt den ganzen Nachmittag wieder hochgekommen, und sie hätte sich darüber geärgert, nichts gesagt zu haben. So war die Episode für sie nach fünf Minuten abgeschlossen. Sie spürte in dem Moment am eigenen Leib, wie eng Wut und Kraft zusammenhängen. Sie spürte diese kraftvolle Energie und konnte sich gut vorstellen, welche Auswirkungen es hat, wenn man spontane wütende Reaktionen immer wieder übergeht.

Ich will damit nicht sagen, dass es immer angebracht ist, spontan zu reagieren, aber bestimmt häufiger, als wir es in Anbetracht unserer „christlichen Erziehung" gewohnt sind.

Isadora spürte auch, dass sie sich richtig gut fühlte, als sie ihre Einkaufstaschen durch den strömenden Regen nach Hause schleppte. Als sie mir dies erzählte, wurde mir klar, wie wichtig es ist, unsere unbewussten Glaubenssätze und Bewertungen zu überprüfen. Hätte sie (unbewusst) gedacht: „Es ist falsch, eine alte Frau so anzureden", dann hätte sie sich bestimmt schlecht gefühlt. Aber sie hatte es nicht gedacht. Sie hatte vielmehr gedacht, dass sie sich selber verteidigen wollte und es gut war, dies getan zu haben. Deshalb hatte sie ein gutes Gefühl. Sie hatte in Übereinstimmung mit ihrer Überzeugung gehandelt, dass es wichtig ist, sich selbst zu verteidigen.

Wir müssen unsere unbewussten Glaubenssätze überprüfen und verändern. Wenn wir uns schuldig fühlen, weil wir jemandem gegenüber wütend geworden sind, dann müssen wir uns fragen, warum das so ist und welche unbewussten Glaubenssätze dafür sorgen. Erst dann können wir diese verändern und uns stimmig verhalten.

Wut hat einen engen Bezug zum eigenen Selbstwert. Oft reagieren Kinder auf missbräuchliche Verhaltensweisen ihrer Eltern, indem sie Schuldgefühle entwickeln und denken, dass mit ihnen etwas nicht stimmt. Solange sie in den Schuldgefühlen stecken, sind sie ihren Eltern näher als sich selbst. In dem Moment, in dem die Wut über missbräuchliche Verhaltensweisen an die Oberfläche kommt, ist der Mensch sich selbst näher als denjenigen, die ihm Schmerz zugefügt haben. In dem Moment kann Heilung beginnen. Der Betreffende fängt an, sich selbst wieder wertzuschätzen, wieder zu spüren, was er alles überlebt hat, wieviel Missbrauch und wieviel Schmerz.

Ein Wort auch noch zu Wut und Aggression: Wut und Aggression sind zwei völlig unterschiedliche Dinge. Aggression entsteht, wenn natürliche Wut über lange Zeit hinweg immer wieder unterdrückt wird. Dann kann es dazu kommen, dass sich die aufgestauten Gefühle am falschen Ort und gegenüber unschuldigen Personen entladen. Die Mutter, die immer wieder ihr Kind schlägt, sieht vielleicht eigentlich ihre eigene Mutter vor sich, der sie gerne die in ihrer Kindheit erhaltenen Schläge zurückgeben würde. Nun entladen sich ihre aufgestauten Gefühle am schwächsten Glied in der Kette, nämlich am eigenen Kind.

Unsere Gesellschaft agiert hier oft auf doppeltem Boden. Auf der einen Seite wird Kindern, besonders Mädchen, durch die Erziehung vermittelt, dass Wut „schlecht" sei, auf der anderen Seite regt man sich furchtbar auf, wenn es dann zu „unerklärlichen Gewalttaten" kommt, wie z.B. Amokläufen oder Gewalt gegenüber den Angehörigen, und verurteilt die Täter aufs Schärfste. Auch wenn solche Taten unentschuldbar und eine Tragödie sind, so sollte man doch sehen, dass ein Amokläufer nicht unbedingt verrückt ist, sondern vielleicht jemand, der jahrzehntelang Gefühle von Wut in sich aufgestaut hat, die sich nun in einigen Minuten entladen und unschuldige Menschen in den Tod reißen.

Ich kann mich noch gut an eines meiner ersten Ausbildungsseminare bei Rob und Tineke erinnern. Es ging um Wut. Eine Seminarteilnehmerin fragte Tineke: „Und diese ganze aufgestaute Wut aus der Vergangenheit, das muss alles raus, wenn es Heilung geben soll?" Tineke antwortete: „Ja, das muss alles raus." In dem Moment wusste ich, dass ich ihr vertrauen konnte, dass sie den gequälten, missbrauchten und erniedrigten Teilen ihrer Klienten half und sie nicht wieder verriet.

Auch zwischen Wut und Krankheiten gibt es einen Bezug. Ich habe in meiner Arbeit einen engen Zusammenhang zwischen verschiedensten Krankheiten und immer wieder aufgestauter Wut gefunden. Egal ob es sich um Fettleibigkeit, wiederkehrende Halsentzündungen, Magengeschwüre, Krebs oder Multiple Sklerose handelte, immer wieder habe ich festgestellt, dass die betreffenden Menschen in verletzenden und erniedrigenden Beziehungen gelebt, sich lange Jahre hinweg nicht zur Wehr gesetzt, sondern alles „heruntergeschluckt" hatten. Alles, was heruntergeschluckt wird, geht nach innen, nicht nach außen. Das jedoch, was nach innen geht, verwandelt sich oft in eine zerstörerische Energie.

Wenn man die Richtung wieder umkehrt und die aufgestaute Energie durch Ausdrücken der Gefühle nach außen lässt, kann es Heilung von vielen Krankheiten und Körpersymptomen geben.

5.3.3 Was passiert bei einer Rückführung?

Jeglicher Bewegung auf der seelischen Ebene entspricht eine Auswirkung auf der körperlichen Ebene. Es gibt eine relativ junge Wissenschaft, die Psychoneuroimmunologie, die sich mit den Auswirkungen bestimmter Gefühlszustände auf physiologische Vorgänge im Körper und auf das Immunsystem beschäftigt.

Dietrich Klinghardt beschreibt in seinem Buch „Lehrbuch der Psycho-Kinesiologie" einige dieser Zusammenhänge. Ich lehne meine folgenden Ausführungen an seine Beschreibungen an. Ich habe mich dabei um eine vereinfachte und gut verständliche Darstellung der komplizierten physiologischen Zusammenhänge bemüht.

Wir wissen, dass positive Gefühle die Ausschüttung bestimmter Neuropeptide anregen, die für die Durchblutung und Versorgung der inneren Organe mit lebenswichtigen Stoffen zuständig sind. Somit haben positive Gefühle, vereinfacht gesagt, eine gesundheitsfördernde Wirkung. Wir wissen auch, dass negative Emotionen, die unterdrückt werden und die mit ungelösten seelischen Konflikten im Zusammenhang stehen, statische elektrische Ladungen in bestimmten Gehirnarealen aufbauen.

Diese wiederum stehen mit bestimmten Organen in Verbindung. Infolge der statischen elektrischen Ladungen kommt es zu einer vermehrten Ausschüttung pathogener Neuropeptide. Diese sorgen für eine Verminderung der Blutzufuhr dieser Organe und führen somit zu einer Unterversorgung mit lebenswichtigen Stoffen. Wenn ein Organ dauerhaft unterversorgt ist, wird es krank. So erklärt sich die krankmachende Wirkung eines ungelösten seelischen Konflikts.

Wenn wir nun in einer Rückführung ein unverarbeitetes Trauma an die Oberfläche des Bewusstseins holen und lösen, geschieht auf der physiologischen Ebene folgendes:

Ein Klient erlebt ein Trauma wieder, und zwar eingebettet in die Komponenten Zeitpunkt, Umstände und Emotionen. Wenn dieses Trauma mit seinen Komponenten bewusst und durchgearbeitet wird sowie eine Integrationsarbeit stattfindet, dann bildet sich eine neue Nervenverbindung direkt vom Konfliktareal zum bewussten Teil der Großhirnrinde. Diese Fähigkeit des Gehirns, neue Verbindungen herstellen zu können, nennt man „Neuroplastizität". Die Konfliktenergie kann über den bewussten Teil des Gehirns abfließen und für bewusste Aktionen positiv genutzt werden. Das bedeutet, dass der erlöste Konflikt keinerlei destruktiven Einfluss mehr auf den Körper hat, sondern die ehemalige Konfliktenergie im Gegenteil jetzt zur Kraftquelle wird.

Dietrich Klinghardt erklärt auch die neurophysiologischen Hintergründe des so genannten Wiederholungszwanges, also des Zwanges, bestimmte unverarbeitete traumatische Situationen immer wieder neu zu „inszenieren". Er schreibt: „Der (seelische) Konflikt erzeugt nicht nur, wie bereits beschrieben, elektrische „Probleme", sondern auch sekundäre biochemische Veränderungen der Neuropeptide im Gehirn.

Obwohl diese oft krankmachend sind, entwickelt der Körper eine physiologische Abhängigkeit von den innerlich produzierten süchtig machenden Substanzen. Dies ist das biochemische Korrelat (der Grund) für den „Wiederholungszwang": Der Patient erzeugt immer wieder dem Ursprungstrauma ähnliche Situationen oder innere Bilder (post-traumatisches Stress-Syndrom), die zu einem Weiterbestehen der abnormalen „inneren Biochemie" führen. Wird der Konflikt entkoppelt, normalisiert sich sofort die Biochemie, und zwar bleibend."

Und weiter heißt es: „Man weiß heute von der amerikanischen „Longevity"-Forschung (die sich mit den Faktoren eines langen Lebens befasst), dass Menschen, die signifikante Kindheitstraumen hatten und diese erfolgreich therapeutisch bearbeitet haben, statistisch gesehen mehrere Jahre länger leben als Menschen, die eine beschützte, relativ schmerzfreie Jugend erlebten! Die Konflikte, die erlöst worden sind, werden also zu einer Quelle von Lebensenergie und Gesundheit!" (Klinghardt, S. 61)

Auf der seelischen Ebene erleben Menschen, die durch Rückführungen seelische Konflikte lösen konnten, oft ein Gefühl von innerer Befreiung, das einhergeht mit dem Freiwerden bislang blockierter Energie. Sie fühlen, wie diese blockierte Energie ihnen nun wieder zur Verfügung steht und sie ihre Potenziale und Ziele kraftvoller verwirklichen können. Die Energie, die bislang in die Verdrängung geflossen war, kann nun in die Entwicklung der eigenen Person fließen.

5.3.4 Ist Reinkarnation beweisbar?

Mich selber hat das Thema der Beweisbarkeit von Reinkarnation nie besonders interessiert. Das, was mich interessiert, ist die Heilwirkung von Rückführungen. Das ist der einzige und ausschließliche Grund, warum ich vergangene Leben bearbeite.

Ian Stevenson und Helen Wambach sind vielleicht die bekanntesten Reinkarnationsforscher, die das Phänomen der Wiedergeburt systematisch mit wissenschaftlichen Methoden erforscht haben. Ian Stevenson hat tausende von Spontanerinnerungen von Kindern an vergangene Inkarnationen überprüft und konnte in vielen Fällen die Richtigkeit der Aussagen anhand von Namen, Daten, Orten und Personen verifizieren. Helen Wambach unternahm Rückführungen mit Gruppen von Menschen, um das Phänomen der Reinkarnation zu beweisen.

Roger Woolger, ein bekannter Reinkarnationstherapeut aus den USA, legt hingegen ausschließlich Wert auf die Heilwirkung von Rückführungen. Seiner Meinung nach kann es für einen Klienten, der therapeutische Hilfe durch Rückführungen sucht, sogar kontraproduktiv sein, nach Beweisen für die in der Therapie gefundenen Erlebnisse aus vergangenen Leben zu suchen, denn diese können von der Heilkraft der Reinkarnationstherapie ablenken. Seiner Meinung nach ist eine Erinnerung aus einem früheren Leben kein Selbstzweck, sondern ein Mittel, um eine emotionale Katharsis, Selbsterkenntnis und Heilung herbeizuführen, die das wahre Ziel jeder Psychotherapie ist.

Ich schließe mich seiner Meinung an. Ich habe Fälle in meiner Praxis erlebt, wo Klienten versucht haben, das Material, das in einer Rückführung an die Oberfläche kam, zeitlich oder geographisch einzuordnen. Das muss nicht, kann aber von dem eigentlichen Thema ablenken. Manchmal erlebe ich auch, wie ein Klient während einer Rückführung fragt: „Welche Epoche könnte das sein?" Es ist völlig in Ordnung, diese Frage zu beantworten, und dann sollte er sich wieder auf die Bilder und Gefühle konzentrieren, die sein Unterbewusstsein anbietet.

Natürlich gibt es auch Rückführungen, wie die im Kapitel 3 beschriebenen, bei denen es offensichtlich ist, dass es sich um eine bestimmte Zeit handelt. Dies ist insbesondere bei Rückführungen in Inkarnationen der Fall, die noch nicht so lange zurückliegen, vielleicht sogar nur ein Leben, wie die beschriebenen Regressionen aus der Nazi-Zeit.

Ich halte das Beweisenwollen von Reinkarnation aus verschiedenen Gründen für problematisch. Ich glaube, dass man Reinkarnation innerhalb unseres Wissenschaftsparadigmas, welches für wissenschaftliche Untersuchungen Objektivität, Kontrollierbarkeit und Wiederholbarkeit fordert, nicht beweisen kann. Dieses Paradigma ist zu eng, um damit ein solches Thema wie Wiedergeburt beweisen zu können. Das liegt nicht am Thema, sondern am Paradigma. Einmal davon abgesehen, dass durch die Quantentheorie bereits bewiesen wurde, dass das alte Paradigma überholt ist. Die Quantenphysik wies das Phänomen der Subjektivität nach. Damit ist die so genannte „Objektivität", eine Grundforderung für wissenschaftliche Experimente, relativiert.

Das verbissene Suchen nach „Objektivität" findet man oft bei Menschen, die von ihren Gefühlen abgetrennt sind und im Äußeren etwas suchen, das sie im Inneren verloren haben. Es sind oft Menschen, die „Beweisen" an die Stelle von Intuition oder Glauben gesetzt haben, weil sie in der Vergangenheit negative oder sogar zum Tod führende Erfahrungen mit „Glauben" gemacht haben. Die heutige Wissenschaft hat sich als Gegenpol zum düsteren und machtgierigen Katholizismus der vergangenen Jahrhunderte entwickelt. Die Menschen, denen die Kirche Schaden zugefügt hatte, wollten nur noch das glauben, was sie sahen und *beweisen* konnten, um den höchst manipulativen Machenschaften der katholischen Priester und Bischöfe mit ihren Androhungen von Fegefeuer und Verdammnis zu entkommen.

Eigentlich will man *sich selbst* etwas beweisen, und tut dies auf dem Weg der Projektion in die Außenwelt. Hier wäre eine Reflexion der eigenen Motivation vonnöten sowie eine Bearbeitung der eigentlichen Hintergründe. Dies sind oft tiefliegende Ängste.

Reinkarnation ist ein spirituelles Thema. Es liegt auf einer anderen Ebene als die rationale Wissenschaft. Es gibt Menschen, die *wissen*, dass sie schon viele Male gelebt haben. Dieses Wissen ist eher ein intuitives Wissen als ein Kopfwissen.

Zu diesen Menschen gehöre auch ich. Ich *weiß*, dass ich schon viele Male hier war. Ich sehe den roten Faden, der sich durch meine seelische Entwicklung während vieler Leben zieht. Ich sehe diesen roten Faden auch bei meinen Klienten. All das Material, dass wir in Rückführungen zutage gefördert haben, macht Sinn innerhalb der Entwicklung einer bestimmten Seele. Es ist so, als würde man verschiedene Stücke von einem Puzzle suchen und zusammensetzen, bis man schließlich das ganze Bild sieht. Das nennen wir „das große Hologramm".

Ich habe noch niemals den Wunsch verspürt, dieses Wissen jemand anderem zu beweisen. Es reicht mir, dass ich es tief in mir spüre. Die Heilerfolge in der reinkarnations-therapeutischen Arbeit sind mir „Beweis" genug.

Im Huna, einem alten spirituellen, philosophischen und heilenden System hawaiianischer Kahuna (Priester), gibt es sieben Prinzipien für ein erfülltes Leben. Eines dieser Prinzipien lautet: „Wirksamkeit ist das Maß der Wahrheit." Wenn wir dieses Prinzip auf den psychologischen und medizinischen Bereich übertragen, so bedeutet dies, dass die Wahrhaftigkeit des theoretischen Hintergrundes einer jeden Therapieform sich an der Wirksamkeit der Methode messen lassen muss. Ich habe mit der Reinkarnationstherapie Transformationen und Heilungen von vielen verschiedenen Symptomen bei unterschiedlichsten Menschen erlebt, so dass ihre Wirksamkeit und damit auch die Wahrhaftigkeit ihres theoretischen Hintergrundes, nämlich der Reinkarnation, für mich hinreichend bewiesen ist.

Ich habe in meiner Arbeit auch Erfolge mit Klienten gehabt, die nicht an Reinkarnation glaubten. Der Glaube an Reinkarnation ist nicht die Voraussetzung für die Heilwirkung der Therapie. Es reicht, wenn der Klient daran glaubt, dass die Bilder und Erinnerungen, die während der Rückführungen in ihm auftauchen, Bilder sind, die aus seinem Unterbewusstsein stammen und die mit dem Problem, dessentwegen er sich in die Therapie begeben hat, zusammenhängen und ihm einen Weg zur Lösung weisen können.

Ich erinnere mich noch gut an meine Klientin Sandra, eine junge Frau Anfang Zwanzig, die wegen Angstzuständen in die Therapie kam. Sie hatte vorher bereits andere Therapieformen ausprobiert, die jedoch immer nur kurzfristige Hilfe hatten bieten können. Nachdem ich mit ihr zunächst einige traumatische Situationen aus ihrer Kindheit bearbeitet hatte, fragte ich sie, ob sie bereit wäre, noch weiter in der Zeit zurückzugehen. Ich fragte sie, ob sie sich vorstellen könne, schon einmal gelebt zu haben. Sandra hatte sich noch nie mit diesem Thema beschäftigt. Sie überlegte kurz, und dann sagte sie: „Ich glaube, es ist immer dieselbe Seele, nur in verschiedenen Körpern." Ich war überrascht, mit welcher Präzision und Selbstverständlichkeit diese junge Frau, die sich noch nie mit Reinkarnation befasst hatte, das Phänomen beschrieb.

Ich bearbeitete einige vergangene Leben mit ihr sowie Traumata aus der Pränatalzeit, Zeugung und Geburt, und es trat eine wesentliche Besserung ihres Zustandes ein. Die Ängste rückten mehr und mehr in den Hintergrund.

Manchmal erlebe ich auch andere Reaktionen. Als ich einer Klientin, die unter hartnäckigen körperlichen Symptomen litt, vorschlug, vergangene Leben zu bearbeiten, merkte ich, dass sie große Angst bekam. Oft fürchten sich Menschen, denen das Phänomen der vergangenen Leben so große Angst macht, unbewusst davor, etwas Schreckliches über sich selbst herauszufinden. Darauf gehe ich im Kapitel „Schattenintegration" noch ein.

5.3.5 Reinkarnation in der Geschichte und in den Religionen

Wenn wir unseren Blick den verschiedenen Religionen zuwenden, so fällt auf, dass die meisten von ihnen den Glauben an Reinkarnation enthalten. Dies trifft für den Buddhismus, den Hinduismus und auch für Teile des Islam zu. Sogar in der jüdischen Mystik existiert dieser Glaube.

Auch im Urchristentum war der Glaube an Reinkarnation keineswegs ausgeschlossen; und es gibt bekanntermaßen sogar zwei Bibelstellen, die einen Hinweis darauf vermitteln. Jesus spricht in Matthäus 17,10-13 vor seinen Jüngern über die alttestamentarische Prophezeiung von der Rückkehr des Propheten Elia und sagt in diesem Zusammenhang, dieser sei bereits gekommen, aber die Menschen hätten ihn nicht erkannt. Die Jünger verstanden, dass er von Johannes dem Täufer redete.

In Johannes 9,2 geht es um einen Mann, der blind geboren wurde. Jesu Jünger fragten ihn, wer gesündigt habe, der Mann oder seine Eltern, dass er blind geboren sei. Jesus stellte in seiner Antwort die implizite Annahme der Reinkarnation nicht infrage, sondern sagte vielmehr etwas über das Wesen der Sünde. Auf dem zweiten Konzil von Konstantinopel, im Jahre 553 n. Chr., wurde die Lehre von der Präexistenz der Seele – und damit zwangsläufig die Reinkarnation – als häretisch verurteilt.

Welche Gründe hatte die Verdammung dieser Lehre?

Wenn ich meinen eigenen Lebensweg betrachte, dann weiß ich, dass der Glaube an Reinkarnation mein Leben entscheidend verändert hat. In dem Moment, in dem ich begriff, dass es mehr als nur ein Leben gab, fing ich an, viele Umstände und Ereignisse in einem größeren Zusammenhang zu sehen. Dinge, die ich mir vorher nicht erklären konnte, bekamen plötzlich einen Sinn. Ich verstand, warum ich bei manchen Menschen, die ich zum ersten Mal sah, das Gefühl hatte, sie wiederzuerkennen, warum ich für manche Menschen sofort eine spontane Zuneigung hegte, während ich anderen gegenüber Abneigung empfand. Wahrscheinlich war ich ihnen oder jemandem, an den sie mich erinnerten, schon einmal begegnet und hatte schöne oder unschöne Dinge mit ihnen erlebt. Darauf reagierten mein Instinkt und meine Intuition.

Das Wichtigste aber, was sich in meinem Leben veränderte, war die Entwicklung eines Gefühls von positiver Macht und Verantwortung. Ich spürte plötzlich viel deutlicher das Gefühl von Verantwortung für mein eigenes Leben und dessen Umstände, auch für die widrigen. Ich spürte tief in mir, dass diese Umstände kein Zufall waren, sondern irgendwie mit der Entwicklung meiner Seele über viele Leben hinweg im Zusammenhang standen. In dem Moment, in dem ich das begriff, hatte ich auch die Macht wieder, diese Umstände zu ändern.

Der Mensch, der wieder selbst Macht und Verantwortung für sich und sein Leben übernimmt, ist nicht mehr so manipulierbar wie derjenige, der seine Verantwortung vor der Tür von Autoritäten wie Ärzten und Priestern abgibt. Er ist nicht mehr so abhängig von der Meinung äußerer Autoritäten und gibt ihnen nicht mehr so viel Macht über sein Leben.

All dies hat viel damit zu tun, warum so vehement versucht wurde, den Glauben an Reinkarnation auszumerzen. Wir leiden alle noch immer darunter. Es gibt Menschen, die zwar im Privaten an Reinkarnation glauben, sich aber nicht trauen, in der Öffentlichkeit darüber zu sprechen. In ihrem Unterbewusstsein gibt es immer noch die Angst, bestraft zu werden, wenn man „verbotenen Lehren" anhängt.

Wenn wir uns diese Angst bewusst machen, können wir sie langsam überwinden. Dann können wir unseren eigenen Zugang zu diesem Thema finden und unsere eigenen Erfahrungen damit machen.

5.3.6 Reinkarnationstherapie mit Kindern

Kinder sind andere Klienten als Erwachsene. Oft ist die Arbeit mit ihnen aus verschiedenen Gründen „leichter" als die Arbeit mit Erwachsenen. Zum einen verfügen Kinder meist noch über einen direkteren Zugang zu Inhalten des Unterbewusstseins, und zum anderen sind sie oft „ehrlichere" Klienten. Es gibt Erwachsene, die ihr Symptom oder Thema unbewusst behalten wollen, weil es ihnen bestimmte Vorteile verschafft und ihnen einen Teil der Verantwortung für ihr Leben abnimmt oder zumindest scheinbar abnimmt. Auch das Vertrauen, das Kinder einem manchmal entgegenbringen, ist anrührend. Die Arbeit mit Kindern ist anders als die Arbeit mit erwachsenen Klienten. Bei Kindern erfolgt der Einstieg in ein Thema meist über das Malen oder über das Spielen.

Vor einiger Zeit arbeitete ich mit einem neunjährigen Mädchen, Marina. Ihre Mutter erzählte mir, dass Marina extreme Angst vor Unfällen habe. Es hatte in der Vergangenheit ein oder zwei Erlebnisse gegeben, bei denen die Familie einen Ausflug unternahm und einen Unfall in der Nähe sah. Marina hatte jedes Mal angefangen zu weinen und gesagt: „Ich bin nicht schuld." Die Eltern konnten sich diese Reaktion nicht erklären und brachten Marina deshalb in Therapie. Die Behandlung fand im Rahmen einer Ausbildungswoche für Kindertherapie statt, die von Tineke Noordegraaf geleitet wurde.

Marina malte zunächst einen Unfall und erzählte eine Geschichte dazu. Ein LKW und ein PKW waren zusammengestoßen. Beide Insassen des PKW's starben bei dem Unfall. Marina sagte dazu: „Ich gebe mir immer die Schuld. Ich habe aber keine Schuld."

Tineke ließ sie die Szene spielen. Eine andere Therapeutin und ich spielten den LKW-Fahrer und einen Insassen des PKW, und Marina spielte sich selbst. Sie war der Beifahrer. Der Fahrer, ein guter Freund von ihr, war stark alkoholisiert. Aus diesem Grund verlor er die Kontrolle über das Auto und fuhr in den LKW. Marina nahm beim Sterben Schuldgefühle mit. Sie dachte, sie hätte ihren alkoholisierten Freund daran hindern sollen, in seinem Zustand Auto zu fahren. Das letzte, was sie denkt, ist: „Nie wieder so einen Fehler machen." Diesen Satz nimmt sie mit.

Wir spielten die Szene einige Male durch, bis die emotionale Prägung gut bearbeitet war. Dann trat Marina mit der Seele ihres Freundes in Kontakt, um sich zu verabschieden und das traumatische Erlebnis endlich zu beenden.

Diese Sitzung war für mich sehr beeindruckend. Als wir die Szene wieder und wieder spielten, fühlte ich tief in mir, dass Marina wirklich dieser Mann gewesen war. In den Minuten, als wir spielten, *war* sie wieder er. Die Energie des Geschehens war wieder da, um endlich geheilt zu werden. Es war ergreifend, und ich werde dieses Erlebnis nie vergessen. Diese Minuten waren für mich ein größerer „Beweis" für Reinkarnation und die Wirksamkeit von Reinkarnationstherapie als alles, was ich jemals darüber gelesen hatte.

5.3.7 Risiken und Kontraindikationen

Ich werde oft bei Vorträgen und auch von Klienten gefragt, ob Rückführungen nicht gefährlich oder schädlich sein könnten. Grundsätzlich ist diese Frage zu verneinen, mit gewissen Einschränkungen, auf die ich im Folgenden eingehe.

Meist kann man beobachten, dass eine Erleichterung und Verbesserung des Zustandes des Klienten eintritt, wenn ein Thema reinkarnations-therapeutisch bearbeitet ist. Im Grunde genommen ist es nicht so, dass der Therapeut den Klienten bei einer Rückführung in die Vergangenheit hineinführt, sondern er holt ihn aus der Vergangenheit heraus und in die Gegenwart hinein. Wenn wir Rückführungen machen, dann nicht, um herauszufinden, wer wir in vergangenen Leben gewesen sind oder ähnliches, sondern wir gehen hinein, um etwas Unbeendetes zu beenden und damit den Klienten in die Lage zu versetzen, mehr und besser im Hier und Jetzt zu leben. Wenn ein Mensch ein bestimmtes Symptom hat, so ist das ein Anzeichen dafür, dass etwas aus der Vergangenheit unerledigt geblieben ist. Ein Teil von ihm ist in einer traumatischen Situation in der Vergangenheit stecken geblieben, *und der Therapeut holt ihn mittels der Rückführung dort heraus.*

Ich kann mich noch gut an eine Klientin erinnern, die sehr viele Probleme hatte und mit ihrem Leben unzufrieden war.

Eines Tages sagte sie zu mir: „Ich will keine Rückführungen mehr machen. Ich will mit der Vergangenheit nichts mehr zu tun haben." Ich respektierte ihren Wunsch. Als ich später noch einmal darüber nachdachte, wurde mir ganz klar, dass die Klientin in der Vergangenheit feststeckte. Dadurch, dass sie solche Widerstände gegen die Bearbeitung hatte, verstärkte sie noch ihre eigene Blockade. Ich würde jedoch niemals einen solchen Menschen zu einer Rückführung drängen, denn die Freiwilligkeit ist eine der wichtigsten Voraussetzungen für die Wirksamkeit dieser Methode.

Außerdem habe ich einen tiefen Respekt vor jedem einzelnen Menschen und seinem Weg. Jeder Mensch hat seinen individuellen Lebensweg, und es ergibt nur dann Sinn, Rückführungen zu machen, wenn der betreffende Mensch es wirklich will, wenn also der Wille, wirklich etwas zu entdecken und aufzulösen, größer ist als die Angst und der Widerstand. Es ist normal, dass es eine gewisse Angst und einen gewissen Widerstand gibt. Es gibt wohl niemanden, der überhaupt keine Angst hat. Aber es kommt auf das Verhältnis an. Wenn die Angst zu groß ist, ist es besser, der Mensch sucht sich andere therapeutische Methoden, um weiterzukommen. Das Angebot ist ja groß genug, so dass sich jeder das heraussuchen kann, was zu seinem momentanen Entwicklungsstand und Themenbereich passt.

Bestimmte Symptomkreise können problematisch sein, beispielsweise wenn ein Klient ein Borderliner ist (siehe Kapitel 2.2.3 „Das Borderline-Syndrom"). Einige Therapeuten halten auch akute psychotische Zustände für eine Kontraindikation. Jedoch ist auch ein psychotischer Zustand oft nichts anderes als das Abgleiten in eine traumatische Situation aus der Vergangenheit, die durch einen Auslöser wieder aktualisiert wird. Wenn man dies bedenkt, dann ist ein psychotischer Zustand nicht unbedingt eine Kontraindikation, aber es hängt vom Einzelfall ab. Auch hier ist wieder entscheidend, ob der Klient trotz seines akuten psychotischen Zustandes über ein stabiles Ich verfügt. Ist dies nicht der Fall, dann kann eine reinkarnations-therapeutische Behandlung kontraindiziert sein.

Es gibt auch bei ansonsten „normalen" Menschen Zustände, die einer leichten Psychose ähneln können. Wir alle kennen bei anderen und bei uns selbst das Gefühl, dass wir in bestimmten Situationen, in denen wir Angst oder Stress spüren, wie in einen Film abgleiten und plötzlich keine Kontrolle mehr über uns haben und Dinge tun und sagen, die wir später bereuen. Das ist ein typisches Anzeichen dafür, dass es einen Auslöser gegeben hat, den unser Unterbewusstsein registriert hat und der in Verbindung mit starken Gefühlen von Angst, Wut oder Ohnmacht dazu führt, dass sich ein Teil unseres Bewusstseins mit einer traumatischen Situation in der Vergangenheit verbindet. Wir gleiten ab in einen Film und verlieren die Kontrolle über die gegenwärtige Situation. Wir reagieren nicht auf das, was tatsächlich gerade passiert, sondern auf das, was in unserem Unterbewusstsein gespeichert ist. Das führt dazu, dass wir meist unverhältnismäßig stark reagieren, so als ginge es um Leben und Tod.

Jeanettes Ex-Freund Karl, mit dem sie eine schwierige und oft qualvolle Beziehung führte, verlor in einigen Streits den Bezug zur Realität. Wenn Jeanette sich über irgendetwas beschwerte, konnte er meist überhaupt nicht damit umgehen. Er fing an, sich zu rechtfertigen und den Spieß umzudrehen und Jeanette zu beschuldigen. Oft sagte er solche schrecklichen Dinge, dass sie instinktiv spürte, dass er nicht sie meinen konnte. Er sagte diese Dinge zu jemand anderem, zu jemandem aus seiner Vergangenheit, mit dem er schreckliche Dinge erlebt hatte. Seine Reaktion stand in keinem Verhältnis zu dem Thema, das Jeanette angesprochen hatte.

In einem besonders schlimmen Streit erhielt sie schließlich eine Bestätigung ihrer Vermutung. Er rechtfertigte sich wild, beschuldigte Jeanette und nannte sie plötzlich „Anni". Als sie diesen Namen hörte, wurde ihr alles klar. Anni war der Name seiner Ex-Frau, mit der er fünfzehn Jahre lang eine qualvolle Beziehung geführt hatte, aus der er sich erst befreit hatte, als es ihm gesundheitlich und seelisch so schlecht ging, dass er um sein Leben fürchtete. Jeanette wurde klar, dass ein Teil von ihm immer noch in der Beziehung mit Anni stecken geblieben war. Wenn es nun in der Beziehung mit Jeanette einen Auslöser gab, etwa weil sie etwas Ähnliches zu ihm sagte wie Anni es getan hatte, *dann reagierte er auf die traumatische Situation der Vergangenheit, nicht auf die gegenwärtige Situation.*

Wenn man solch ein Trauma reinkarnations-therapeutisch bearbeitet, holt man den Persönlichkeitsanteil, der dort stecken geblieben ist, heraus. Wenn dieser Teil der Person wieder zur Verfügung steht, sozusagen wieder im Hier und Jetzt angekommen ist, dann kann die Person auch wieder stimmiger auf die jetzige Realität reagieren, dann ist dieser Teil wieder an seinen Platz gerückt, und das vorher getrübte Unterscheidungsvermögen funktioniert wieder. Die Person weiß wieder, wen sie vor sich hat und kann vom Boden der jetzigen Realität aus handeln.

An dieser Stelle eine Bemerkung zu dem Wort „integer" und „Integrität". Als integeren Menschen bezeichnen wir jemanden, der sich stimmig mit sich selbst und der aktuellen Situation verhält, der zuverlässig und ehrlich ist, der seine eigene Würde und die anderer Menschen respektiert und eine lebensbejahende Haltung einnimmt. Das Wort „integer" bedeutet im ursprünglichen Wortsinn „ganz" oder „alle Teile zusammen". Das heißt, ein integerer Mensch kann sich integer verhalten, *weil ihm alle seine Persönlichkeitsanteile zur Verfügung stehen.* Er handelt mit Diplomatie, wenn es angebracht ist, diplomatisch zu sein, er schützt seine Grenzen, wenn er verletzt wird, er handelt mit Kraft in den Situationen, in denen Kraft von ihm erfordert wird und mit Sanftheit, wenn Sanftheit erforderlich ist.

Man kann sich vorstellen, dass es für einen Menschen, der Teile von sich abgespalten hat, schon allein aus diesem

Grund schwierig ist, sich integer zu verhalten; denn er selbst ist ja nicht mehr „integer" im Sinne von ganz. Er ist vielmehr fragmentiert. Fragmentierung nennt man das, was in einer traumatischen Situation passiert – die Persönlichkeit zerbricht in Fragmente.

In der Reinkarnationstherapie setzen wir diese Fragmente wieder zusammen und holen die in traumatischen Situationen stecken gebliebenen Teile dort heraus und bringen sie ins Hier und Jetzt. Gleichzeitig bringen wir die Fremdenergie, also Energie, die der Mensch von anderen Menschen übernommen hat, z.B. in Form von Glaubenssätzen oder Gefühlen, wieder aus ihm heraus. Das nennen wir Integration. Wenn diesem Menschen dann immer mehr seiner Persönlichkeitsanteile wieder zur Verfügung stehen, wird es für ihn leichter werden, sich in den unterschiedlichsten Situationen integer zu verhalten. Integer bedeutet für mich „ganz", im Sinne von „geheilt". Wenn viele Teile von einem Menschen geheilt sind, dann hat er seine Würde wieder und kann sich auch entsprechend verhalten.

Wenn ein Klient zu mir zum Erstgespräch kommt, versuche ich herauszufinden, ob es eine tragfähige Erwachsenenpersönlichkeit gibt, die fähig ist, das Material, das in den Rückführungen an die Oberfläche kommt, zu integrieren. Wenn ich den Eindruck gewinne, dass der Klient durcheinander oder fragmentiert ist oder immer wieder sehr widersprüchliche Aussagen trifft, arbeite ich mit ihm zunächst nur im Hier und Jetzt. In diesen Fällen ist es wichtig, zunächst die beschädigte Persönlichkeitsstruktur zu „reparieren", bevor man in die Vergangenheit geht.

Ein Beispiel zur Verdeutlichung: Zu Anfang meiner therapeutischen Tätigkeit kam eine Klientin namens Gertrud in meine Praxis. Mir fiel zwar beim Erstgespräch auf, dass sie etwas durcheinander erschien, ich maß dem aber keine große Bedeutung zu. Wir begannen die Therapie. Wir arbeiteten in der Kindheit, Geburt, pränatalen Phase, Zeugung und auch in vergangenen Leben. Nach einigen Monaten trat immer noch keine Besserung ihres Zustandes ein, obwohl mir all das Material, das an die Oberfläche gekommen war, stimmig erschien. Auch konnte sie sich an die Rückführungen nicht mehr erinnern. Manchmal musste ich ihr vorlesen, was wir bearbeitet hatten, um ihre Erinnerung wieder zu wecken. Es war so, als habe sie keinen Persönlichkeitsteil, in den sie das Material integrieren könne, so als ob die Dinge irgendwo „durchfallen" und wieder verschwinden würden. Mir wurde klar, dass ich mit dieser Klientin zunächst an einer Stärkung ihres Ichs hätte arbeiten sollen. Je größer die Erfahrung eines Therapeuten ist, desto besser erkennt er, was der Klient zu Anfang der Therapie am meisten benötigt.

Auch was den Therapeuten anbetrifft, gibt es bestimmte Einschränkungen. Nicht alle Menschen, die Therapeuten sind, sind geeignet dazu, Rückführungen durchzuführen. Es ist eine anspruchsvolle Methode, die viel persönliche Kraft, Integrität, psychologisches, medizinisches und allgemeines Hintergrundwissen, genügend Lebenserfahrung und vor allem eine sehr ausgeprägte Intuition erfordert, um diese Arbeit tun zu können. Außerdem ist es von großer Wichtigkeit, dass der Therapeut seine eigenen Themen bearbeitet hat und weiterhin an diesen arbeitet.

Wie in jedem Beruf, gibt es auch hier Menschen, die nicht die Voraussetzungen mitbringen, um eine solche Arbeit zu leisten, es aber dennoch tun. Das ist manchmal kein ungefährliches Unterfangen, denn wenn man Rückführungen macht, arbeitet man an den tiefen und tiefsten Schichten der Persönlichkeit. Das ist nicht einfach ein *Gespräch über* traumatische Erfahrungen, sondern *das Hineingehen, Durcharbeiten und Beenden dieser Erfahrungen.*

Manchmal werde ich gefragt, ob ich in meinen Rückführungen auch mit der „Geistigen Welt" arbeite, also beispielsweise mit Engeln und Meistern. Diese Frage kommt nicht immer, aber manchmal von Menschen, die – ich sage es einmal ganz vorsichtig – die Tendenz haben, ihre Verantwortung an Engel, Medien und geistige Wesen abzugeben. Ich weiß auch, dass es sehr wohl Reinkarnationstherapeuten gibt, die diese Ebene stark betonen. Wenn man dies zu sehr tut, dann kann es sein, dass in einer Rückführung wenig gelöst wird, weil der Klient das Trauma nicht richtig durcharbeitet, die Schmerzen nicht richtig spürt und sie dadurch auch nicht auflösen kann. Ich denke jedoch, dass es bei manchen Klienten durchaus angebracht sein kann, auch diese Ebene mit einzubeziehen. Ein guter Therapeut merkt, ob der Klient mit Hilfe von Engeln oder geistigen Wesen versucht, aus seinem Körper wegzukommen oder von der traumatischen Situation, die bearbeitet werden soll, wegzubleiben, oder ob das Heranziehen von Hilfe aus der Geistigen Welt sinnvoll sein kann.

Manchmal werde ich gefragt, ob es möglich sei, mit jedem Menschen Rückführungen zu machen, ob jeder Mensch sich erinnern könne und bei allen Bilder aus dem Unterbewusstsein an die Oberfläche kämen. Generell ist diese Frage zu bejahen. Ich habe noch niemanden erlebt, bei dem es keine Bilder oder auf anderen Sinneskanälen (Geruch, Gehör, Tastsinn, Geschmack) gespeichertes Material gegeben hätte. Was ich allerdings schon erlebt habe, ist, dass Menschen so sehr kopfgesteuert sind, dass, wenn etwas an die Oberfläche kommt, ihr Kopf sofort sagt: „Das kann doch gar nicht sein" oder „Das bilde ich mir doch nur ein". Oft ist dieses „Kopfgesteuertsein" Teil des Symptoms. Der Satz „Das bilde ich mir doch nur ein" kann ein Überlebensmuster sein. Ein Überlebensmuster ist etwas, das in einer traumatischen, lebensbedrohlichen Situation entsteht.

Wenn eine Tochter beispielsweise von ihrem Vater fortgesetzt sexuell missbraucht wird und es keine Vertrauensperson in ihrer Umgebung gibt, mit der sie darüber sprechen kann, dann mag es geschehen, dass das Mädchen sich nach jedem Vorfall selbst vermittelt: „Das bilde ich mir doch nur ein." Dieser Satz dient dem Überleben in einer lebensbedrohlichen Situation. Das Mädchen kann nicht weg, es kann auch mit niemandem reden, und es ist vielleicht vom Täter so eingeschüchtert worden, dass sämtliche Fluchtmöglichkeiten mit extremer Angst besetzt sind. Dann wird der Satz „Das bilde ich mir doch nur ein" zum Überlebensmechanismus.

Wenn man dann eine Rückführung mit der erwachsenen Frau macht, die dies als Kind erlebt hat, kann es sein, dass man als erstes auf diesen Satz stößt. Man bittet die Klientin, ihrem Unterbewusstsein zu folgen und zu erzählen, was an die Oberfläche kommt. Dann kann es sein, dass sie die Augen öffnet und sagt: „Das stimmt doch alles nicht. Das bilde ich mir doch nur ein." Diese Widerstände sind normal, und ein guter Therapeut weiß, wie er mit ihnen umzugehen hat. Dann kann das eigentliche Material an die Oberfläche kommen.

Ein weiteres Hindernis besteht darin, dass ein Trauma beispielsweise mit einem Redeverbot verknüpft ist. Meine Klientin Amanda litt an diversen körperlichen Symptomen und Verhaltensstörungen. In der zweiten oder dritten Sitzung führte sie ihr Unterbewusstsein in ein Leben, in dem anscheinend schreckliche Dinge stattgefunden hatten. Das erste, was sie sagte, als ich sie fragte, was sie sehe, war: „Nichts. Ich sehe nichts." Ich fragte sie: „Und wenn Du einmal ein Stück hinter dieses Nichts gehen könntest, was würdest Du dann sehen?"

Es wurde ihr unbehaglich, das konnte man spüren. Sie sagte: „Ich darf da nicht hin." Als ich diesen Satz hörte, wurde mir klar, dass es da irgendein Verbot gab. Sätze, die mit „Ich darf nicht..." beginnen, verweisen immer auf ein internalisiertes Verbot. Wir machten weiter, und es stellte sich heraus, dass einer der Männer, die sie im Namen der Kirche gefoltert und geschändet hatten, zu ihr gesagt hatte, dass sie niemals darüber reden dürfe. Wenn sie das täte, dann passiere ihr etwas ganz Schreckliches.

Das Unterbewusstsein glaubt dies, und es erfordert Geduld und Geschick seitens des Therapeuten, das Verbot aufzulösen. Aber es ist möglich. Wenn der Klient dann begriffen hat, dass er selber entscheiden kann und das Verbot für ihn jetzt nicht mehr gilt, dann löst sich die eigentliche Geschichte. Das geht natürlich nur, wenn der Klient genug Vertrauen zum Therapeuten und das Gefühl hat, in einem „geschützten Raum" zu sein.

Widerstände sind normal. Wenn man an unbewusstes Material zu leicht herankommt, kann es ein Hinweis darauf sein, dass es sich um Deckmaterial, so genannte *Deckerinnerungen*, handelt. Ich sage dies mit Vorsicht, denn es muss nicht so sein, aber es kann so sein. Deckerinnerungen sind Erinnerungen, hinter denen sich die eigentlichen Erlebnisse, die oft wesentlich schlimmer sind, verbergen.

5.3.8 Karmische Verbindungen

Wir spielen in unterschiedlichsten Situationen in verschiedenen Leben viele Varianten von Täter- und Opferrollen. Oft ist es so, dass wir in der Kindheit Opfer sind und als Erwachsene entweder Täter oder Opfer oder beides abwechselnd. In Rückführungen stellt sich immer wieder heraus, dass wir in verschiedenen Leben Seelen wiedertreffen, mit denen noch etwas unerledigt geblieben ist, mit denen es also noch zu lösende Verstrickungen gibt.

Manchmal gehen wir mit diesen Menschen Liebesbeziehungen ein. Aber nicht nur Liebespartner, auch unsere Eltern, Kinder und Geschwister können Seelen sein, mit denen wir noch unerledigte Dinge aufzuarbeiten haben. Oft treffen wir Menschen hauptsächlich aus diesem Grund. Das sind dann Beziehungen, die auseinander gehen können, wenn die karmische Last bereinigt ist. Manchmal gibt es aber auch nach der Bereinigung der karmischen Verstrickung die Möglichkeit, die Beziehung auf einer neuen Ebene weiterzuführen.

Nadine war mit ihrem Lebensgefährten Erich seit einundhalb Jahren zusammen. Sie erzählte, dass diese Beziehung recht glücklich sei, jedenfalls viel glücklicher als alle Beziehungen, die sie vorher gehabt hatte. Es gab jedoch einige Punkte, die sie störten. Sie hatte das Gefühl, dass Erich sie in geistiger Hinsicht ausnutzte. Er verwendete viele ihrer Ideen für seine Bücher und Schriften, und überhaupt hatte die Beziehung ein Übergewicht, was die berufliche Seite anbetraf. Nadine fühlte sich an Erichs Seite oft nicht richtig als Frau und von ihm nicht als Frau gesehen und geachtet.

In einer Rückführung zur Bearbeitung dieses Themas kam heraus, dass Nadine und Erich in Nadines letztem Leben in der Nazi-Zeit als leitende Figuren einer Widerstandsgruppe miteinander verbunden waren. Sie hatten auch eine Liebesbeziehung miteinander. Auch in jenem Leben war es so, dass Erich viele von Nadines Ideen für die Gruppe verwendete. Die berufliche Seite hatte eindeutiges Übergewicht, und immer, wenn Nadine sich Erich als Frau auf einer emotionalen Ebene näherte, wehrte er sie ab mit den Worten: „Die politischen Ziele sind das wichtigste. Persönliche Dinge sind unwichtig."

Nadine war sehr verwirrt über diese Situation. In ihrem Inneren spürte sie, dass hier etwas nicht stimmte, aber sie hatte auch viel Angst. Diese Angst war zum einen durch die politische Situation und zum anderen durch Erichs Verhalten bedingt. So wurde die Situation zwischen den beiden immer *unterschwelliger*. Nadine fühlte sich unwohl, aber sie konnte mit niemandem darüber reden. Sie hatte den Eindruck, dass es Erich im Grunde um etwas anderes ging als um das, was er sagte. Er redete zwar viel vom Kampf gegen die Nazis, von Freiheit und Gleichheit und Chancen, aber immer wieder drängte sich ihr das Gefühl auf, dass es ihm hauptsächlich um Macht ging, dass er bewundert und angehimmelt werden wollte und sie dazu benutzte. Wenn sie ihn darauf ansprach, wich er aus und wurde manchmal auch sehr unangenehm.

Es gab eine andere Frau in der Gruppe, Hanna, die neidisch auf Nadine war. Zum einen war sie neidisch auf Nadines geistige Fähigkeiten und persönliche Ausstrahlung, aber auch darauf, dass Nadine Erichs Partnerin war. Hanna wollte

Erich für sich haben. Als sie bemerkte, dass es Konflikte zwischen Erich und Nadine gab, war ihr das nur recht. Sie näherte sich Erich, und Nadine beobachtete, wie Erich und Hanna sich küssten. Sie stellte Erich zur Rede. Dieser wollte wieder ausweichen, aber diesmal ließ Nadine nicht locker. Diesmal ließ sie sich nicht abspeisen mit Parolen wie „persönliche Dinge sind unwichtig".

Als Erich merkte, dass er Nadine nicht mit den üblichen Methoden einschüchtern konnte, wurde er sehr ungehalten und griff sie körperlich an. Er griff ihr an den Hals und bedrohte sie. Sie bekam wiederum große Angst, und ihr innerer Konflikt verstärkte sich. Was sollte sie tun? Wenn sie mit den anderen aus der Gruppe darüber sprach, müssten diese entscheiden, wem sie glauben sollten. Das würde die Gruppe vielleicht auseinander bringen. Nadine wusste nicht, was sie tun sollte. Sie wartete ab. Die Situation wurde immer unangenehmer.

Einige Zeit später gab es nochmals eine Situation, in der Nadine Erich darauf ansprach, dass er sie betrog. Auch diesmal ließ sie nicht locker. Wieder griff er sie körperlich an und bedrohte sie. Er sagte: „Wenn Du nicht damit aufhörst, kann ich dafür sorgen, dass Du abgeholt wirst." Nadine erschrak zutiefst. Sie wusste, was das bedeutete, und sie wusste, dass viele Leute abgeholt wurden, wenn man sie denunzierte.

Als sie in der Tiefe darüber nachdachte, was Erich gesagt hatte, wurde ihr klar, was das bedeutete: Er musste Kontakte zur anderen Seite haben. Sie wollte es nicht glauben. Immer wieder verdrängte sie die eigenen Gefühle und dachte: „Das kann nicht wahr sein." Wieder überlegte sie, was zu tun sei, wieder stellte sie die eigenen Interessen hinter die Gruppeninteressen, wieder wollte sie die anderen Gruppenmitglieder nicht gefährden. Einmal folgte sie Erich und sah ihn, wie er in einem Bierzelt in Bierlaune mit Männern in Hakenkreuz-Uniform zusammen saß, lachte und scherzte. Wieder dachte sie: „Das kann nicht wahr sein." Ihr innerer Konflikt wurde noch größer, aber wieder entschied sie sich, nichts zu sagen, um die Gruppe nicht zu gefährden.

Es kam zu einem erneuten Streit zwischen Erich und Nadine. Der Streit endete ohne Einigung. Nadine ging nach Hause. Einige Zeit später hörte sie Schritte auf der Treppe und wusste, nun war es so weit. Sie wurde abgeholt.

Sie wurde zu einem Gebäude gebracht, in dem sie verhört wurde. Sie sollte die Namen von den anderen in der Gruppe verraten. Nadine sagte nichts und wurde tagelang gefoltert. Es zeigte sich, dass Erich offensichtlich unter einem Doppelnamen agierte. In seinen Kontakten mit den Nazis benutzte er einen anderen Namen als in seiner Rolle als Anführer der Widerstandsgruppe. Aber jemand von den Folterern hatte Verdacht geschöpft, und es gab eine Gegenüberstellung von Nadine und Erich. Sie war an einem Punkt angelangt, an dem sie nichts mehr zu verlieren hatte, und sie entschied sich endlich, alles zu sagen, was sie über ihn wusste. Erich sagte zu ihr: „Du bist schuld, wenn wir alle sterben." Nadine starb kurze Zeit später an den Folterungen.

Das, was Erich zu ihr gesagt hatte, war natürlich eine völlige Verdrehung der Tatsachen. Tatsächlich war *er* der Schuldige, der Verantwortliche für das, was geschehen war. Er war verantwortlich für den Tod von Nadine und den anderen Gruppenmitgliedern.

Nadine nahm jedoch aus diesem Opferleben das Gefühl mit, sie sei Täterin gewesen. Bei der gründlichen therapeutischen Durcharbeitung wurde Nadine bewusst, dass sie in Wirklichkeit Opfer gewesen war und alles getan hatte, was in ihrer Macht stand, um andere Menschen zu schützen.

Dies ist auch ein Beispiel dafür, dass es durchaus geschehen kann, dass Opferleben als Täterleben abgespeichert werden. Deshalb ist es so wichtig, solche Leben gründlich zu bearbeiten, um die Wahrheit – also das, was *eigentlich* passiert ist – wieder zugänglich zu machen und die karmische Last damit zu beenden.

Nadine war erschüttert über das, was sie herausgefunden hatte, über die karmische Verbindung zwischen ihr und

Erich. Sie sagte, sie müsse sich überlegen, ob sie diese Beziehung weiterführen könne.

Einige Tage später erzählte sie, sie habe mit Erich über das gesprochen, was an die Oberfläche gekommen sei. Auch er sei sehr betroffen gewesen, und beide hätten gemeinsam darüber geweint. Auch habe Erich sie um Verzeihung gebeten. Außerdem wolle er selber seine damit ihm Zusammenhang stehenden Themen in einer Rückführung therapeutisch bearbeiten.

Als ich Nadine das nächste Mal sah, konnte sie zunächst kaum reden. Sie weinte und weinte und konnte gar nicht aufhören. Als sie wieder sprechen konnte, erzählte sie, was passiert war. Es hatte eine Auseinandersetzung zwischen ihr und Erich gegeben, in deren Verlauf Erich Nadine körperlich angegriffen hatte. Nadine war tief erschrocken, und sie war weggelaufen. Sie hatte das Gefühl, etwas aus dem letzten Leben habe sich wiederholt, und sie müsse ihr Leben in Sicherheit bringen.

Sie war sich nach diesem Vorfall nicht sicher, ob sie die Beziehung fortsetzen könnte. Erich schrieb ihr einen Brief, in dem er sie um Verzeihung bat. Er bereute tief, was er getan hatte. Sie telefonierten und weinten beide am Telefon. Als sie sich trafen, bat Erich sie nochmals auf Knien um Verzeihung. Nadine merkte, dass sie ihn immer noch liebte und auch er sie liebte. Sie spürte seine tiefe Reue und traf den Entschluss, die Beziehung fortzusetzen.

Nadine und Erich waren nach diesen Ereignissen noch sechs Monate zusammen. Sie erzählte mir, dass sie nach dem Vorfall angefangen hatte, sich langsam aus der Beziehung herauszuentwickeln. Ein Teil von ihr habe gespürt, dass ihr Weg sie in eine andere Richtung führte, und ein anderer Teil habe das nicht wahrhaben wollen. Schließlich trennte sie sich von Erich.

Sie fühlte sich nach der Trennung erleichtert. Sie erzählte mir, dass dies die erste Trennung in ihrem Leben war, die nicht von intensiven Ängsten begleitet gewesen sei. Sie fühle sich vielmehr erleichtert, habe ein großes Freiheitsgefühl und viel Energie. Das ist verständlich. Wenn man sich die Geschichte ihres letzten Lebens anschaut, dann war es so, dass die Trennung von Erich für Nadine letztendlich den Tod bedeutete. Sie starb, nachdem er sie verraten hatte. Nadines Unterbewusstsein nahm also die Verknüpfung von Trennung mit Angst, Verrat, Schuld und Tod mit in dieses Leben. Nachdem in der therapeutischen Bearbeitung diese Verknüpfung aufgelöst wurde, konnte Trennung für Nadine jetzt Befreiung, Weiterentwicklung und letztendlich Lebendigkeit bedeuten. Nadine geht es jetzt sehr gut.

Manchmal treffen wir einen Menschen, weil wir eine karmische Verstrickung zu lösen haben. Wenn wir eine Liebesbeziehung mit diesem Menschen eingehen, so kann es sein, dass diese beendet ist, nachdem die Verwicklung bearbeitet wurde. Man hat sich getroffen, um die karmische Verstrickung zu lösen, und danach geht jeder seinen Weg weiter.

Aber es gibt natürlich auch die Möglichkeit, dass die Liebesbeziehung auch nach der Auflösung der Verbinung auf einer anderen Ebene weitergeführt wird. Ob das eine oder das andere eintritt, hängt von vielen Faktoren ab, insbesondere vom Bewusstsein der beteiligten Partner und der Tiefe der emotionalen Bindung zwischen ihnen.

5.3.9 Schattenintegration

Ich habe bereits erwähnt, dass wir in der Reinkarnationstherapie zwischen Täter- und Opferleben unterscheiden. Täterleben sind diejenigen, in denen wir vorwiegend als Täter gegenüber anderen Menschen auftraten, sei es als Mörder, Verbrecher, Vergewaltiger oder Henker. Opferleben hingegen sind die Leben, in denen wir uns hauptsächlich als Opfer der Handlungen anderer Menschen gefühlt haben, etwa als vergewaltigte Frau oder als missbrauchtes Kind.

Es gibt natürlich auch Mischformen. Das sind Leben, in

denen wir Opfer waren, uns aber in einer bestimmten Situation als Täter gefühlt haben, wie in obigem Beispiel bereits besprochen. In den Täterleben ist die Bearbeitung der Kindheit von besonderer Wichtigkeit, denn erst, wenn man noch einmal die Ereignisse dieser Zeit durchlebt und gespürt hat, was dort passierte, kann man sich selbst verstehen, kann verstehen, was einen zum Täter gemacht hat und kann die eigene Entwicklung nachvollziehen.

Meine Klientin Hillary erlebte sich in einer Rückführung als „krummbeiniger Sarazene". Sie sah, wie sie säbelschwingend vielen Menschen die Köpfe abschlug und sich dabei wunderbar fühlte. Sie schien zu Anfang der Rückführung keinerlei Unrechtsbewusstsein zu haben. Sie fühlte sich ganz in ihrer männlichen Kraft, wenn sie mit ihren Stammesgenossen andere Dörfer überfiel und den dort lebenden Menschen die Köpfe abschlug. Sie war stolz, wenn sie so viele Menschen wie möglich „abgeschlachtet" hatte. Sie sagte, es sei wie ein Wettkampf. Wer schaffte die meisten Köpfe? Es machte Spaß, wenn man dieses „Geschrei vor Angst" hörte, und sie sei der Stärkste von den Männern. „Gegen uns kann keiner an", sagte sie. Ihre Lebensfreude und Kraft war verbunden damit, andere Menschen umzubringen. Das war für sie völlig normal.

Ich bitte sie, in die Kindheit dieses Lebens zurückzugehen. Sie sieht ihren Vater, der ein Haudegen und ebenfalls der Stärkste von seinen Männern ist. Sie ist der älteste Sohn, und es wird ihr vermittelt, dass sie dem Vater auf jeden Fall nacheifern müsse. Sie ist jedoch ein eher „zartbesaitetes" Kind. Dies wird von Vater und Mutter nicht wahrgenommen. Auch die Mutter vermittelt, dass sie auf jeden Fall dem Vater nacheifern müsse, um die Ehre und das Ansehen der Familie zu wahren. Ihr wird vermittelt, dass sie etwas Besseres ist.

Sie fragt nach den Menschen, die umgebracht werden, und ihr wird mitgeteilt, dass das keine wirklichen Menschen seien. Es seien „lebendige Strohpuppen", die ein so armseliges Leben hätten, dass es eine Gnade für sie sei, umgebracht zu werden. Ihre Ausbildung erhält sie mit Strohpuppen, denen sie möglichst viele Köpfe abschlagen muss. Als sie zwölf Jahre als ist, darf sie zum ersten Mal mit. Sie ist sehr aufgeregt, und als sie der ersten Person gegenübersteht, die sie umbringen soll, sieht sie, dass es ein Kind ist, ein Mädchen. Sie zögert kurz, sieht die Augen des Mädchens und schlägt dann zu. Der Kopf des Mädchens rollt, und sie muss sich übergeben. Ihr Vater sagt ihr, dass es für das erste Mal in Ordnung ist, wenn sie sich übergibt, aber dass das nicht ein zweites Mal passieren dürfe, sonst würde es Schande für ihn und die Familie bedeuten.

Wieder zu Hause angekommen, redet sie mit ihrer Schwester, die auch eine andere Einstellung als die Eltern hat. Sie erzählt ihrer Schwester von dem Erlebnis, und die Schwester sagt: „Du musst es tun, sonst wirst Du geächtet und aus der Gemeinschaft ausgeschlossen." Vor dem zweiten Ausritt trinkt Hillary Alkohol. In dem Moment, in dem der Alkohol in ihren Körper fließt, ist ihr Gewissen abgeschaltet. Sie fühlt einen angenehmen Nebel. Sie sieht wieder die Menschen, die sie köpfen soll, aber nun nimmt sie sie nicht mehr als Menschen wahr, sondern als Strohpuppen. Sie schafft es, einigen „Strohpuppen" die Köpfe abzuschlagen, ohne sich danach zu übergeben. Alle sind stolz auf sie. Ihr Vater sagt: „Du hast Dich als würdig erwiesen."

Ab dem Moment trinkt sie jedes Mal vor den Ausritten. Die anderen Männer tun dies auch. Sie verinnerlicht immer mehr die übernommenen Glaubenssätze und spaltet den Persönlichkeitsteil ab, in dem es ihr Gewissen gibt. Wir arbeiten das Leben und das Sterben durch, und ich bitte sie, ins Zwischenleben zu gehen. Erst dort wird ihr wieder bewusst, was sie eigentlich getan hat; dass es Menschen und keine Strohpuppen waren, denen sie die Köpfe abgeschlagen hat. Ich lasse sie mit allen Seelen in Kontakt treten, die sie umgebracht hat. Sie entschuldigt sich bei ihnen.

Ich fand diese Bearbeitung sehr bemerkenswert, verschafft

sie uns doch einen guten Einblick in die Entwicklung zum Täter. Als Kind hatte sie noch ein Gewissen und ein Unrechtsbewusstsein. Durch die kollektive Indoktrinierung spaltete sie diesen Teil ab und wurde zu einem Teil der Gemeinschaft. Es wurde wichtiger, dazu zu gehören und der Familie keine Schande zu machen, als das Eigene zu leben. Dies ist ein Muster, das wir immer wieder finden, wenn wir uns mit der Biographie von Tyrannen, Diktatoren und Mördern befassen.

Die verinnerlichten Glaubenssätze, im letzten Fall die „menschlichen Strohpuppen" und „die Gnade, wenn sie umgebracht werden", erinnerten mich sehr an die Ideologie des Dritten Reichs. Auch dort wurden Menschen als „Untermenschen" bezeichnet und unter dieser Plakatierung massenweise umgebracht. Auch dort war es für viele Menschen so wichtig, dazu zu gehören, dass sie die eigenen Persönlichkeitsanteile, die mit Gewissen, Ethik und Unrechtsbewusstsein zu tun hatten, abspalteten. Es gab nur wenige, die die persönliche Stärke besaßen, ihr Eigenes dem Kollektiv entgegenzustellen, und die dafür auch in den Tod gingen, wie beispielsweise die Geschwister Scholl und die "Weiße Rose".

Die Bearbeitung von Täterleben ist deshalb von besonderer Bedeutung, weil wir hier mit der eigenen Schattenseite in Berührung kommen, der Seite, die wir im Alltag gerne ausblenden, der Seite, die wir oft auf andere projizieren. Solange wir nicht den Mut oder die Kraft haben, uns dem eigenen Schatten zuzuwenden, brauchen wir Schattenprojektionen von außen, also Menschen in unserem Umfeld, die uns durch meist unangenehme Verhaltensweisen den eigenen Schatten spiegeln. All diese unangenehmen Ereignisse und Verhaltensweisen wollen uns letztlich auf den eigenen unbearbeiteten Schatten aufmerksam machen.

Viele Eigenschaften und Handlungsweisen, die wir an anderen Menschen verurteilen, sind Projektionen unseres eigenen Schattens. Jedes Verhalten eines anderen Menschen, das uns besonders aufregt, kann ein Hinweis auf eigene, unerlöste Schattenanteile sein. Je mehr wir diese integrieren, desto überflüssiger werden Verurteilungen.

Dies soll jedoch nicht zu einer Haltung der Gleichgültigkeit gegenüber Menschen oder Ereignissen führen. Im Gegenteil, die Schärfe des Erkennens verbessert sich durch die Integration des eigenen Schattens. Es ist gut und wichtig, Dinge zu erkennen und sie auch beim Namen zu nennen. Aber es gibt einen großen Unterschied zwischen dem Erkennen und Benennen auf der einen Seite und dem Verurteilen auf der anderen Seite.

Der Unterschied liegt in der „emotionalen Ladung". Wenn wir uns über etwas sehr aufregen, so haben wir eine emotionale Resonanz zu dem Thema oder dem betreffenden Menschen. Diese Resonanz weist oft auf ein eigenes verdrängtes Thema hin. Wenn das Thema bearbeitet ist, schärft und klärt sich unsere Wahrnehmung. Wir sehen immer noch Dinge, die uns nicht gefallen, aber die emotionale Ladung ist nicht mehr so stark, als wenn wir selbst aufgrund eigener unerledigter Themen noch etwas mit der Sache zu tun haben.

Ich kann mich noch gut an eine Übung erinnern, die Rob und Tineke in einem unserer ersten Reinkarnations-Ausbildungsseminare mit uns durchführten. Wir übten in Zweiergruppen und sollten uns gegenseitig erzählen, welche Verhaltensweisen uns besonders an anderen Menschen aufregten. Uns fiel eine ganze Menge von Dingen ein, die uns an anderen störten. Als wir mit der Übung fertig waren und wieder in der großen Runde zusammenkamen, sagten Rob und Tineke: „Das, was ihr gefunden habt, ist euer eigener Schatten."

Das war damals keine unbedingt angenehme oder leicht zu akzeptierende Vorstellung. Aber je mehr ich darüber nachdachte und je mehr ich versuchte, mich mit dem Gedanken anzufreunden, desto mehr spürte ich tief in meinem Inneren, dass ich ihn nicht ganz von der Hand weisen konnte, auch wenn ich große Widerstände dagegen hegte. Etwas in mir spürte schon damals, zu einem Zeitpunkt, an dem meine Erfahrungen mit Rückführungen erst ganz am Anfang standen, dass in dem Gedanken der Schattenprojektion viel Heilungspotenzial steckte und dass, wenn ich den Mut hätte, eigene Schattenseiten von mir anzuschauen, dies mein Leben grundlegend verändern könnte. Tatsächlich war es das, was im Laufe der nächsten Jahre passierte.

Auch Gefühle wie Angst und Hass hängen oft eng mit Schuldgefühlen, die aus unseren unbearbeiteten Schattenanteilen kommen, zusammen. Oft ist Angst eine unbewusste Angst vor Bestrafung. Wir fühlen uns schuldig für Dinge, die wir in vergangenen Leben getan, vergessen oder verdrängt haben – und spüren das Gefühl der Angst. Wenn wir das zugrunde liegende Thema bearbeitet und integriert haben, verschwindet die Angst häufig.

Meine Klientin Sandra kam wegen starker Ängste zu mir in die Therapie. Wir bearbeiteten einige traumatische Situationen aus ihrer Kindheit, aus der Zeit im Mutterleib, der Zeugung und aus vergangenen Leben. Besonders in der Zeit im Mutterleib erlebte sie immer wieder Todesangst. In der Rückführung stellte sich heraus, dass ihre Mutter oft ablehnende Gedanken gegenüber dem Baby hatte. Sie arbeitete sehr viel, auch körperlich, weil sie den uneingestandenen Wunsch hegte, das Baby möge verschwinden.

Auch in der Kindheit fanden wir einige traumatische Erlebnisse. Es handelte sich immer um Opfererfahrungen. Nachdem wir viel bearbeitet hatten, besserten sich Sandras Symptome. Die Therapie war fast abgeschlossen, als sich der Schatten zeigte.

Sandra kam in eine Stunde und erzählte, dass eine Bewohnerin des Heims, in dem sie arbeitete, gestorben sei. Dieses Ereignis hatte bei ihr eine Depression und Gefühle von Sinnlosigkeit ausgelöst. Sie sagte, sie habe nicht weinen können. Sie fragte sich, welchen Sinn das Leben überhaupt habe, wenn einen doch jederzeit der Tod treffen könne. Auch äußerte sie Angst davor, dass der Geist eines gestorbenen Menschen ihr begegnen könne. Sie fühlte sich schuldig, ohne zu wissen warum. Als ich sie nach zu ihren Gefühlen gehörigen Sätzen frage, kommt: „Ich möchte nur sterben" und „Es hat alles keinen Sinn". Wir steigen ein mit den Elementen Angst, Schwere im Kopf und Stechen im Brustbereich und mit dem Satz „Das gibt's nicht".

Ihr Unterbewusstsein führt sie in eine Situation aus einem vergangenen Leben. Sie ist schwanger. Sie fühlt sich schwer und hat das Gefühl, dass etwas Schlimmes passiert. Sie sagt: „Der Tod kommt zu einem Zeitpunkt, wo er nicht hineinpasst." Sie ist beim Arzt, und dieser teilt ihr mit, dass ihr ungeborenes Kind im Mutterleib gestorben ist. Der Arzt sagt: „Ihr Kind ist tot" und sie denkt: „Das gibt's nicht."

Sie hat das Gefühl, mit dem Tod verbunden zu sein. Sie fühlt sich in ihrem Körper wie tot. Sie macht sich Vorwürfe, dass das Baby gestorben ist und denkt, sie hätte sich mehr sorgen müssen.

Wir gehen an den Anfang der Geschichte zurück. Sie hatte in jenem Leben eine schwere Kindheit gehabt. Ihre Eltern kümmerten sich nicht um sie. Sie hatte das Gefühl „Ich gehöre nicht dazu".

Ein Teil von ihr verschließt sich. Sie lebt lange allein, bis sie als junge Frau ihren zukünftigen Mann an ihrer Arbeitsstelle kennen lernt. Er ist von ihr begeistert, sie ist „leicht interessiert". Sie will sich nicht ganz öffnen und hat das Gefühl, sie müsse für sich bleiben. Schließlich heiraten sie. Als sie von der Schwangerschaft erfährt, ist ihr Gefühl Gleichgültigkeit. Sie denkt: „Schön, dass ich ein Kind bekomme", aber sie fühlt keine Freude. Ihr Mann freut sich sehr. Sie hat das Gefühl, dass seine Liebe stärker ist als ihre. Sie bleibt emotional für sich und hat keine Verbindung zu ihrem Baby. Sie hat das Gefühl „Das Baby gehört zu uns, aber nicht zu mir".

Als sie bei dem Arzt ist und dieser ihr sagt, ihr Baby sei gestorben, denkt sie „Ich darf nicht glücklich sein." Er sagt, das Baby müsse entfernt werden. Sie fühlt Leere. Bei ihrem

Mann wird etwas zerstört. Er ist nach diesem Tag nicht mehr fröhlich. Sie gibt sich auf und fühlt Sinnlosigkeit. Sie fühlt sich, als seien ihre Gefühle gestorben, und sie denkt: „Ich will sterben."

Sie lebt noch einige Jahre in diesem resignierten Zustand. Als sie schließlich stirbt, denkt sie „Gott sei Dank" und „Jetzt ist es endlich vorbei".

Wir bearbeiten alles gründlich. Ich lasse sie die Teile von sich selbst zurückholen, die mit dem Baby gestorben sind. Dann tritt sie mit der Seele des Babys in Kontakt und sagt alles, was ungesagt geblieben ist. Sie atmet alle Todes-, Schock- und Erstarrungsenergie aus und verbindet sich dann mit ihrer eigenen Lebensenergie, mit Lebendigkeit, Kraft, Heilung und Transformation.

Diese Arbeit ist Sandras vorletzte Therapiestunde. Sie kommt noch einmal, und dann höre ich ein paar Wochen nichts von ihr. Schließlich ruft sie an und erzählt mir, dass sie schwanger sei. Ich muss sofort an unsere Arbeit denken. Ein Jahr, nachdem ich sie das letzte Mal sah, kommt sie zur mir. Sie hat drei Monate vorher einen gesunden, prächtigen Jungen zur Welt gebracht. Ich rechne die Zeit aus, und mir wird klar, dass das Kind um den Zeitpunkt der Rückführung herum gezeugt worden ist, denn es wurde neun Monate später geboren. Ich freue mich sehr über diese wunderbare Entwicklung in Sandras Leben. Es ist schön, sehen zu dürfen, dass das Leben und die Liebe stärker sind als Tod und Angst.

Ich habe immer wieder nach Rückführungen in Täterleben erfahren, dass gerade die Schattenbearbeitung eine äußerst heilsame Wirkung auf das Leben der betreffenden Person ausübt. Ein Mensch, der den Mut hat, die eigenen Schattenseiten anzuschauen und zu integrieren, wird oft durch ein Anwachsen der Lebensenergie und Lebensqualität sowie die Intensität seiner Beziehungen belohnt. Aber es ist natürlich nicht angenehm, sich selbst als Täter zu erleben, als Mörder, als Verräter oder als Vergewaltiger. Es gehört Mut dazu und eine tragfähige Persönlichkeit, die in der Lage ist, die gefundenen Erlebnisse zu integrieren.

Meist meldet sich der Schatten erst dann, wenn die Persönlichkeit von ihrer seelischen Entwicklung her in der Lage ist, ihn zu integrieren. Vorher ist es nicht ratsam, den Schatten hervorzulocken, denn wenn die Persönlichkeit noch nicht reif ist, ihn zu integrieren, könnte die Person in eine Abwehrhaltung gehen. Es ist sehr wichtig, den individuellen Entwicklungsweg einer jeden Seele zu respektieren. Was für den einen jetzt reif ist, ist für den anderen vielleicht erst in zehn oder zwanzig Jahren oder im nächsten Leben an der Reihe.

Wenn Menschen Rückführungen gegenüber voreingenommen sind, ihren Nutzen bezweifeln oder sie gar für gefährlich halten, so kann dies damit zu tun haben, dass sie unbewusste Angst vor ihrem eigenen Schatten haben. Ihr Unterbewusstsein „weiß", was in vergangenen Leben geschehen ist. Wenn ihnen dann jemand etwas von Rückführungen erzählt, kommt ein unangenehmes Gefühl an die Oberfläche, das mit dem verdrängten Schatten in Zusammenhang steht. Diese Menschen haben große Angst, etwas über sich selbst herauszufinden, was sie mit ihrem Selbstbild nicht in Einklang bringen könnten. In solchen Fällen kann man nichts erzwingen. Es ist besser, solche Menschen wieder gehen zu lassen. Manchmal kommen sie nach einer Zeit wieder, manchmal aber auch nicht.

Ich kann mich noch gut an eine Klientin erinnern, die zum Erstgespräch kam und von enormen Konflikten mit ihren Eltern berichtete. Sie fragte mich, ob ich „eindeutige Schuldzuweisungen" vornehme, denn das sei für sie sehr wichtig. Ich erklärte ihr, wie ich die Themen bearbeitete. Das gefiel ihr nicht, sie sprang auf und wollte gehen. Ich spürte ihre enorm große Angst und ließ sie gehen.

Der eigene Schatten zeigt sich normalerweise am deutlichsten in Liebesbeziehungen. Wir projizieren ihn auf den Partner. Wenn wir in einer Beziehung leben, in der wir nicht glücklich sind und die Fehler des Partners überdimensional sehen, so ist dies immer auch ein Hinweis auf eigene, verborgene Schattenanteile.

Isadora wählte früher oft Beziehungspartner, die eine sehr zwiespältige Einstellung zum Thema Familie, Zuverlässigkeit, „Gemeinsam-durchs-Leben-gehen" sowie geistige und körperliche Treue hatten. Es gab in diesen Beziehungen oft heftige und auch destruktive Gespräche, die mit gegenseitigen Vorwürfen und letztendlich mit Zerwürfnis und Trennung endeten.

Die Beziehung, in der vielleicht am intensivsten dieses Muster ausgelebt wurde, war die Beziehung zu Frank, dem Vater ihres Sohnes Bernhard. Isadora und Frank lebten sieben Jahre lang zusammen, davon fast sechs Jahre in Italien. Frank hatte in Isadoras Augen viele Schattenseiten, auf fast jeder Ebene des Lebens, insbesondere bei den Themen Geld und Sexualität, Treue und Zuverlässigkeit.

Er war sehr unzuverlässig. Wenn er zugesagt hatte, abends zu einer bestimmten Uhrzeit zu Hause zu sein, so kam er zwei oder drei oder manchmal auch sechs Stunden später oder am nächsten Morgen. Es gab immer Szenen und Auseinandersetzungen wegen dieses Verhaltens, das er nicht ändern konnte bzw. wollte. In diesen Auseinandersetzungen drohte Isadora ihm jedes Mal an, ihn zu verlassen, wenn er sein Verhalten nicht ändern würde. Er nahm ihre Drohungen nicht ernst, aber die Beziehung endete tatsächlich damit, dass Isadora ihn verließ.

Viele Jahre nach der Trennung flammte das Thema durch ihren Sohn Bernhard wieder auf. Jedes Mal, wenn er aus den Schulferien von seinem Vater aus Italien zurückkam, war er wie ein anderer Mensch, wie ausgewechselt, so als hätte er zwei oder drei Wochen lang geistiges Gift bekommen. Er war Isadora gegenüber aggressiv und verhielt sich wie die schlimmste Sorte eines südländischen Machos. Er kam Isadora manchmal wie eine Kopie seines Vaters vor.

Einmal nach den Osterferien war es besonders schlimm.

Bernhard kam aus Italien zurück und war wie durchtränkt von der Energie seines Vaters und von Feindseligkeit Isadora gegenüber. Er sprach die ganze Zeit davon, dass er nach Italien zu seinem Vater gehen wolle, dass Deutschland „Scheiße" sei und Isadora sowieso. Es war für sie kaum auszuhalten. Er verhielt sich in einer verachtenden und erniedrigenden Art und Weise seiner Mutter gegenüber, so dass es für sie wie ein Alptraum war.

Isadora arbeitete sehr viel in jener Zeit, und sie sagte, dass sie sich wie in einem Film vorkam. In der Arbeit war sie die kompetente Kollegin, für ihre Freundinnen und Freunde die liebevolle und verständnisvolle Freundin, und für ihren Sohn war sie ein „Flittchen" und eine „Schlampe", um nur einige der Ausdrücke zu nennen, mit denen er sie traktierte. Sie weinte oft aus Verzweiflung. Sie wusste nicht mehr weiter. Alle Menschen, mit denen sie über das Thema sprach, versuchten zwar, hilfreich zu sein, aber Isadora hatte das Gefühl, für die meisten sei das Thema irgendwie „eine Nummer zu groß", zu schwer oder zu unverständlich. Sie bekam Hilfe und Unterstützung von ihrer Umgebung zu jener Zeit, aber etwas Grundsätzliches änderte sich nicht.

Besonders schwierig und schmerzlich war für Isadora, zu wissen, dass ihr Kind sie eigentlich liebte. Sie wusste, eigentlich war es nicht er, der sie verletzen wollte, sondern der Schatten seines Vaters, der ihn – unbewusst oder halbwusst – für diese Rolle benutzte und durch ihn hindurchwirkte. Das Schlimmste für Isadora war, dass die Liebe zwischen ihr und ihrem Sohn so vergiftet wurde. Sie wusste auch, dass er genauso unter der Situation litt und wie ferngesteuert war. Ihr war klar, dass er sich eigentlich anders verhalten wollte, aber in jenem Moment nicht konnte.

Schließlich suchte sie Hilfe beim Jugendamt. Sie führte einige Gespräche mit der für sie zuständigen Sachbearbeiterin und entschloss sich schließlich, eine so genannte Erziehungsbeistandschaft zu beantragen. Dazu war es notwendig, die gesamte Familiengeschichte aufzurollen und einen mehrseitigen Antrag auszufüllen. Isadora und die Sachbearbeiterin waren damit einen ganzen Morgen lang beschäftigt. Es war positiv und befreiend für Isadora, über alles, was gewesen war, zu erzählen und es schriftlich niederzulegen. Die Mitarbeiterin des Jugendamtes fragte sie, ob sie glaube, dass ihr Kind sie liebe. Isadora brach in Tränen aus. All der Schmerz kam an die Oberfläche. Sie sagte der Frau, dass sie natürlich glaube, dass ihr Kind sie liebe. Es tat ihr so weh, zu spüren, dass er sie eigentlich liebte und sich doch zwanghaft ablehnend verhielt.

Dann begab Isadora sich in Therapie, um das Thema reinkarnations-therapeutisch zu bearbeiten. Zu Beginn der Sitzungen redeten sie und die Therapeutin erst einmal mehrere Stunden lang. Sie ordneten alles, so weit es zu ordnen war. Isadora sagte der Therapeutin, dass ihr die Situation wie eine Bestrafung vorkomme und sie endlich wissen wolle, wofür sie sich so bestrafe. Sie wolle endlich wissen, wo das angefangen hatte.

In der Rückführung führte sie ihr Unterbewusstsein in ein Leben, in dem sie ein Mann war. Dieser Mann hatte viel Einfluss und Macht, er war eine Art Anführer eines Dorfes oder Stammes. Er hatte keine Familie. Er war bei Zieheltern groß geworden, und diese hatten ihm gesagt, seine Eltern hätten ihn nicht gewollt. Dies führte zu einem Gefühl ständigen Schmerzes und der Minderwertigkeit in ihm, das er durch kämpferische Leistungen und Kraft zu kompensieren versuchte. Er war sehr kraft- und machtvoll, deshalb war er der Anführer des Stammes. Als er heranwuchs und es Zeit wurde, sich eine Frau zu suchen, hatte er große Probleme. Diese „löste" er damit, dass er sich in vielen Nächten Frauen bringen ließ, die in anderen Familien lebten, auch Frauen, die verlobt oder versprochen waren. Es war eine Gier und ein großes Bedürfnis nach Zugehörigkeit zu einer Familie in ihm, das ihn so handeln ließ. Immer war auch Alkohol im Spiel. Niemand wagte es, sich ihm zu widersetzen, so groß war seine Macht. Die Menschen hatten Angst vor ihm.

Aber natürlich wurde über ihn geredet, und der Unmut über sein Verhalten nahm langsam zu. Er verdrängte dies. Sein Alkoholkonsum wurde stärker. Er fühlte seine männliche Potenz schwinden und gab den Frauen die Schuld. Frauen, bei denen er sich impotent fühlte, ließ er umbringen. Er trank immer mehr und verlor langsam den Kontakt zur Realität. So bekam er nicht mit oder wollte nicht mitbekommen, dass sich langsam ein Aufstand gegen ihn erhob.

Eines Tages drangen die Männer bewaffnet in seine Behausung ein und brachten ihn um. Das war das Ende eines von Machtmissbrauch, Erniedrigung von Frauen und Alkohol gekennzeichneten Lebens.

Isadora und die Therapeutin bearbeiteten auch die Kindheit dieses Lebens, und sie konnte spüren, wie verlassen sie sich gefühlt und wie sehr sie darunter gelitten hatte, dass ihre Eltern sie angeblich nicht gewollt hatten. Die Therapeutin bat sie, nochmals ein Stück weiter zurückzugehen in der Zeit, dahin, als sie noch mit ihren Eltern zusammen war, um herauszufinden, was wirklich geschehen war. Isadora ging dorthin zurück und erlebte, dass das Dorf, in dem ihre Eltern wohnten, überfallen wurde und alle Menschen getötet wurden. Ihre Eltern setzten sie aus, um sie zu schützen, nicht weil sie sie nicht wollten. Sie erlebte, wie sie sie voller Angst und Verzweiflung aussetzten, damit sie überleben konnte. Sie wurden beide bei dem Überfall getötet. Isadora wurde nicht von den Feinden gefunden, sondern ein wenig später von anderen Menschen, die sie mitnahmen und in ihrem Stamm aufzogen.

Isadora war in dem Glauben aufgewachsen, ihre Eltern hätten sie nicht gewollt. Das war die Wunde in ihr, die sie mit Frauen, Alkohol und Macht zu füllen versuchte. Es war eine solche Befreiung für sie, als sie sehen konnte, dass es in Wirklichkeit ganz anders gewesen war und ihre Eltern aus Liebe und nicht aus Ablehnung gehandelt hatten.

Ihre Seele nahm schwere Schuldgefühle aus jenem Leben mit. Es wurde Isadora nach der Rückführung klar, dass die Situation mit ihrem Sohn eine unbewusste Selbstbestrafung war. Es ging um dieselben Themen – Familie, das Verhältnis zwischen Mann und Frau, das Verhältnis zwischen Eltern und Kind sowie Macht- und Alkoholmissbrauch. Isadora spürte, dass Frank ein exakter Spiegel ihres eigenen Schattens war. In seinem jetzigen Leben waren die Themen ebenfalls Machtmissbrauch, Erniedrigung von Frauen und Alkohol.

Nach diesem Tag, nach dieser Rückführung, änderte sich Isadoras Leben. Sie hatte viele Rückführungen gemacht, aber diese war eine der heilsamsten und tiefsten für sie. Sie kam an ihren tiefsten Schattenpunkt, und seitdem sie diesen bearbeitet hatte, war eine große Veränderung in ihrem Lebensgefühl eingetreten. Als sie wieder nach Hause fuhr, fühlte sie sich irgendwie leichter, von einer Last befreit. Sie spürte, dass sich etwas Wesentliches geändert hatte.

Die äußeren Auswirkungen dieser Veränderung in ihrem Inneren machten sich sofort bemerkbar. Das Verhältnis zu ihrem Sohn verbesserte sich. Er verhielt sich nie mehr so verächtlich und respektlos ihr gegenüber. Das Thema mit Frank war zwar damit noch nicht beendet, aber zwischen Bernhard und ihr konnte es wieder Liebe geben. Das, was ihre Beziehung vergiftet hatte, hatte sich aufgelöst.

Er fuhr kurz danach in die Sommerferien zu seinem Vater nach Italien und blieb dort fünf Wochen. Als er zurückkam, war er nicht in einem idealen, aber viel weniger desolaten Zustand als zuvor. Es gab noch ein paar Versuche seines Vaters, ihn zu beeinflussen, ein paar Telefonate hin und her, ein paar Bemerkungen seinerseits, sein Vater habe ihm gesagt, er müsse sich entscheiden, wo er leben wolle, und Ähnliches. Isadora merkte, dass sie ganz anders damit umging als noch vor einigen Monaten. Während damals solche Bemerkungen Panik, Wut, Hass und Hilflosigkeit in ihr ausgelöst hatten, so reagierte sie jetzt mit viel mehr Stärke und Klarheit. Während sie sich früher von der Situation und den Gefühlen überrollt und beherrscht gefühlt hatte, war es jetzt anders. Sie setzte der Situation und den Gefühlen ihre Klarheit und ihre Stärke entgegen.

Isadora sagte Bernhard, dass er sich nicht entscheiden müsse, sondern *sie* vielmehr für ihn entschieden habe, dass er bis zu seinem 18. Geburtstag bei ihr in Deutschland bliebe. Danach würden neue Pläne gemacht. Sie tat dies, weil sie spürte, dass er mit dem ständigen Druck, eine „Entscheidung" treffen zu müssen, den sein Vater dauernd schürte, völlig überfordert war. Eine erwachsene Person, nämlich Isadora, musste ihm diese Last abnehmen.

Nachdem sie das getan hatte, hörte sie von ihm nie mehr, dass er sich entscheiden müsse. Sie hörte auch nie mehr von ihm, dass sein Vater ihm gesagt habe, er solle nach Italien kommen, und er drohte ihr nie mehr, sie zu verlassen und wegzugehen. Er konnte endlich innere Ruhe und Stabilität finden, konnte sich weiterentwickeln, sich auf die Schule und die anderen Dinge konzentrieren, die in seinem Alter wichtig waren. Das Thema hatte sich erledigt.

Oft ist viel Leidensdruck notwendig, damit die tiefsten Schattenseiten eines Menschen an die Oberfläche kommen. Wenn dies geschieht, kann es eine außerordentlich befreiende und heilsame Wirkung haben.

Ich glaube, es sind die „Löcher" in der Aura, die uns in den leidvollen Gefühlszuständen, wie Wut, Hass, Ärger, Ablehnung oder Minderwertigkeit, anhaften lassen. Doch ich glaube auch, dass jede gute Rückführung ein Loch in der Aura heilt. Das bedeutet, einen Teil aus dem karmischen Gepäck weniger tragen zu müssen. Wir stecken nicht mehr so lange in Zuständen von Wut, Hass und Ärger fest und beginnen, uns leichter zu fühlen, bis wir an einem bestimmten Punkt spüren, dass wir „draußen" sind. Die Angst wird weniger, und wir haben wieder das Gefühl, dass uns nichts wirklich „Schlimmes" mehr passieren kann; denn die Angst ist mit den energetischen Löchern in der Aura verbunden und diese wiederum mit dem Schatten aus den Täterleben.

Das Sein des Menschen, die Wahrnehmung und das Empfinden, sind ganzheitlich. Wir sind immer körperlich, emotional und spirituell anwesend, und wenn man einen Teil abspaltet, dann wird man krank. Deshalb kann nur eine ganzheitliche Methode wirklich „heil" machen. Alle anderen können bestenfalls Symptome von einer Ebene auf die andere verschieben, können kurzfristig stützen oder schaffen Abhängigkeiten und im schlimmsten Fall Symptomverschlechterungen.

Einige Religionen vermitteln, dass man nur durch Gebet, Meditation, Loslassen oder Denken irgendetwas wirklich auflösen kann. Gebet und Meditation sind wunderbar, aber ich glaube inzwischen, dass Menschen, die traumatisiert sind, eine ganzheitliche Methode brauchen, um in ihrer seelischen Entwicklung voranzukommen. Es ist wesentlich, die Themen ganzheitlich aufzulösen, also spirituell, mental, emotional und körperlich. Genauso, wie etwas hereingekommen ist, muss es auch wieder heraus. Erst dann kann eine heilsame Entwicklung beginnen.

5.4 „Schuld" und Vergebung

Wir können nicht von „Schuld" und Vergebung sprechen, ohne die Rolle der Kirche in diesem Thema zu erwähnen, insbesondere der Katholischen Kirche. Sie hat hier einen enormen Einfluss ausgeübt, indem sie jahrhundertelang die Menschen über Schuldgefühle manipuliert hat. Die Manipulation über Schuldgefühle ist eine der wirksamsten Beeinflussungen des Bewusstseins. Insbesondere die Frauen sind hiervon betroffen, denn die Kirche verlangte von ihnen Aufopferung und Selbstaufgabe. Frauen waren „gut", wenn sie sämtliche eigenen Bedürfnisse, Pläne und Ziele in den Hintergrund stellten oder ganz darauf verzichteten und sich wie „Heilige" verhielten. Jegliches Verhalten, das von Nächstenliebe, Aufopferung für die Familie und Selbstaufgabe abwich, war „schlecht" und somit potenziell Quelle von Schuldgefühlen.

Auch in unserer Zeit sind viele Frauen – und natürlich auch Männer – immer noch davon betroffen, aber die Methoden sind viel subtiler und schwerer zu durchschauen als zu früheren Zeiten.

Wir müssen uns bewusst machen, wie eng die Konzepte von „Schuld" und Vergebung miteinander verbunden sind. Vergebung macht nur dann einen Sinn, wenn es so genannte Schuld gegeben hat. Aber gibt es „Schuld" im kirchlichen Sinne überhaupt? Ist es sinnvoll und konstruktiv, von Schuld zu sprechen?

Schuld ist ein Dogma, ein Begriff, der Gefühle von Abwehr, Unbehagen und Rechtfertigung an die Oberfläche bringt. Aus diesem Grund ziehe ich es vor, von Verantwortung zu sprechen. Jeder von uns hat Verantwortung für das, was er tut. Das Wort „Verantwortung" hat eine ganz andere Energie und ist mit ganz anderen Vorstellungen verknüpft als das Wort „Schuld". Woran denken wir, wenn wir „Schuld" hören? Und woran denken wir, wenn wir „Verantwortung" hören?

Es ist ein großer Unterschied, ob wir von „Schuld" oder Verantwortung sprechen. Eltern sind verantwortlich für ihre Kinder bis zu deren Erwachsensein, aber sind sie deshalb auch „schuld", wenn ihr Kind in seinem Erwachsensein unglücklich ist? Sicherlich kann man sagen, dass die Kindheit einen großen Einfluss auf die spätere Entwicklung eines Menschen hat, aber kann man daraus eine „Schuld" der Eltern ableiten? Kann man sagen, die alleinige *Ursache* für eine bestimmte Fehlentwicklung liege in der Kindheit?

Sicherlich gibt es viele Zusammenhänge, aber mit kausalen Erklärungen sollten wir vorsichtig sein.

Ich habe das Wort „Schuld" so gut wie ganz aus meinem Vokabular gestrichen. Es ist mir auf der einen Seite zu unpräzise und auf der anderen Seite zu sehr durch die Kirche und ihre Dogmen belastet.

Die Kirche hält Menschen zu Nächstenliebe und Vergebung an. Oft dient diese Forderung nach Vergebung ihren eigenen Machtinteressen. Wenn man Vergebung für eine Tat fordert, die vom Täter nicht bereut wird, so ergibt das wenig Sinn. Meist ist es so, dass Vergebung erst dann einen Sinn macht und erst dann wirklich von Herzen kommen kann, wenn man den eigenen Prozess der Gefühle, wie Wut, Ärger, Ablehnung, Schmerz und Enttäuschung, durchlaufen und diese Gefühle auch ausgedrückt hat. Es ist ein wichtiger Schritt im Heilungsprozess, diese Gefühle zu durchleben, denn wenn man dies nicht tut und den Prozess durch vorschnelles „Vergeben" blockiert oder unterbricht, kann man nicht in seine eigene Kraft kommen und zu seiner eigenen Wahrheit und Mitte finden.

In einigen Therapiemethoden wird meinem Empfinden nach ein vorschnelles Vergeben gefordert, das den Therapieprozess und die persönliche Entwicklung hemmen kann. Der Mensch steckt fest. Deshalb betone ich immer wieder, dass Vergebung in therapeutischen Prozessen nicht der erste und auch nicht der zweite Schritt ist. Sie kommt – wenn überhaupt – erst dann, wenn der Mensch die entsprechenden Opfererlebnisse wirklich bearbeitet und alle dazugehörigen Gefühle an die Oberfläche gebracht und ausgedrückt hat. Manchmal sind die Erlebnisse aber auch so schlimm gewesen, dass eine Vergebung in demselben Leben verfrüht oder unstimmig ist. Dann ist es durchaus in Ordnung, seinen eigenen Weg weiterzugehen und dem Täter die Aufgabe zu überlassen, sein Karma zu bearbeiten bzw. aufzulösen. Wir können anderen nichts abnehmen, und andere können auch uns nichts abnehmen.

Kürzlich sagte eine Freundin zu mir: „Aber ich muss doch vergeben, damit ich loslassen kann." Diese Meinung ist in spirituellen Kreisen weit verbreitet. Sie wird unter anderem in der aus Amerika kommenden Suchttherapie und den so genannten Zwölf-Schritte-Gruppen vertreten. Die „Anonymen Alkoholiker" waren der Beginn der Zwölf-Schritte-Gruppen. Inzwischen gibt es für viele stoffliche und nicht-stoffliche Süchte solche Gruppen, beispielsweise für Esssüchtige, Spielsüchtige sowie Sex- und Beziehungssüchtige.

Ich halte sehr viel von Zwölf-Schritte-Gruppen und habe auch selber vor Jahren an solchen teilgenommen, aber in diesem Punkt bin ich anderer Ansicht. *Loslassen hat nicht unbedingt etwas mit Vergebung zu tun.* Wenn jemand beispielsweise einen sexuellen Missbrauch aus seiner Kindheit bearbeitet, so schließt diese Bearbeitung ein, dass die Gefühle ausgedrückt werden und die Verantwortung für den Missbrauch an den Täter zurückgegeben wird.

Gleichzeitig nimmt sich das Opfer das zurück, was der Täter ihm weggenommen hat, beispielsweise körperliche Unversehrtheit, eigene Sexualität oder Selbstbestimmungsrecht über den Körper. In dem Moment, in dem diese energetische Trennung vollzogen, indem die Täter- und die Opferenergie wieder getrennt wird und das Opfer dem Täter alle Teile von ihm verinnerlichter Energie zurückgibt und sich seine eigenen Teile zurücknimmt, *kommt das Loslassen ganz von selbst.* Diesen Prozess des Loslassens kann der Betreffende dann ganz in Ruhe geschehen lassen und braucht ihn nicht künstlich durch „Vergebung" zu beenden. Wenn die unerlöste Energie aus dem Trauma therapeutisch verarbeitet ist, erübrigt sich jegliche aufgezwungene Vergebung. Dann ist das Thema für das Opfer *erledigt*. Was der Täter mit seinem Teil macht, bleibt ihm selbst überlassen.

Eine wichtige Rolle spielt hier auch die Reue von Seiten des Täters. Vergebung macht im Grunde nur dann einen Sinn, wenn man spürt, dass der Täter seine Tat wirklich von Herzen bereut, wenn er versucht, mit sich selbst ins Reine zu kommen, wenn er seine Reue dem Opfer gegenüber ausdrückt und Wiedergutmachung übt. Ich glaube sogar, dass Reue oft die Voraussetzung für Vergebung ist oder zumindest ganz eng damit zusammenhängt. Welchen Sinn macht es, jemandem zu vergeben, der nicht einsieht, was er getan hat, und der es nicht bereut? Ist es nicht besser, diesen Menschen seinen Weg gehen zu lassen und nicht mit vorschneller Vergebung einzugreifen? Ist es nicht sogar arrogant und anmaßend, jemandem zu vergeben, der nicht glaubt, dass er etwas Schlimmes getan hat?

Oft, wenn Menschen viel darüber reden, wem sie verziehen haben, wirkt dies auf mich gleichermaßen arrogant, anmaßend und unglaubwürdig. Manchmal habe ich auch den Eindruck, dass sie die angebliche und vorschnelle Vergebung benutzen, um unangenehmen Konflikten aus dem Weg zu gehen. Wenn ich jemandem vergebe, brauche ich mich ja nicht mehr mit ihm auseinanderzusetzen.

Eine Haltung, die mehr in Übereinstimmung mit den eigenen Gefühlen steht, würde mir ehrlicher erscheinen. Auch bin ich der Ansicht, dass Vergebung etwas ist, das man *tut* und nicht etwas, über das es viele Worte zu machen gibt. Ich glaube, wenn ein Täter wirkliche Reue zeigt, dann kommt die Vergebung des Opfers spontan und auf natürliche Weise, ohne viele Worte und ohne viel Aufhebens. Wenn der Täter versteht und erkennt, was er getan hat und wenn das Opfer die Reue und den Drang nach Wiedergutmachung beim Täter spürt, dann stellt sich tiefes Verstehen ein; und wenn es Verstehen gibt, dann kann man gar nicht anders als Vergeben. Aber dann ist es eine Vergebung, die aus dem Herzen heraus kommt und nicht aus verinnerlichten Glaubenssätzen der Kirche oder Gesellschaft.

Zwei Beispiele könnten dies erläutern. Meine Klientin Jeanette kam in die Therapie wegen ihrer wechselnden körperlichen Symptome. Sie sagte, ihr Vater habe sie während ihrer Kindheit wiederholt sexuell missbraucht. Sie habe ihm aber schon längst vergeben. Ich spürte, dass dies in der Tiefe nicht stimmte, und sagte es ihr auch. Als wir später in der Therapie den Missbrauch durcharbeiteten, kamen erst einmal ganz andere Gefühle an die Oberfläche – Wut, Schmerz und extreme Verletzung. Wir arbeiteten alles durch und Jeanette sah, dass ihr „Verzeihen" vorschnell und nicht aus dem Herzen erfolgt war. Das wäre auch kaum möglich gewesen.

Ich habe manchmal den Eindruck, dass Menschen mehr sein wollen, heiliger, erleuchteter oder „spiritueller", als sie es eigentlich sind. Solange wir noch hier sind und einen Körper haben, unterliegen wir bestimmten Naturgesetzen. Diese sollten wir respektieren. Dazu gehört auch, dass wir, solange es einen Körper gibt, ein Ego haben, das dem Überleben und der Verteidigung des eigenen Lebens dient. Selbst wenn unser letztes Ziel die Überwindung des Egos ist, so kann dies erst dann stattfinden, wenn wir alle seine Facetten gelebt haben. Nicht durch Vermeidung erreichen wir Erleuchtung, sondern durch bewusstes Hindurchgehen.

In dem Film „Die Jury", nach dem Roman von John Grisham, erschießt der Vater eines vergewaltigten Mädchens die Vergewaltiger im Gerichtssaal. Dabei trifft er versehentlich das Knie eines Polizisten. Diesem muss das Bein bis zum Knie abgenommen werden. Der Vater, ein Schwarzer, geht ins Krankenhaus, um sich persönlich zu entschuldigen und dem Polizisten mitzuteilen, wie sehr er bereut, was er getan hat und dass er die Schuld dafür auf sich nimmt.

In der Gerichtsverhandlung gegen den Vater tritt der Polizist als Zeuge auf. Er wird gefragt, ob er der Meinung ist, dass der Vater bestraft werden solle, und er sagt: „Nein, ich bin nicht der Meinung. Ich bin auch Vater, und ich hätte dasselbe getan. Er hat mir nicht absichtlich ins Bein geschossen, sondern dies ist unabsichtlich passiert. Er ist nicht schuldig."

Dieser Mann *redet* nicht von Vergebung, sondern *er hat demjenigen, der ihm etwas angetan hat, vergeben*. Dies war möglich zum einen durch tiefes Verstehen der Hintergründe und Beweggründe der Tat, und zum anderen auch dadurch, dass der Täter seine Schuld auf sich genommen und tiefe Betroffenheit und Reue über das, was geschehen ist, gezeigt hat.

Wenn wir dies von der Seite des Täters aus betrachten, so denke ich, dass ein Täter in dem Moment Reue zeigen kann, in dem er sich selbst versteht, in dem er versteht, warum er getan hat, was er getan hat. Wenn er sich selbst versteht, kann er auch sich selbst vergeben. Dann kann er dem Opfer seine Reue und Wiedergutmachung anbieten, und es ist nicht mehr so wichtig, ob das Opfer ihm vergibt oder nicht. Das kann es dann selber und in Ruhe entscheiden. Vorschnelles Vergeben seitens des Opfers wäre nur ein Ersatz für wirkliches Sich-selbst-Verstehen, für Reue und Wiedergutmachung seitens des Täters.

5.5 Karma und Ethik

Kürzlich war ich bei einem Treffen mit spirituell interessierten Menschen, bei dem ich über meine Arbeit sprach. Ein Mann stellte mir die Frage, ob man sagen könne, dass wir in unterschiedlichen Leben alle Rollen spielen, also dass jeder von uns einmal Mörder, Prostituierte, Pfarrer, reicher Mann, armer Mann, reiche Frau, arme Frau etc. sei. Ich antwortete ihm, dass die Frage grundsätzlich zu bejahen sei. Meine Erfahrung mit der Reinkarnationstherapie zeige mir, dass jeder von uns in der Tat eine Vielzahl von Erfahrungen in vielen Leben durchlaufe.

Daraufhin sagte der Mann: „Wenn das so ist, dann kann man ja eigentlich niemandem mehr vorwerfen, wenn er jemanden umgebracht hat." Hier treffen wir auf ein grundsätzliches Unverständnis und eine Verwechselung von Karma und Ethik, die in weiten Bereichen spiritueller Kreise anzutreffen ist.

Eine Klientin von mir, die ihren Mann seit Jahren betrog, rechtfertigte sich, indem sie sagte: „Er hat sich das ja selbst ausgesucht." Aber so einfach ist es nicht. Bei einem kürzlichen Treffen ging es um das Thema, ob Rückführungen bei nicht geeigneten Therapeuten schädlich sein könnten. Eine Geistheilerin sagte: „Der Klient, der zu einem solchen Therapeuten geht, hat sich das doch selbst ausgesucht. Er hat doch eine Resonanz zu ihm. Er bekommt nur das, was er braucht."

Ich war anderer Meinung, und sagte ihr das auch. Ich sagte ihr, sie habe meiner Ansicht nach auf einer bestimmten Ebene Recht und auf einer anderen Unrecht. Wenn man das Beispiel unter karmischen Gesichtspunkten betrachtet, könnte man sagen, der Klient habe sich den „schlechten" Therapeuten „ausgesucht". Wenn man es aber unter ethischen Gesichtspunkten betrachtet – und das halte ich hier für angemessener – dann kann man wohl kaum der Tatsache gleichgültig gegenüberstehen, dass jemand durch einen ungeeigneten Therapeuten Schaden nimmt.

Wir alle haben als erwachsene Menschen eine Verantwortung für unsere Handlungen gegenüber anderen Menschen. Hier gelten bestimmte ethische Prinzipien. Diese variieren von Kultur zu Kultur, jedoch gibt es gewisse Grundprinzipien, die für alle Kulturen gelten. Diebstahl beispielsweise wird in allen mir bekannten Kulturen geahndet, ebenso Ehebruch und Betrug. Dies sind ethische Prinzipien, auf denen unser gesellschaftliches Zusammenleben fußt. Wir alle haben eine Art universeller Ethik verinnerlicht.

Das kann man manchmal in Rückführungen sehr schön sehen. Wenn man mit einem Klienten ein Täterleben bearbeitet, kann es sein, dass er sich mit dem, was er tut, während er es tut, identifiziert und es rechtfertigt. Aber spätestens wenn man das Sterben durchgearbeitet hat und die Seele vom Körper getrennt ist, stellt sich das Bewusstsein ein, dass man schreckliche Dinge getan hat und ein tiefes Bedürfnis nach Wiedergutmachung tritt auf.

Wiedergutmachung kann sich grundsätzlich in zwei Formen zeigen: Zum einen gibt es die aktive Wiedergutmachung. Jemand bereut also, was er getan hat und beschließt, Taten zu vollbringen, um das Geschehene wieder auszugleichen – um sein Karma abzutragen, wie man manchmal sagt. Die zweite Form möchte ich passive Wiedergutmachung nennen, vielleicht sollte man sie treffender Selbstbestrafung nennen. Damit meine ich etwa Selbstbestrafung durch Krankheiten, widrige Lebensumstände, unglückliche Beziehungen oder Erfolglosigkeit im Beruf. An dieser Stelle möchte ich betonen, dass sich wahrscheinlich niemand bewusst dafür entscheidet. Hier handelt es sich um Entscheidungen, die auf der unbewussten oder halbbewussten Ebene getroffen werden.

Das Thema Karma und Ethik ist ein kompliziertes und vielschichtiges Thema. Viele Menschen versuchen es zu vereinfachen, indem sie entweder jemandem die Schuld zuschieben, alles auf sich selbst nehmen oder eine andere Art der Polarisierung wählen. Letztlich kann man sich dem Thema nur sinnvoll nähern, wenn man davon ausgeht, dass Karma und Ethik verschiedene Ebenen menschlichen Erlebens sind und *sowohl die eine als auch die andere* in unserem Bewusstsein und in unserem Leben existieren. Wir kommen nicht weiter, wenn wir eine der Ebenen ausklammern wollen. Wir müssen das Entweder-Oder-Prinzip verlassen und uns dem Sowohl-Als-Auch-Prinzip nähern. Das fällt manchen Menschen schwer. Sie können immer nur eine Seite der Realität wahrnehmen, die andere wird ausgeblendet.

Meine Klientin Mia polarisiert sehr stark. In ihren Erzählungen gibt es immer den extrem Bösen und den extrem unschuldig Leidenden. Begriffe wie „eiskalt verlassen" oder „unverschämt verhalten" gehören zu ihrem normalen Sprachgebrauch. Für sie ist es sehr schwer, bei Konflikten beide Seiten wahrnehmen zu können. Es löst in ihr Angst aus. Ich glaube, dass die Fähigkeit, beide Seiten eines Themas wahrnehmen zu können, eine Frage der seelischen Reife ist. In einem bestimmten Stadium löst es einfach noch zu viel Angst aus, einen Sowohl-Als-Auch-Ausschnitt der Realität zu sehen. Es kommt dem Verlust eines starren Wertegerüstes gleich, an das sich der Betreffende klammert. Erst wenn man viel Polarität bei sich selbst aufgelöst hat, was insbesondere durch die Bearbeitung des eigenen Schattens geschieht, kommt man allmählich in die Lage, zwei oder mehrere Seiten eines Konfliktes oder Problems gleichberechtigt nebeneinander stehen zu sehen.

Wenn man den eigenen Schatten integriert hat, braucht man nicht mehr so viel Polarisierung um sich herum zu konstruieren, man braucht auch nicht mehr so viele Schattenprojektionen nach außen zu richten.

Natürlich hat es auch praktische Auswirkungen, wenn man Karma und Ethik unterscheidet. Wenn beispielsweise ein Kind in meine Praxis kommt, von dem sich herausstellt, dass es von einem Familienangehörigen sexuell missbraucht wird, werde ich als Therapeutin natürlich mit der Mutter des Kindes reden und dafür sorgen, dass der Missbrauch aufhört, so weit es in meinen Händen liegt.

Was das Kind für karmische Lasten mit sich herumträgt, interessiert mich als ethisch handelnde Person in diesem formalen Punkt nicht, auch wenn das in die Therapie durchaus mit einfließen und eine Bearbeitung entsprechender Themen durchaus von Nutzen sein kann, aber wahrscheinlich zu einem späteren Zeitpunkt. Erst einmal will ich das Kind aus seiner Opferrolle herausholen, und dann können wir weitersehen.

Ich habe den Eindruck, dass, wenn jemand sein eigenes unethisches Verhalten mit dem Satz rechtfertigt „Er oder sie hat es sich doch ausgesucht", derjenige damit seiner Verantwortung entkommen will. Das geht meiner Erfahrung nach nicht. Als erwachsene, mündige Menschen stehen wir in der Verantwortung, unabhängig von unserer Vergangenheit, unabhängig von unserer Kindheit und den uns zugefügten Schmerzen und erlittenen Traumata. Wir können dieser Verantwortung nicht entgehen, auch wenn unser Verstand auf allen möglichen Wegen nach Rechtfertigungen für unethisches Verhalten sucht.

Ich denke, der Schlüssel bei der Betrachtung des Themas Karma und Ethik ist, dass es eine differenzierte Betrachtung verlangt. Mit Verallgemeinerungen, Polarisierungen oder gar Verurteilungen kommen wir hier nicht weiter. Wir müssen den Mut haben, auch einmal „Ich weiß es nicht" zu sagen. Der Ausschnitt aus der Realität und aus dem Leben anderer Menschen, den wir sehen, ist zu klein, um darauf Urteile oder gar Verurteilungen gründen zu können. Wir müssen sehr vorsichtig sein und sowohl unseren Verstand als auch unser Gefühl befragen, wenn wir versuchen, eine schwierige Situation, bei der es um ethische Gesichtspunkte geht, einzuordnen.

5.6 Die Beziehung zu sich selbst heilen

Es kommen immer wieder Menschen in meine Praxis, die schon viele verschiedene Therapien und Heilmethoden ausprobiert und trotzdem das Gefühl haben, dass sich nichts Substanzielles geändert hat. Nicht immer, aber oft liegt es daran, dass der betreffende Mensch nicht wirklich die Beziehung zu sich selbst geheilt hat.

Wenn man diese heilt, so hat das immer mit Liebe zu tun, die man sich selbst gegenüber empfindet und Mitgefühl für das, was man erlebt und erlitten hat. Ich erlebe immer wieder, dass Menschen mehr Mitgefühl für andere als für sich selbst haben. Dies ist keine gute Basis, um heil zu werden.

Ein Beispiel dafür sind Borderliner. Diese haben oft große Schwierigkeiten, wirklich Verantwortung für sich selbst zu übernehmen. Wenn man mit ihnen traumatische Situationen aus der Vergangenheit bearbeitet, haben sie Probleme, auf der emotionalen Ebene die Teile von ihnen, die in der Bearbeitung zurückgeholt werden, wirklich zu integrieren. Sie wollen einen Therapeuten, der ihnen die Verantwortung abnimmt und ihnen sagt, wohin der Weg geht. Oft spielen auch stoffliche Süchte eine Rolle, und sie wollen jahrelange Abhängigkeiten von Suchtmitteln durch die Abhängigkeit vom Therapeuten erweitern oder ersetzen. Wenn dieser für die Rolle nicht zur Verfügung steht, werden sie wütend und fangen an, ihm die Schuld dafür zu geben, dass es ihnen nicht besser geht.

Aus ihrer Sicht haben sie damit sogar Recht. Natürlich geht es ihnen in ihren Augen wegen des Therapeuten schlecht, weil dieser sich nicht auf das einlässt, was sie von ihm wollen. Wirkliche Heilung kann es aber nur dann geben, wenn ein Mensch in der Lage ist, die abgespaltenen Teile, die in der Therapie sichtbar werden, in eine reife Persönlichkeit zu integrieren. Wenn es diese Persönlichkeit nicht oder nur fragmentarisch gibt, ist es besser, keine Rückführungen mit dem betreffenden Menschen durchzuführen. Man muss mit ihm anders arbeiten, und zwar so, das im ersten Schritt der Therapie nicht so viel unbewusstes Material an die Oberfläche geholt wird, sondern dass erst einmal an der Stärkung seiner momentanen Persönlichkeit gearbeitet wird. Einige therapeutische Methoden betonen diese Notwendigkeit der so genannten „Ich-Stärkung".

Die Beziehung zu sich selbst zu heilen, kann eine lebenslange Aufgabe sein. Auch wenn jemand schon viel an sich gearbeitet hat, kann es manchmal Situationen geben, in denen er sich wieder so klein und schlecht fühlt wie in den schwierigsten Zeiten seines Lebens. Das Gute ist, dass diese Phasen mit fortschreitendem Heilungsprozess kürzer und leichter werden und man die Ursache für seinen Zustand meist relativ bald erkennt.

Annabelle stellte vor einiger Zeit fest, dass sie große Schwierigkeiten hatte, sich Zeit für sich zu nehmen, in der sie „einfach nur" genießen konnte, also etwa einen Stadtbummel machte, malte, ins Kino oder in die Sauna ging. Normalerweise besuchte sie mit ihrem Partner das Kino oder die Sauna. Das machte ihr auch keine Probleme; denn dann genoss ja ein anderer Mensch auch noch. Das Problem war, dass sie sich allein keinen Genuss gönnte.

Sie wollte der Sache auf den Grund gehen und fragte sich selbst: „Woher kommt das? Warum ist das immer noch so, nachdem ich so viel an meinem Wert und anderen Themen, die damit zusammenhängen, gearbeitet habe?"

Ein paar Tage lang regte sich nichts in ihrem Inneren. Sie musste auf die Antwort warten. Das tat sie. An einem Tag, an dem sie sich fest vorgenommen hatte, allein in die Sauna zu gehen und bewusst gegen ihr „normales" Muster, andere Dinge vorzuschieben, zu handeln, saß sie morgens am Frühstückstisch. Sie freute sich auf den Tag und dass sie sich für sich selbst entschieden hatte, auch wenn sie den Grund für ihr altes Muster noch nicht kannte. Da sah sie plötzlich ganz deutlich ihren Vater vor ihrem inneren Auge. Er sagte: „Das lohnt sich doch nicht, Annabelle."

Da fiel es ihr wie Schuppen von den Augen. Sie konnte sich plötzlich an unzählige Gelegenheiten erinnern, bei denen ihr Vater diesen Satz geäußert hatte. Eigentlich hatte er zu allen Aktivitäten, die sie oder ihr Bruder als Kinder unternehmen wollten, den Satz „Ach, das lohnt sich doch nicht" parat.

Alles fiel ihr wieder ein. Wie ihre Eltern eine Tischtennisplatte gekauft hatten und diese jahrelang unbenutzt in der Garage stand, weil ihr Vater sich weigerte, sie aufzubauen. Annabelle wollte unbedingt spielen und drängte ihren Vater immer wieder, doch die Tischtennisplatte aufzubauen. Er sagte: „Das lohnt sich doch nicht."

Ihr fiel ein, dass ihre Eltern während ihrer Kindheit kein einziges Mal in Urlaub fuhren, weil sich dies ja ebenfalls nicht „lohnte"; und auch dieses Muster konnte sie bei sich selbst entdecken. Sie fuhr zwar in Urlaub, aber keineswegs so oft wie andere Menschen. Auch hatte es in ihrem Leben Jahre gegeben, in denen sie nicht in Urlaub fuhr, sondern immer nur arbeitete, obwohl sie es sich hätte leisten können.

Als Annabelle Anfang Zwanzig war und am Wochenende ausging, bat sie ihren Vater manchmal am Freitagabend, sie mit dem Auto in die Stadt zu fahren, wo sie sich mit ihren Freunden treffen wollte. Er fragte sie im Auto, warum sie dahin gehe. Wenn sie ihm antwortete, dass es ihr Spaß mache, sich mit ihren Freunden zu treffen, fragte er sie: „Ja, Annabelle, lohnt sich denn das?"

Sie wusste nicht, was sie antworten sollte. Es erschien ihr so unpassend, im Zusammenhang mit Freizeitaktivitäten die Frage zu stellen, ob sich diese lohnten. Trotzdem übernahm sie unbewusst sein Muster.

An dem Tag, an dem ihr all dies bewusst wurde und sie später in die Sauna fuhr, verspürte sie in sich ein großes Gefühl von Freude über den freien Tag und den Genuss, der sie erwartete. Im Auto sagte sie sich immer wieder: „Es lohnt sich, Annabelle." Sie verabschiedete sich ganz bewusst von dem verinnerlichten Postulat ihres Vaters und ersetzte dieses durch einen neuen, für sie passenderen Glaubenssatz.

Es wird immer wieder Situationen geben, in denen uns bewusst wird, wie viele alte, unbewusste Glaubenssätze noch in uns stecken. Diese an die Oberfläche des Bewusstseins zu holen und dann von ihnen Abschied zu nehmen und sie durch neue Glaubenssätze zu ersetzen, ist ein Stück Arbeit. Aber *die Arbeit lohnt sich*!

Wir alle stecken voller unbewusster einschränkender Glaubenssätze. Dabei gibt es kollektive und individuelle Glaubenssätze, also solche, die durch die Eltern vermittelt werden und solche, die durch die Gesellschaft vermittelt werden. Die Grenzen sind hier natürlich fließend.

Meine Klientin Silvia hat seit einiger Zeit eine glückliche Beziehung mit einem Mann. Früher hatte sie meist unglückliche Beziehungen. Silvia ist selbstständig als Rechtsanwältin. Seit sie in ihrer Partnerschaft glücklich ist, verschlechterte sich ihre berufliche und finanzielle Situation. Wir redeten lange über das Thema, und schließlich sagte sie: „Ich habe den Eindruck, dass ich einen unbewussten Glaubensatz in mir habe, der besagt: „Es ist unmöglich für eine Frau, gleichzeitig eine glückliche Beziehung und beruflichen Erfolg zu haben"."

Als wir das Thema therapeutisch bearbeiteten, kamen einige Situationen aus ihrer Kindheit hoch, die damit im Zusammenhang standen. Ihr Vater hatte immer wieder die beruflichen Ambitionen ihrer Mutter strikt unterbunden. Wir fanden Sätze wie „Für eine Frau, die mit einem erfolgreichen Mann verheiratet ist, gehört es sich nicht, selber berufstätig und womöglich erfolgreich zu sein, denn das schmälert den Erfolg des Mannes" und ähnliche Aussagen. Silvia hatte verinnerlicht, dass es nur ein Entweder-Oder gab – entweder alleine und beruflich erfolgreich oder in einer Beziehung, dann aber nicht erfolgreich. Es war ein Durchbruch für sie, als ihr dies bewusst wurde.

Der obige Glaubenssatz ist ein Beispiel für einen sowohl kollektiven als auch individuellen Glaubenssatz. Ich könnte mir vorstellen, dass es viele Frauen in unserer Gesellschaft gibt, die diesen oder einen ähnlichen Satz verinnerlicht haben.

Ich dachte viel darüber nach, und ich fragte mich, wie viele Frauen ich denn kannte, die *sowohl* in einer glücklichen Beziehung lebten *als auch* beruflich erfolgreich waren. Als erstes fiel mir Tineke ein, meine Lehrerin, die seit vielen Jahren glücklich verheiratet und beruflich sehr erfolgreich ist. Dann fiel mir niemand mehr ein. So lange ich auch nachdachte, es kam nichts mehr. Einige Frauen, die ich kenne, leben *weder* in einer glücklichen Beziehung *noch* sind sie beruflich erfolgreich. Dann gibt es andere, die in einer glücklichen Beziehung leben, eigene berufliche Pläne aber völlig zurückgestellt haben, und solche, die alleine leben und beruflich erfolgreich sind.

Das ist das Panorama, das ich um mich herum sah und das sich im Leben vieler Frauen spiegelte. Wenn sie in einer Beziehung leben, reduzieren sie ihre berufliche Seite auf Sparflamme. Wenn sie allein leben, investieren sie viel Energie in berufliche Pläne. Sie leben immer abwechselnd die eine oder die andere Seite.

Zu Anfang einer Beziehung fallen sie wieder in das alte Muster. Sie investieren viel Energie in die Beziehung. Dies wirkt sich dann meist auf ihren Beruf und ihre Freundschaften aus. Freunde ziehen sich zurück, der berufliche Erfolg reduziert sich, irgendwann kommen Beziehungsprobleme hinzu, und am Ende steht eine ausgebrannte Frau, die ihren Partner und einige ihrer Freunde verloren hat und sich daran machen muss, im Beruf verlorenes Terrain wieder zurückzuerobern.

Deshalb ist es für uns Frauen so wichtig, eine gesunde Mitte zwischen Beziehung und Beruf zu finden. Die Beziehung sollte nicht das Wichtigste im Leben sein, denn das funktioniert meist nicht.

Wir Frauen müssen uns nicht wundern, dass wir in Bezug auf das Thema Beziehung und/oder Beruf voller unbewusster Glaubenssätze sind, denn wenn wir uns das Leben unserer Mütter, Großmütter und Urgroßmütter anschauen, dann wissen wir, woher diese kommen und was Frauen viele Generationen hindurch vermittelt bekommen haben. Dann können wir verstehen, warum es für uns so schwierig ist, unseren Platz in der Partnerschaft *und gleichzeitig* im Beruf zu finden.

Frauen waren meist gezwungen, sich zu entscheiden. Es gab kein Sowohl-als-auch, sondern ein Entweder-oder. Entweder Du heiratest oder Du machst Karriere; entweder Du bist Mutter oder erfolgreiche Anwältin; entweder Du lebst in einer Beziehung oder Du reist als Journalistin durch die Welt.

Männer mussten und müssen diese Entscheidung nicht treffen. Für sie gibt es kein Entweder-oder, sondern ein Sowohl-als-auch. Ihnen wird vermittelt, dass sie alles haben können, eine Familie *und* beruflichen Erfolg. Für sie ändert sich mit der Eheschließung nichts Gravierendes, auf jeden Fall nichts in Richtung Verlust. Sie gewinnen etwas, nämlich eine Frau, die hinter ihnen steht. Die Frau jedoch verliert oft – nicht nur ihren Namen und damit ein Stück ihrer Identität, sondern auch die Freiheit, ihre eigenen Pläne verwirklichen zu dürfen.

Die traditionelle Ehe, so heißt es in der sozialpsychologischen Fachliteratur, ist ein Unterstützungssystem für den Mann. Wenn wir davon ausgehen, dass dies so ist, dann gibt es hier viel Handlungsbedarf. Dabei sind nicht nur die Frauen, sondern auch die Männer gefordert. Eine Frau, die in einer Partnerschaft lebt und Kinder hat, kann sich nur dann beruflich verwirklichen, wenn ihr Mann hinter ihr steht, wenn er sie unterstützt und bereit ist, die familiäre Verantwortung mit ihr zusammen zu tragen. Wenn das nicht der Fall ist, steht die Frau wieder vor der Entscheidung – *entweder* sie trennt sich von dem Mann *oder* sie muss eigene Pläne zurückstecken.

Dietrich Klinghardt unterscheidet in seinem „Lehrbuch der Psychokinesiologie" zwischen einschränkenden und befreienden Glaubenssätzen. Als einschränkend bezeichnet er alle „Entweder-oder-Glaubenssätze" und als befreiend alle „Sowohl-als-auch-Glaubenssätze" (Klinghardt, S. 63-77).

Beispiele:

Einschränkender Glaubenssatz	Befreiender Glaubenssatz
Ich kann entweder hübsch oder intelligent sein.	Ich kann sowohl hübsch als auch intelligent sein.
Ich kann entweder glücklich verheiratet oder beruflich erfolgreich sein.	Ich kann sowohl glücklich verheiratet als auch beruflich erfolgreich sein.
Ich kann entweder eine gute Mutter oder beruflich erfolgreich sein.	Ich kann sowohl eine gute Mutter als auch beruflich erfolgreich sein.
Ich kann entweder wohlhabend oder gesund sein.	Ich kann sowohl wohlhabend als auch gesund sein.
Ich kann entweder reich oder glücklich sein.	Ich kann sowohl reich als auch glücklich sein.

Es ist sehr hilfreich, die eigenen unbewussten Glaubenssätze dahingehend zu untersuchen, wie viele einschränkende und wie viele befreiende es darunter gibt.

Mit dem Thema des Aufdeckens und Verabschiedens alter, unbewusster und einschränkender Glaubenssätze hängt ein anderes Thema eng zusammen – *die Entscheidung für sich selbst.* Dies ist besonders von Belang, wenn es um die Bearbeitung der Beziehung zu den eigenen Eltern geht. Ich habe oft in der Therapie erlebt, dass Klienten große Schuldgefühle haben, wenn sie über traumatische Dinge, die in ihrer Kindheit passiert sind, sprechen oder diese in Rückführungen erinnern.

Eva kam in meine Praxis wegen ständiger Konflikte in der Partnerschaft. Sie sagte, sie wolle endlich ihre Vergangenheit bearbeiten, aber sie habe das Gefühl, das jemand hinter ihr stehe und ihr das verbieten wolle. Auf meine Frage, wer derjenige bzw. diejenigen seien, die hinter ihr stünden, antwortete sie: „Meine Eltern und Großeltern."

Bevor wir mit der Therapie anfangen konnten, mussten wir dies erst lösen und ihre Schuldgefühle in diesem Zusammenhang bearbeiten. Wir stellten ihre Eltern und Großeltern symbolisch auf, und sie sagte zu ihnen, dass sie sich entschlossen habe, ihren eigenen Weg zu gehen und ihre eigene Wahrheit zu finden. Damit traf sie eine Entscheidung für sich selbst. Dies war eine der Grundlagen für die seelische Entwicklung.

Vor einigen Jahren nahm ich als Beobachterin an einer Therapiesitzung teil. Es ging bei der Klientin, einer etwa vierzigjährigen Frau, um die Beziehung zu ihrer Mutter. Die Klientin äußerte immer wieder ihr Mitgefühl und Verständnis mit ihrer Mutter, warum sie so hatte handeln müssen und nicht anders gekonnt hätte. Es war offensichtlich, dass diese Frau viel mehr Mitgefühl mit ihrer Mutter als mit sich selbst hatte. Die Sitzung gelangte an einen Punkt, an dem die Therapeutin sagte, sie müsse sich entscheiden, für ihre Mutter oder für sich selbst.

Die Klientin war verwirrt. Ihre Seele verstand zwar die Worte der Therapeutin, aber ihr Herz und ihr Verstand waren in jenem Moment noch nicht fähig, diese Entscheidung zu treffen.

Ich begriff bei dieser Sitzung zweierlei: Zum einen, wie stark Loyalitätskonflikte mit den eigenen Eltern sein können, und zum anderen, dass die klare Entscheidung für sich selbst manchmal die Entscheidung gegen einen anderen Menschen bedeutet, was wahrscheinlich besonders für die eigenen Eltern und Partner gilt. Ich begriff, dass unsere christliche Kultur immer noch das vierte Gebot hochhält: „Du sollst Vater und Mutter ehren, auf dass es Dir wohl ergehe." Mir wurde klar, wie sehr wir alle von diesem Gebot geprägt sind, ob wir es wollen oder nicht.

Dieses Gebot hat sicherlich seinen Sinn in einer Familie, in der relativ normale Zustände herrschen, in der die Eltern Eltern und die Kinder Kinder sind, in der es Schutz, Geborgenheit und Wärme gibt. Aber wie ist es in Familien, in denen ein Kind vom Vater sexuell oder jahrelang von der Mutter körperlich und emotional missbraucht wurde? In Familien, in denen die Eltern nicht in der Lage sind, die Bedürfnisse ihrer Kinder auch nur annähernd zu erkennen und zu befriedigen? Familien, aus denen kranke, kaputte, geschädigte Personen herauskommen? Was ist damit? Soll das vierte Gebot da auch noch gelten?

Soll die jahrelang sexuell missbrauchte Tochter, die Alkoholikerin geworden ist und zahlreiche psychosomatische Symptome zeigt, die keiner normalen Arbeit nachgehen und keine normale Partnerschaft führen kann, ihre Eltern auch noch ehren? Und wenn ja, wie soll dieses „ehren" aussehen? Was soll sie sich vorstellen, wenn sie ihre Eltern „ehrt"? Ihren Vater, der lüstern in sie eindringt, und ihre Mutter, die jahrelang weggeschaut und sie zusätzlich noch geschlagen hat? *Wofür* soll sie ihre Eltern ehren? *Dafür?* Oder für was?

Nicht alle Fälle sind so krass, aber ich kann aus meiner jahrelangen Arbeit sagen, dass man die Anzahl krasser Fälle nicht unterschätzen sollte. Außerdem kann ich sagen, dass die meisten Klienten, wenn sie aus ihrer Kindheit berichten, die Geschehnisse eher unter- als übertreiben. Oft sind Scham, Verwirrung und Angst so groß, dass sie sich am Anfang nicht trauen, das zu erzählen, was wirklich gewesen ist. Sie haben immer noch Angst vor Bestrafung, wenn sie die Wahrheit sagen, und sie haben immer noch Angst, sich ihren Eltern gegenüber illoyal zu verhalten.

Soll das so bleiben? Kann es auf diesem Boden dauerhafte Heilung geben? Das sind Fragen, die wir uns stellen müssen und welche die Grundpfeiler unserer Gesellschaft und unserer christlichen Erziehung in Frage stellen.

Manchmal erscheinen mir Aussagen wie „Ehre Deine Eltern" oder „Verzeihe Deinen Eltern" oder auch „Du musst Dich so annehmen, wie Du bist" wie Plattitüden, wie leere Worthülsen ohne Inhalt. Ich frage mich, auf welchem Boden solche Forderungen stehen. Wie soll ich einen Vater ehren, der mich missbraucht hat? Wie soll ich einer Mutter verzeihen, die noch nicht einmal verstanden hat, was sie mir eigentlich angetan hat? Wie soll ich mich selbst annehmen, wenn ich gar nicht genau weiß, wer ich eigentlich bin?

Wir dürfen diese Aussagen und Forderungen überprüfen. Wir können sie nicht einfach so hinnehmen. Die Loyalität uns selbst und unseren Kindern gegenüber sollte dafür sorgen, dass wir diese Dinge hinterfragen und dann neu für uns entscheiden, was Gültigkeit haben soll und was nicht.

Kürzlich sagte meine Klientin Bettina zu mir: „Ich habe solche Sehnsucht nach einem Mann, einem wirklichen Liebespartner." Bettina ist verheiratet, ihr fehlt aber seelische Erfüllung in der Ehe. Ich ließ sie erzählen, und während ich ihr zuhörte, gewann ich den Eindruck, dass sie sich eigentlich nach sich selbst sehnte, nach ihrem eigenen Inneren Mann, nach einem Teil ihrer Seele, der bislang unter Schichten von Verletzungen verschüttet war.

Wenn wir von uns selbst und von Teilen unserer Seele abgeschnitten sind, suchen wir ständig im Äußeren. Egal ob es der ideale Liebespartner ist, die ideale Therapie, die ideale Diät, die ideale Ernährung, Kleidung, Erziehung und was auch immer, wir werden im Äußeren die Erlösung nicht finden. Wir können sie nur in uns selbst finden, und dazu müssen wir den Mut haben, uns auf eine Innere Reise zu begeben, auf die Reise zu uns selbst, um uns selbst mit allen Licht- und Schattenseiten zu entdecken und anzunehmen.

Wenn wir von einem Menschen, einer Diät, einem Kleidungsstück oder unseren Kindern glücklich gemacht werden wollen, zäumen wir das Pferd von hinten auf. Erst müssen wir die Beziehung zu uns selbst heilen und uns selbst wirklich in der Tiefe lieben und annehmen. Dazu gehört, dass wir verstehen, was mit uns passiert ist, verstehen, was wir erlebt haben und was dafür gesorgt hat, dass wir bestimmte Symptome, Verhaltensweisen oder Ängste entwickelt haben.

Dazu gehört auch, dass wir Loyalität uns selbst gegenüber entwickeln und uns selbst näher stehen als anderen Menschen. Ich sehe immer wieder bei meinen Klienten und Freunden, wie Menschen versuchen, Konflikte zu lösen, indem sie die eigenen Gefühle nicht so wichtig nehmen wie die desjenigen, mit dem der Konflikt besteht. Oft ist die „Falle" die Angst, jemanden zu verlieren. Wir verhalten uns unstimmig mit uns selbst oder unehrlich uns selbst und anderen gegenüber, um jemanden nicht zu verlieren. Das ist nicht ganz ungefährlich, denn oft verliert man am Ende den anderen Menschen, den man unbedingt behalten wollte, und man verliert auch ein Stück der eigenen Würde oder Integrität.

Der Loyalität uns selbst gegenüber ist nicht immer, aber in vielen Situationen Vorrang zu geben gegenüber der Loyalität anderen gegenüber. Ja, sie ist gewissermaßen die Voraussetzung dafür, dass wir überhaupt anderen Menschen gegenüber loyal sein können. Wenn wir nicht gelernt haben, uns selbst gegenüber loyal zu sein, dann können wir es auch anderen Menschen gegenüber nur scheinbar sein.

Je näher uns ein Mensch steht, desto schwieriger ist oft die Frage der Loyalität. Besonders schwierig ist es bei den eigenen Eltern.

Ich habe oft das Muster beobachten können, dass gerade Eltern, die ihre Kinder missbraucht und misshandelt haben, diese Kinder, wenn sie erwachsen sind, immer noch über Schuldgefühle zu manipulieren versuchen. Ich glaube, sie tun dies unbewusst, um ihre eigenen Schuldgefühle nicht zu spüren. Es ist manchmal schwierig, das Verwirrspiel zu entlarven und die Verdrehungen und Projektionen zu erkennen, und es ist mit Sicherheit schwieriger, sich von Eltern zu lösen, bei denen es Misshandlungen gegeben hat, als von Eltern, die sich fürsorglich verhalten haben. Aber es ist möglich.

Wenn wir uns von unseren Eltern lösen und die Loyalität uns selbst gegenüber an die erste Stelle tritt, so bedeutet dies nicht, dass wir in Feindseligkeit unseren Eltern gegenüber stecken bleiben. Im Gegenteil, wenn wir die traumatischen Erlebnisse der Kindheit bearbeiten und dies *für uns selbst* tun, wird es oft möglich, auf einer anderen Ebene wieder mit den Eltern in Beziehung zu treten, nicht mehr als abhängiges Kind, sondern als erwachsene Persönlichkeit, die einer anderen erwachsenen Persönlichkeit gegenübertritt. Dann kann ein Punkt kommen, an dem Frieden eintritt. Frieden heißt nicht, dass man vergisst, was in der Kindheit geschehen ist. Frieden heißt, dass die emotionale Prägung der Kindheitserlebnisse bearbeitet und integriert wird, dass die betreffende Person alle Phasen von Wut und Schmerz über Enttäuschung und Trauer durchlaufen hat. Dies ist etwas anderes, als wenn jemand sich an einem sehr frühen Zeitpunkt der Bearbeitung dazu zwingt, seinen Eltern zu „verzeihen". Dann kann es höchstens einen Scheinfrieden geben, aber die alten Wunden werden immer wieder aufreißen. Wirklicher Frieden ist etwas, das *geschieht*, manchmal sogar, wenn man es gar nicht mehr erwartet. Wenn es aber geschieht, dann ist es wunderbar, dann bedeutet es Freiheit. Freiheit, man selbst zu sein, und Freiheit, die Vergangenheit so anzunehmen, wie sie war. Dann können wir wirklich ganz im Hier und Jetzt sein.

Loyalität uns selbst gegenüber ist ein wichtiger Schritt in Richtung Verantwortung und Autonomie. Manchmal hilft es, wenn wir uns vor Augen halten, dass es letztlich nichts zu verlieren gibt außer unseren Illusionen oder – was wirklich schlimm ist – den Zugang zu uns selbst. Einem Menschen, der den Zugang zu seiner Seele verloren hat, nutzen Freunde und Geld auch nichts mehr. Deshalb müssen wir lernen, in Konfliktsituationen bewusst das Risiko einzugehen, einen uns nahestehenden Menschen zu verlieren. Manchmal passiert dies, aber manchmal auch nicht. Und oft ist es so, dass wir, wenn wir einen Menschen verlieren, zwei oder drei neue hinzugewinnen.

Vor einiger Zeit las ich folgenden Satz: „Wir müssen das Risiko eingehen, vor Gott mit leeren Händen dazustehen und zu warten, dass er sie füllt."

Das ist nicht immer leicht, vor allem, wenn es viel Verlustangst gibt. Starke Verlustängste haben fast immer mit traumatischen Erlebnissen aus der Kindheit und vergangenen Leben zu tun und sind oft ein Hinweis darauf, dass ein

Mensch unbewusst Verlust mit Sterben assoziiert. Dann hat er natürlich in den entsprechenden Situationen Todesangst und kann nicht klar und kraftvoll agieren. Wenn ein Mensch diese unbewusste Verknüpfung aufweist, dann kann die Selbstverleugnung aus Angst zum Überlebensmuster werden. Die therapeutische Bearbeitung der entsprechenden Themen sorgt dafür, dass die Angst in den Hintergrund tritt und der Mensch freier ist zu fühlen, wen er wirklich in seiner Nähe haben will und wen nicht, wen er mag und wen nicht, wer ihm ein gutes Gefühl vermittelt und wer nicht, wer ihm Respekt und Anerkennung entgegenbringt und wer nicht.

Meine Klientin Jeanette hat immer wieder Probleme damit, Nein zu sagen. Wenn jemand sie zu einer Feier einlädt, sagt sie erst einmal zu. Dann wird ihr oft bewusst, dass sie eigentlich keine Lust hat, zu der Feier zu gehen, aber sie weiß nicht mehr, wie sie da wieder herauskommen soll. Sie hat den Glaubenssatz verinnerlicht: „Wer A sagt, muss auch B sagen."

Jeanette zeigte ein Muster, das ich bei vielen Frauen beobachte. Ich nenne es, den zweiten Schritt vor dem ersten tun. Wenn man ein Angebot, welcher Art auch immer, erhält, so wäre der erste Schritt, sich darüber Gewissheit zu verschaffen, ob man das Angebot annehmen oder ablehnen will. Wenn Frauen wie Jeanette das Muster haben, etwas anzunehmen, obwohl sie sich noch nicht darüber klar geworden sind, ob sie das überhaupt wollen, so geraten sie immer wieder in Konfliktsituationen, weil sie den zweiten vor dem ersten Schritt tun. Wenn wir ein Angebot ablehnen, so lehnen wir lediglich das Angebot ab, nicht aber den Menschen, der es macht.

Wenn wir Schwierigkeiten haben, Nein zu sagen, so geschieht dies oft auch aus unbewussten oder halbbewussten Verlustängsten heraus. Wir stehen den Bedürfnissen anderer Menschen näher als unseren eigenen.

Ich hatte kürzlich ein interessantes Erlebnis in diesem Zusammenhang. Ich wurde von einem Call-Center angerufen und um Unterstützung eines Projektes für missbrauchte Kinder gebeten. Ich sollte Briefumschläge mit dem Logo dieses Projektes kaufen. Ich war geneigt, mich zu beteiligen, wollte es mir aber in Ruhe überlegen, da ich in dem Moment des Telefonats unter Zeitdruck stand. Ich sagte der Dame am anderen Ende der Leitung freundlich, dass ich noch Zeit bräuchte, um eine Entscheidung zu treffen.

Davon war sie überhaupt nicht begeistert. Sie fragte mich, warum ich mich denn nicht sofort entscheiden könne, und ich antwortete ihr, dass ich mit Entscheidungen unter Druck so schlechte Erfahrungen gemacht hätte, dass ich für mich zu dem Entschluss gekommen war, nur noch Entscheidungen ohne Druck zu treffen. Sie erwiderte, das sagten die Leute oft, um dann hinterher abzusagen. Schließlich fand sie sich mit meiner Einstellung ab und rief mich zwei Tage später nochmals an. Ich teilte ihr mit, dass ich mich entschieden hätte, bei dem Projekt mitzumachen.

Mir wurde anlässlich dieses Erlebnisses bewusst, dass der Verkauf von Dienstleistungen oder Waren oft mit der Ausübung von sanftem oder auch starkem Druck einhergeht. Es gibt Angebote in dem Stil: „Entscheiden Sie sich sofort, sonst gilt das Angebot nicht mehr und Sie verpassen eine Chance." Bei vielen Kaufentscheidungen, die unter Druck getroffen werden, gibt es später Reue. Diese Taktiken zielen letztlich auf verunsicherte und leicht beeinflussbare Menschen ab, Menschen, die mehr verbunden sind mit dem, was andere Menschen oder die Gesellschaft von ihnen erwarten, als mit ihren eigenen Gefühlen und Bedürfnissen.

Wenn ein Mensch wirklich alle Teile seiner Persönlichkeit entwickelt hat und mit all diesen Teilen verbunden ist, dann wird er weniger manipulierbar, denn er ist nicht mehr so abhängig davon, bestimmte Dinge oder Menschen zu besitzen. Dieser Mensch ist sich selbst genug, und das ist die Grundlage für alle Beziehungen, die er eingeht und für alle Entscheidungen, die er trifft. Er wird sich selbst wertschätzen, er wird Spaß daran haben, Dinge mit sich allein zu tun. Er wird nicht abhängig davon sein, dass jemand anders ihn „glücklich macht", denn er weiß, wie er sich selber glücklich macht.

Auf dieser Basis kann der Mensch freie und erfüllende Beziehungen eingehen, Beziehungen, die von gegenseitigem Respekt getragen sind. Ein Mensch, der sich selbst respektiert, wird automatisch auch seinen Nächsten mit Respekt gegenübertreten. Auf diesem Boden kann es in Beziehungen beiderseitiges Wachstum und beiderseitige seelische Befruchtung geben.

5.7 Haltung und Rolle des Therapeuten

Um ein guter Therapeut zu sein, bedarf es einiger Voraussetzungen. Zum einen ist eine fundierte Ausbildung erforderlich, zum anderen eine gewisse Lebenserfahrung. Außerdem ist es wichtig, dass der Therapeut sich seiner eigenen Themen bewusst ist und bereits einige von ihnen bearbeitet hat, und schließlich sollte er über ein überdurchschnittliches Maß an Intuition verfügen.

Viel ist über so genannte Therapeutenhaltungen geschrieben worden. Carl Rogers postulierte, der Therapeut solle dem Klienten Empathie, unbedingte Wertschätzung und Kongruenz (= Stimmigkeit) entgegenbringen. Sigmund Freud hingegen verlangte vom Therapeuten unbedingte Neutralität, die so genannte „therapeutische Abstinenz". Diese verlangt vom Therapeuten, lediglich eine Projektionsfläche für den Klienten zu sein und als Person mit eigenen Gefühlen, Wünschen, Plänen und Zielen nicht in Erscheinung zu treten. Freuds Absicht war gewiss positiv, aber mir erscheint diese Haltung doch etwas konstruiert und künstlich. Hier scheint Carl Rogers mit seiner Empathie, Kongruenz und unbedingten Wertschätzung näher an der Wahrheit.

Ich denke, dass die Haltung des Therapeuten von großer Wichtigkeit für den Therapieprozess ist. Wenn der Klient merkt, dass der Therapeut bestimmte Erwartungen an ihn hat, kann er sich leicht unter Druck gesetzt fühlen und können sich Muster aus der Kindheit wiederholen. Es ist immer wieder erstaunlich, mit welcher „unbewussten Zielsicherheit" Menschen sich Therapeuten aussuchen, mit denen sie Traumata aus der Vergangenheit nicht bearbeiten, sondern wiederholen.

Meine Klientin Svetlana, die in ihrer Kindheit von ihrem Vater wiederholt sexuell missbraucht wurde, berichtete mir von einem Therapeuten, der versucht hatte, sich ihr sexuell zu nähern. Sie brach nach einiger Zeit die Therapie ab. Solche Fälle gibt es öfters. Sexuell missbrauchte Klientinnen „suchen" sich unbewusst wieder einen missbrauchenden Ersatzvater als Therapeuten. Eigentlich will ihre Seele das Trauma endlich lösen, aber etwas geht schief. Die Verantwortung für das, was schief geht, liegt auf der Seite des betreffenden Therapeuten. Die Menschen, die sich in die Therapie begeben, suchen Hilfe. Sie fühlen sich schwach, verwirrt oder verzweifelt. Daraus ergibt sich eine große Verantwortung für den Therapeuten. Der Klient gibt ihm einen Vertrauensvorschuss. Dieses Vertrauen eines Hilfe suchenden Menschen zu missbrauchen, ist nicht mit der Ethik eines Therapeuten zu vereinbaren.

Wenn eine sexuell missbrauchte Frau zu einem männlichen Therapeuten geht, so gibt es ein zweifaches Machtgefälle – zum einen das Mann-Frau-Machtgefälle, das in unserer patriarchalen Gesellschaft existiert, und zum zweiten das Machtgefälle zwischen einer Hilfe suchenden und einer Hilfe gebenden Person. Es ist eine parallele Situation zu der Situation zwischen einem missbrauchenden Vater und seiner Tochter. Auch hier existiert ein doppeltes Machtgefälle. Zum eines dasjenige zwischen Eltern und Kindern, und zum anderen das zwischen den Geschlechtern, zwischen einem männlichen Elternteil und einem weiblichen Kind.

Wenn ein männlicher Therapeut merkt, dass er sexuelle Gefühle einer Klientin gegenüber empfindet, gibt es für jeden verantwortungsbewussten und nach ethischen Prinzipien ausgerichteten Therapeuten nur zwei Möglichkeiten – entweder er schickt die betreffende Klientin zu einem Kollegen, oder noch besser zu einer Kollegin, oder er bearbeitet sein eigenes Thema. Was bringt ihn dazu, sexuelle Gefühle Klientinnen gegenüber zu entwickeln. Ein Therapeut, der Hilfe suchende Klientinnen für seine eigenen sexuellen und vor allem Machtgelüste benutzt und missbraucht, wird seine Praxis wahrscheinlich nicht lange haben.

Auch ist mir aufgefallen, dass bestimmte Themen nur bei bestimmten Therapeuten an die Oberfläche kommen. Anders ausgedrückt: Es gibt bestimmte Therapeuten, bei denen bestimmte Themen nicht an die Oberfläche kommen. Das Unterbewusstsein des Klienten spürt ganz genau, ob der Therapeut das Material aushält oder nicht. Das hängt zum einen damit zusammen, ob der Therapeut das entsprechende Thema bereits selber bearbeitet hat oder nicht. Wenn man als Therapeut beispielsweise eigene sexuelle Missbrauchserfahrungen aus der Vergangenheit bearbeitet hat, häufen sich oft die Fälle, in denen Klientinnen Missbrauchserfahrungen durch ihre Väter oder Großväter oder Onkel schildern. Oft bemerkt man dann auch, dass man die entsprechenden Themen besser, mit mehr Kompetenz und Gelassenheit bearbeiten kann als vor der eigenen Bearbeitung. Ich stelle immer wieder fest, wie wichtig es als Therapeut ist, die eigenen Themen bewältigt zu haben.

Ich denke auch, dass die Bearbeitung der eigenen Themen für einen verantwortungsvollen Therapeuten eine lebenslange Aufgabe darstellt. Immer wieder wird es Themen bei Klienten geben, die ihn an etwas Eigenes, Unbearbeitetes erinnern, und dann sollte er das bearbeiten. Therapeuten, die dies nicht tun, bleiben oft auf einer bestimmten Stufe stecken. Ihre Entwicklung verzögert sich oder stagniert.

Wir alle wissen, wie viele „ungeheilte Heiler" es gibt, sowohl im Bereich der klassischen als auch im Bereich der alternativen und esoterischen Therapien. „Ungeheilte Heiler" sind Therapeuten, Ärzte und Psychiater, die Klienten als

Projektionsfläche für ihre eigenen unbearbeiteten Themen benutzen oder sogar missbrauchen. Es sind Menschen, die einen helfenden Beruf gewählt haben, um ihre eigenen verdrängten seelischen Verletzungen nicht spüren zu müssen. Oft sind es Menschen, die einen erschreckenden Grad an Unbewusstheit sich selbst gegenüber haben, der scheinbar in krassem Widerspruch steht zu dem Beruf, den sie gewählt haben. Diese „ungeheilten Heiler" wollen eigentlich sich selbst heilen. Das ist die unbewusste Motivation für ihre Berufswahl. Diese Motivation reicht leider oft nicht aus, um anderen Menschen wirklich und dauerhaft helfen zu können.

„Ungeheilte Heiler" befinden sich, wie bereits oben erwähnt, in allen Bereichen der helfenden Berufe. Auch Heiler, die sich für spirituell sehr weit entwickelt halten, sind davon nicht ausgenommen.

Kürzlich erzählte mir eine Freundin von einem Heiler, den sie vor einiger Zeit wegen ihrer chronischen körperlichen Symptome konsultierte. Es handelte sich um einen Heiler, der nach Art der brasilianischen und phillipinischen Heiler Operationen ohne Narkose durchführte. Sie hatte eine Sitzung zu einem vereinbarten Preis gebucht. Als sie ankam, sagte ihr der Heiler, er habe entschieden, nur noch „Kompaktpakete" anzubieten.

Sie müsse sich entscheiden, entweder wieder zu gehen oder ein Kompaktpaket zu einem sehr hohen Preis zu nehmen. Meine Freundin fühlte sich unter Druck. Auf der einen Seite war ihr klar, dass das Verhalten des Heilers nicht stimmte, auf der anderen Seite war sie nun einmal da und versprach sich viel von der Behandlung, so dass sie schließlich entschied, das Kompaktpaket zu nehmen.

Sie sagte, es sei ihr zwar nach der Behandlung besser gegangen, aber alle chronischen Symptome seien nach einer gewissen Zeit wiedergekommen.

Leider ist es so, dass gewisse Heiler und Therapeuten die Hilfsbedürftigkeit und den Leidensdruck der Klienten ausnutzen. Wir sollten solchen Angeboten gegenüber äußerst skeptisch sein. Das ist manchmal nicht leicht, besonders wenn man sehr bedürftig oder leidend ist. Dann kann es sein, dass die innere Stimme, die uns normalerweise warnt, wie ausgeblendet ist. Wir hoffen so sehr auf Hilfe und Heilung, dass unser Unterscheidungsvermögen und unsere klare Wahrnehmung getrübt sind.

Auch wenn ein Heiler oder Therapeut vorgibt, über außergewöhnliche Fähigkeiten zu verfügen, sollten wir skeptisch sein. Außergewöhnliche Fähigkeiten – sollten sie wirklich in der Art und Weise vorhanden sein, wie der Heiler es sagt – sind noch keine Garantie für die Integrität der betreffenden Person. Persönliche Integrität steht nicht immer im Zusammenhang mit außergewöhnlichen Fähigkeiten. Das eine kann ohne das andere durchaus existieren, wie wir in der Geschichte immer wieder gesehen haben. Das möchte ich an dieser Stelle ausdrücklich betonen.

Persönliche Integrität ist meiner Erfahrung nach das wichtigste Kriterium bei der Wahl eines Arztes, Heilers oder Therapeuten. Sie ist wichtiger als sämtliche Ausbildungen, die ein Mensch durchlaufen hat, wichtiger als sein gesellschaftlicher Status, sein Aussehen und seine finanzielle Situation. Diese Integrität bürgt dafür, dass ein Klient bei dem Therapeuten in guten Händen ist. Das ist die Voraussetzung dafür, dass es ein Vertrauensverhältnis gibt und Heilung stattfinden kann.

In jedem Berufszweig arbeiten Menschen, die integer sind, und solche, die sich noch auf dem Weg dorthin befinden. Die Besonderheit bei den heilenden Berufen liegt in der Intensität der Beziehung zwischen Therapeut und Klient. In keiner anderen beruflichen Beziehung werden normalerweise so viele intime Dinge mitgeteilt und gibt es so viel Nähe. Der Klient zieht sich gewissermaßen aus, beim Arzt körperlich und beim Psychotherapeuten seelisch. Das bedeutet, es handelt sich um eine Situation, in der es Vertrauen seitens des Klienten gibt. Um diesem Vertrauen gerecht zu werden, ist Integrität seitens des Therapeuten unbedingt erforderlich.

Auf der Seite des Klienten ist letztendlich das Vertrauen der ausschlaggebende Faktor, der entscheiden sollte, ob man bei einem Therapeuten eine Therapie beginnt oder nicht. Der Therapeut kann noch so gut ausgebildet, intuitiv und humorvoll sein, wenn der Klient kein Vertrauen zu ihm entwickeln kann, ist es nicht sinnvoll, dort eine Therapie zu beginnen. Die Frage des Vertrauens ist die entscheidende Frage; und die kann natürlich nur jeder für sich selbst beantworten, nach seinem eigenen Gefühl.

Auch Heiler, die versuchen, Klienten durch langfristige Verpflichtungen an sich zu binden, sollten wir kritisch betrachten und uns die Frage stellen, ob es wirklich notwendig ist, eine solche Verpflichtung einzugehen und ob wir das wirklich wollen.

Worauf kommt es noch an? Ein Therapeut sollte Humor haben, er sollte über viel Lebenserfahrung verfügen, denn dann kann er besser die verschiedensten Probleme seiner Klienten verstehen. Wenn ein Therapeut beispielsweise selber keine Kinder hat, kann es schwierig für ihn sein, in der Tiefe die Probleme zu verstehen, mit denen sich eine Klientin oder ein Klient mit ihren Kindern herumschlägt. Sicherlich ist es auch möglich, aber es gibt gewisse Unterschiede. Viele Klienten fragen mich, wenn sie von ihren Kindern erzählen, ob ich selber Kinder habe. Wenn ich dann sage, dass ich einen Sohn habe, merke ich, wie sie aufatmen und weitererzählen. Daran sehe ich, wie wichtig es für sie ist, zu wissen, dass ich auch Mutter bin und nicht nur *gelesen* habe, wovon sie reden, sondern es selber *erfahren* habe.

Aber es muss nicht unbedingt so sein. Ich habe auch schon Therapeuten erlebt, die zwar selber keine Kinder haben, aber trotzdem mit viel Feingefühl und Intuition auf die Probleme des Klienten mit seinen Kindern eingehen konnten. Oft ist es auch hilfreich, wenn der Therapeut Kinder in seiner näheren Familie hat, also Onkel oder Tante ist.

Natürlich sollte sich ein Therapeut, der vergangene Leben bearbeitet, auch ein bisschen in der Geschichte auskennen, um das Material, dass in der Therapie an die Oberfläche kommt, zeitlich und thematisch einordnen zu können. Das ist nicht der wichtigste Aspekt in der Therapie, aber manchmal kann es hilfreich sein.

Auch die Geschlechterverteilung bleibt zu beachten. In einigen Fällen, nicht in allen, kann es besser sein, dass Männer zu männlichen Therapeuten und Frauen zu weiblichen Therapeuten gehen. Ich mache allerdings bewusst die Einschränkung, dass es sich hier um eine Tendenz handelt und nicht um eine allgemeingültige Regel. Den Fall "weibliche Klientin männlicher Therapeut" habe ich ja bereits in seiner negativen Variante vorgestellt. Um sexuelle Übergriffe oder überhaupt ein Überhandnehmen von sexueller Energie in der Therapie zu vermeiden, kann es besser sein, wenn Frauen zu Frauen gehen, insbesondere wenn sexuelle Themen zu bearbeiten sind, was oft der Fall ist.

Im umgekehrten Fall, also weibliche Therapeutin und männlicher Klient, kann es sein, dass der Klient zu sehr in die Inszenierung seiner Mutterbeziehung hineingerät, aber das hängt natürlich auch davon ab, ob und inwieweit die Therapeutin es zulässt. Oft ist es für Männer besser, zu Männern zu gehen, insbesondere wenn sie eine problematische Vater-Beziehung hatten. Dann haben sie in der Therapie mit einem männlichen Therapeuten die Gelegenheit, diese Problematik zu bearbeiten. Ein Mann wird das besser verstehen als eine Frau, denn die Vater-Sohn-Beziehung ist ganz anders als die Mutter-Sohn-Beziehung.

Manchmal kann es aber auch gut sein, wenn ein Mann bestimmte Themen mit einem männlichen Therapeuten, andere mit einer weiblichen Therapeutin bearbeitet. Wie gesagt, es gibt keine allgemeingültigen Regeln, nur Tendenzen.

Eine weitere Bedeutung kommt dem Thema zu, das ich „Der Therapeut als Zeuge" nennen will. Für die traumatischen Erlebnisse, die wir als Therapeuten mit unseren Klienten bearbeiten, gibt es oft keine *Zeugen*. Dies kann einer der Gründe dafür sein, warum ein Ereignis traumatisch ist.

Wird eine Tochter von ihrem Vater sexuell missbraucht, die Mutter bemerkt es und stellt den Vater zur Rede, dann wird sie zur *Zeugin* des Vorfalls. Sie leitet die notwendigen Schritte ein, damit der Missbrauch beendet wird und hilft ihrer Tochter, das Geschehene zu verarbeiten. Wenn jedoch eine Mutter so tut, als bemerke sie nichts, dann verweigert sie sich ihrer Tochter als Zeugin, abgesehen von allen anderen Implikationen. Sie steht dann ihrer Tochter als Zeugin nicht zur Verfügung.

Wir verarbeiten traumatische Ereignisse besser, wenn es einen Zeugen dafür gibt. Wenn es jemanden gibt, der unsere Wahrnehmung, unser Erleben, teilt und bestätigt und mit dem wir darüber sprechen können. Jemand, der sagt: „Ja, genauso war es."

Wenn wir ein traumatisches Ereignis aus unserer Vergangenheit mit einem Therapeuten bearbeiten, so wird dieser quasi nachträglich zum Zeugen des Geschehens und kann auch dadurch dem Klienten helfen, das Ereignis besser zu verarbeiten. Jetzt gibt es außer dem Betroffenen noch jemanden, nämlich den Therapeuten, der *Zeugnis ablegen* kann über das, was geschehen ist.

An dieser Stelle möchte ich noch ein paar Worte zu dem „false memory syndrom" (auf deutsch etwa: „Syndrom falscher Erinnerung") anmerken. Vor einigen Jahren wurde viel darüber geschrieben, dass Erinnerungen an traumatische Ereignisse aus der Kindheit, insbesondere an sexuellen Missbrauch, „falsch" sein könnten, dass also Klienten sich an etwas erinnerten, das in Wirklichkeit nicht stattgefunden habe.

Ich habe in meiner Praxis keinen einzigen Fall eines „false memory syndroms" gefunden. Was ich jedoch gefunden habe, sind Deckerinnerungen. Dies sind Erinnerungen, die andere, schlimmere Erinnerungen überdecken. Ich habe in therapeutischen Sitzungen erlebt, dass Klienten sich an etwas erinnern, dass sich beim genaueren Nachfragen als Deckmantel für etwas viel Schlimmeres herausstellte. Wenn

Klienten Deckerinnerungen produzieren, so tun sie das immer, um jemanden zu schützen, entweder ein Elternteil, einen anderen Familienangehörigen oder sich selbst. Wenn das, was wirklich geschehen ist, so schlimm und so außerhalb jedes normal Fassbaren liegt, dann kann es geschehen, dass Deckerinnerungen produziert werden. Ich habe es selten erlebt, aber es ist vorgekommen.

Ich habe aber noch nie erlebt, dass ein Klient in seiner Erinnerung etwas Schlimmeres produziert als das, was tatsächlich stattgefunden hat. Das ist mir sehr wichtig zu betonen. Es dauert sowieso Jahre oder Jahrzehnte, bis Klienten in Therapie gehen und zögernd und zaghaft schlimme Ereignisse aus ihrer Kindheit preisgeben. Es gehört viel Mut dazu, denn normalerweise haben sie große Angst, solche Dinge preiszugeben. Einige haben immer noch Angst, von ihren Eltern bestraft zu werden, wenn sie über Familiengeheimnisse reden. Es ist nicht leicht, an das verschüttete Material heranzukommen. Insofern erscheint es mir wie Hohn, einem solchen Menschen gegenüber, der viele – innere und äußere – Hürden überwinden musste, um sich überhaupt in Therapie zu begeben und der Jahre oder Jahrzehnte einem enormen Leidensdruck ausgesetzt war, von „false memory syndrom" zu sprechen.

Meinem Empfinden nach hängt das „false memory syndrom" eher mit den Therapeuten als mit den Klienten zusammen. Ich denke, dass es Therapeuten gibt, die bestimmte leidvolle Erfahrungen ihrer Klienten einfach nicht ertragen, vielleicht weil sie selber solche Erfahrungen verdrängt haben. Dann ist es natürlich leicht, solches Material unter dem Motto „false memory syndrom" abzulegen. Dann ist die Welt des Therapeuten wieder in Ordnung, er muss sich nicht mit eigenen verdrängten Themen auseinandersetzen und auch nicht das tiefe Leid eines anderen Menschen aushalten.

Als letztes möchte ich noch etwas zum Thema „die schnellen Heiler" sagen. Es gibt Therapeuten, die unrealistische Heilungsversprechen abgeben. Heilungsprozesse sind meiner Erfahrung nach Prozesse, die ihren eigenen Rhythmus haben und ihre eigene Zeit benötigen. Wenn ein Therapeut behauptet, er habe viele Klienten geheilt, nur bei demjenigen, der gerade vor ihm sitzt, funktioniere es nicht, dann gibt es einen berechtigten Grund für Misstrauen. Heilung hat meist mit Heilung der Gefühle zu tun, und emotionale Prozesse verlaufen langsam. Oft langsamer, als uns lieb ist. Manchmal ändert sich plötzlich der Rhythmus, und es geht schneller. Dann auch wieder langsamer. Warum es bei dem einen Menschen schneller geht und bei dem anderen langsamer, das mag viele Gründe haben. Einige kennen wir, andere nicht.

Meine Klientin Clarissa war bei einer Verhaltenstherapeutin in Behandlung, bevor sie zu mir kam. Sie hatte sich wegen einer schweren Klaustrophobie in Therapie begeben. Nachdem einige Therapiestunden vergangen waren, ging es ihr immer noch nicht besser. Sie sprach mit der Therapeutin darüber, und diese sagte ihr, dass ihre Methode bei allen Klienten gewirkt habe, nur bei Clarissa nicht.

Clarissa brach daraufhin die Behandlung ab. Nicht nur, dass ihr Symptom sich nicht verbessert hatte, sondern jetzt litt sie auch noch unter einer Verschlechterung ihres Selbstwertgefühles und hatte Zweifel, ob sie etwa nicht therapiefähig sei.

Ich nahm ihr ihre diesbezüglichen Zweifel. Wir begannen mit der Arbeit und fanden nach kurzer Zeit in einer Rückführung heraus, dass sie in ihrer Kindheit wiederholt von ihren Eltern in einen kleinen Raum eingesperrt und dort alleine gelassen worden war. Als wir dies bearbeitet hatten, ließ ihre Phobie deutlich nach. Clarissa hatte immer wieder Träume von kleinen Räumen gehabt, aber die Verhaltenstherapeutin bezog diese nicht in die Therapie mit ein.

Oberflächlichkeit und eine anmaßende Haltung seitens des Therapeuten können ausgesprochen schädlich wirken. Heilung ist etwas, das in der Zusammenarbeit zwischen

Klient und Therapeut geschieht. Es gibt viele Faktoren, die für den Erfolg bzw. Misserfolg dieser Zusammenarbeit ausschlaggebend sind.

Wir alle sehnen uns manchmal nach jemandem, der uns den Weg weist und uns scheinbar etwas abnimmt. Das ist jedoch eine Illusion. Kein Therapeut, kein Arzt oder Heiler kann uns etwas abnehmen. Diese Menschen können uns nur begleiten und ihre Kenntnisse und Erfahrungen nach bestem Wissen und Gewissen zur Verfügung stellen. Deshalb sollten wir vorsichtig sein bei Heilern, die eine schnelle Heilung versprechen oder die uns scheinbar etwas abnehmen. Das funktioniert auf Dauer meist nicht.

Aber auch hier sei gesagt, dass es Ausnahmen gibt. Es gibt sicherlich „Wunderheiler", die bereits in einer Behandlung Auflösung von körperlichen oder psychischen Symptomen erreichen. Aber das ist nach meiner Erfahrung eher die Ausnahme als die Regel.

Was die Seite des Klienten anbetrifft, so glaube ich, dass die Wahl des Therapeuten und der therapeutischen Methode auch etwas mit dem Selbstbild und der Wertschätzung sich selbst gegenüber zu tun hat. Ein Mensch, der es *sich wert ist*, seine verschüttete Geschichte kennen zu lernen und seine seelischen Verletzungen zu heilen, wird mit Sicherheit einen anderen Therapeuten finden als jemand, der sich nur wieder „funktionsfähig" machen will.

Wenn jemand wirklich verstehen will, was mit ihm passiert ist, was zum Ausbruch bestimmter Symptome oder zur Ausprägung bestimmter Verhaltensweisen geführt hat, dann braucht er einen Therapeuten, der ihn auf dieser Reise hin zu sich selbst begleitet, einen Therapeuten, der nicht als vordergründigstes Ziel hat, den Klienten wieder funktionsfähig zu machen, sondern der mit ihm zusammen auf die Entdeckungsreise der verdrängten Geschichte des Klienten geht, wo immer diese auch hin führen und was immer das auch für Konsequenzen für das Leben des Klienten haben mag.

6.
Ausblick und Perspektiven

Ich glaube, dass verschiedenste Lebensbereiche der Heilung bedürfen. Ich beginne mit einem Bereich, in dem es viele Verletzungen gibt, nämlich mit der Sexualität. Wenn wir diesen Bereich unseres Lebens heilen, dann hat das eine große Bedeutung für uns selbst, für unsere Beziehungen und für unsere Kinder.

Sexualität ist in meinen Augen heilig. Es gibt eine spirituelle Sexualität, die mit Liebe, Achtung, Hingabe und Treue verbunden ist und die befreit ist – oder zum großen Teil befreit ist – von allem Ballast der Vergangenheit, von Missbrauch, Demütigungen, Erniedrigungen, Hass und Angst. Diese Sexualität ist heilsam. Sie findet in Liebesbeziehungen zwischen zwei Partnern statt, die sich als Mann und Frau lieben, oder in gleichgeschlechtlichen Beziehungen, in denen sich zwei Menschen in Liebe zugetan sind. Wenn sich zwei Menschen in Liebe und Hingabe miteinander verbinden, so entsteht etwas Drittes. Dieses Dritte kann, muss aber nicht unbedingt, ein Kind sein. Es können auch Ideen, Projekte, Liebe und Heilung sein. Sexualität ist ein kreativer Akt, und die Gebärmutter einer Frau kann vieles hervorbringen. Kinder sind nur eines davon. In jedem liebevollen und innigen Sexualakt wird etwas *gezeugt*, das für die Entwicklung der beiden Liebenden hilfreich ist.

Wenn zwei Menschen sich in diesem Bewusstsein verbinden, so ist das etwas völlig anderes, als wenn sich nur zwei Körper verbinden. Nach einem sexuellen Akt, in dem es nur eine körperliche Vereinigung gegeben hat, die seelische aber gefehlt hat, fühlt man sich oft leer, allein und getrennt. Es gibt Gefühle von Ekel oder Schuld. Wenn jedoch eine körperliche *und* seelische Vereinigung stattgefunden hat, fühlt man sich erfüllt, glücklich, leicht, beschwingt und mit sich selbst, dem Partner und dem Universum verbunden.

Manchmal denke ich, dass einer der unbewussten Hintergründe des gegenwärtigen Sex-Kultes die Suche nach dieser Art von körperlicher Liebe ist. In Wirklichkeit geht es wahrscheinlich weniger um bestimmte Stellungen oder wie oft man in der Woche Sex hat, es ist vielmehr so, dass unsere Seelen ahnen, wie viel Heilungspotenzial und Erfüllung in einer Sexualität liegt, bei der sich zwei Menschen in Achtung, Liebe und Hingabe körperlich und seelisch miteinander vereinigen. Es gibt ein verborgenes Wissen in uns allen über die heilenden Kräfte heiliger Sexualität.

Die Katholische Kirche erlaubt Sexualität nur zur Fortpflanzung. Damit leugnet sie das Heilungspotenzial lebendiger Sexualität und letztendlich auch die Kraft der Liebe zwischen zwei Menschen, nicht nur Kinder, sondern auch andere, heilsame Dinge zu zeugen. Sexualität – das Lebendige und Kreative schlechthin – wurde mit Sünde und Schuld verbunden. Dadurch wurden Sexualität und Lebendigkeit voneinander getrennt und die Menschen von einem großen Teil ihrer Lebenskraft abgeschnitten. Solche Menschen sind leicht zu manipulieren. Aber wir können und dürfen uns diese Art der Sexualität wieder zugänglich machen. Wir sollten es sogar, wenn wir glückliche, erfüllte und dauerhafte Beziehungen leben wollen.

Ein weiterer Lebensbereich, der der Heilung bedarf, sind die familiären und partnerschaftlichen Beziehungen. Für Männer und Frauen ist es wichtig, die Kindheitstraumata zu bearbeiten. Für Männer ist die Bearbeitung der Mutterbeziehung von besonderer Wichtigkeit. Das ist meist ein Stück Arbeit. Aber es lohnt sich. Männer, die ihre Mutterbeziehung klären konnten, haben meist zufriedenere Partnerinnen und leben in erfüllteren Beziehungen.

Außerdem ist es wichtig, dass sie sich bewusst machen, was sie eigentlich in der Beziehung zu einer Frau suchen. Was suchen sie in der Verbindung mit dem Weiblichen, und was suchen sie in der Sexualität? Wenn sie sich darüber bewusst werden, können sie unrealistische Wünsche revidieren und mit realistischeren Wünschen und Hoffnungen in eine Beziehung hineingehen. Sie können mehr Verantwortung für ihre eigenen seelischen Verletzungen und für ihre Heilung übernehmen und so ihre Partnerin entlasten.

Sie können sich einer heilenden Sexualität annähern und diese in einer von Liebe und Respekt getragenen Partnerschaft mit Hingabe und Behutsamkeit so gestalten, dass sie tatsächlich heilsame Wirkungen entfalten kann und nicht neue Traumatisierungen – entweder für sie selbst oder für die Frau – mit sich bringt. Sie können sich bewusst machen, dass sie selber eine innere Frau haben und diese wieder zum Leben erwecken. Wenn sie ihre eigene weibliche Seite entdecken und entwickeln, fühlen sie sich vollständiger und sind weniger abhängig von Frauen im Äußeren. Dann können Liebesbeziehungen wirklich „Liebesbeziehungen" sein und nicht Abhängigkeitsbeziehungen.

Ein weiterer Bereich, der der Heilung bedarf, ist die Kommunikation. Wir *reden* oft viel, aber *sagen* wenig. Wir reden über belanglose Dinge, oder wir reden aus Angst oder Unfähigkeit am Eigentlichen vorbei. Offene, liebevolle Kommunikation kann man auch noch als Erwachsener lernen, selbst wenn die Kommunikation im Elternhaus nicht konstruktiv war.

Für Paare kann ich das Paargespräch empfehlen. Die hier beschriebene Variante des Paargespräches lehnt sich im Wesentlichen an die von Mathias Jung konzipierte Form an (Mathias Jung – Das sprachlose Paar). Das Paargespräch ist eine Form der Kommunikation, die es beiden Partnern erlaubt sich auszudrücken. Das Paargespräch sollte, um seine

Wirkung optimal entfalten zu können, in einen bestimmten Rahmen eingebettet sein. Das Paar schaltet alle äußeren Störfaktoren so weit wie möglich aus. Kinder sind im Bett, Telefon, Türglocke, Radio und Fernseher werden abgeschaltet, es wird nicht gegessen, geraucht oder gestrickt. Beide Partner wenden sich mit voller Aufmerksamkeit einander zu. Schon allein dieses volle Sich-Einander-Zuwenden hat meiner Erfahrung nach eine positive Wirkung auf die Partnerschaft.

Man stellt eine kleine Uhr in Sichtweite. Jeder der Partner hat etwa zwanzig Minuten Zeit, um sich auszudrücken. Dabei nimmt der andere Partner die Rolle des aktiv Zuhörenden ein, er sollte aber seinen Partner nicht unterbrechen. Das ist einer der Hauptunterschiede zwischen dem Paargespräch und einem „normalen" Gespräch. Im Paargespräch sollte man den Ausdruck der Gefühle und der Gedanken des Partners respektieren und ihm einfach zuhören. Bei normalen Gesprächen ist das oft schwierig. Wenn ein Partner den anderen permanent unterbricht, kann das Gespräch leicht entgleisen und zu einem Ping-Pong-Spiel werden. Man wirft sich gegenseitig die Bälle zu, versucht sich vor potenziellen Angriffen zu schützen – und geklärt wird letztendlich gar nichts.

Die Redezeit jedes Partners im Paargespräch beträgt also ungefähr zwanzig Minuten. Dabei sind Abweichungen nach oben und nach unten möglich, jedoch sollten sie im Rahmen bleiben. Mehr als eine halbe Stunde sollten die Ausführungen eines Partners nicht in Anspruch nehmen.

Was den Ausdruck der Gefühle und Gedanken der Partner anbetrifft, so gibt es ein paar Regeln, deren Einhaltung zum Gelingen des Gespräches beitragen kann. Erstens sollten möglichst Ich-Botschaften verwendet werden. Nehmen wir etwa an, eine Frau hat den Eindruck, der Mann wolle dauernd Sex. Dann ist es besser, sie sagt: „*Ich* habe das Gefühl, dass Du in letzter Zeit sexuell sehr bedürftig bist", als zu formulieren: „*Du* willst dauernd Sex."

Du-Botschaften sind häufig mit Vorwürfen gekoppelt, die den anderen in eine Abwehrhaltung bringen. Wenn man dagegen mit Ich-Botschaften operiert, ist die Chance größer, dass die Botschaft beim anderen ankommt, bevor seine Abwehrmechanismen greifen; und das ist letztlich das Ziel jeder Kommunikation, wirklich zum anderen vorzudringen und wahrhafte Verständigung zu erreichen.

Als zweites gilt es, die Regel der Stimmigkeit zu beachten. Wenn es starke Gefühle gibt, dann dürfen auch diese ausgedrückt werden. Es ist nicht notwendig, bei jedem Satz „Weichspüler" einzubauen. Die Botschaft sollte stimmig sein mit den Gefühlen des Sprechenden, mit der Situation und dem Thema, um das es geht.

Als drittes ist zu beachten, dass auch positive Dinge unbedingt eingebracht werden sollten. Mathias Jung, der das Paargespräch konzipierte, rät entschieden davon ab, dieses zu einer „Krisensitzung" zu machen. Es kann nützlich sein, am Anfang und am Ende des Paargesprächs positive Dinge zu erwähnen. Was hat einem gefallen? Was hat sich positiv entwickelt? Gab es schöne, lustige oder innige Situationen, die erwähnt werden sollten? Wenn man positive Dinge an den Anfang und das Ende des Paargespräches stellt, sind die Konflikt-Themen in einen konstruktiven Rahmen eingebettet.

Wenn ein Paar regelmäßig Paargespräche durchführt, so wird es Zeiten geben, in denen einer der Partner oder beide Partner Angst vor den Gesprächen haben, weil sie wissen, dass Konflikt-Themen zur Sprache kommen werden. Wenn akute Konflikte überwunden sind, kann es auch Zeiten geben, in denen sich beide Partner auf das Paargespräch freuen, weil sie wissen, dass viele positive Dinge zur Sprache kommen werden und beide sich gemeinsam über erreichte Ziele und Entwicklungen in ihrer Partnerschaft freuen und austauschen.

Jedes Paar wird seine eigenen Erfahrungen mit dem Paargespräch machen. Ich glaube, dass es ein gutes und nützliches Instrument für Paare ist, die es wirklich ernst miteinander meinen und eine gemeinsame Entwicklung innerhalb einer dauerhaften Beziehung anstreben.

Auch in Freundschaften oder unter Kollegen kann das Paargespräch eine gute Methode sein, um Konflikt-Situationen anzugehen. Ich kenne Menschen, die das Paargespräch in Freundschaften oder mit Kollegen zur Bereinigung von Konflikten verwendeten, meist mit sehr positiven Ergebnissen.

Das Paargespräch hat über die unmittelbare Konsequenz des Sich-Austauschens auch noch weitergehende Auswirkungen. Ich glaube, dass es die Kommunikationsfähigkeit eines Menschen insgesamt verbessert.

Wir leben in einer Gesellschaft, in der wir oft aneinander vorbeireden, uns gegenseitig „totreden" oder durch unangemessene und verletzende Kommunikation Beziehungen und Freundschaften aufs Spiel setzen. Wir alle haben hier zu lernen, insbesondere andere Menschen ausreden zu lassen, ihre Meinung zu respektieren, aber auch uns selbst Respekt zu verschaffen; dafür zu sorgen, dass man uns ausreden lässt, unsere Meinung respektiert und uns nicht „mundtot" macht.

Meine Klientin Susi erzählte mir von einer Freundin, von der sie sich oft wie mundtot gemacht fühlte. Sie wusste nicht, wie sie mit der Situation umgehen sollte, denn sie wollte die langjährige Freundschaft nicht verlieren. Sie hatte Angst davor, mit ihrer Freundin ein Gespräch darüber zu führen. Ich riet ihr, doch erst einmal ihre Empfindungen zu Papier zu bringen und der Freundin einen Brief zu schreiben.

Das, was Susi mit ihrer Freundin erlebte, ist kein Einzelfall. Ich höre das sehr oft. Menschen benutzen andere, um ihren seelischen „Müll" abzuladen. Das kann auf Dauer nicht gut gehen. Ein klärendes Gespräch kann helfen, die Chancen zu nutzen, die in den Konflikten liegen.

Wir haben oft die Tendenz, entweder alles mitzumachen oder eine Freundschaft zu beenden. Auch hier können wir in die Mitte kommen und uns den schwierigen Themen stellen. Eine Beziehung oder Freundschaft, in der schwierige Themen angegangen werden, kann wachsen und sich entwickeln. Wenn Freundschaften beendet werden, ohne dass ein klärendes Gespräch stattgefunden hat, so ist es doch meist so, dass wir die ungelösten und unausgesprochenen Themen mitnehmen und dann in der nächsten Freundschaft noch einmal Gelegenheit haben, diese anzugehen.

Die Verrohung der Kommunikation kann natürlich auch Ausdruck einer inneren Haltung von Egozentrismus und Gleichgültigkeit sein. Hier besteht viel Handlungsbedarf. Wenn jeder von uns die Kommunikation zu seinen engsten Bezugspersonen heilt, ist schon viel getan.

Vergessen sollten wir auch nicht, dass Kommunikation im Inneren beginnt. Wie sieht unser Dialog mit uns selbst aus? Welche Botschaften vermitteln wir uns selbst? Sagen wir zu uns selbst, wenn uns etwas misslungen ist: „Du blödes Stück, Du schaffst aber auch gar nichts." Oder trösten wir uns und sagen: „Mach' Dir nichts draus, Süße, Du hast Dein Bestes gegeben, und beim nächsten Mal wird es noch besser werden."

Die Heilung des inneren Dialogs geht meist einher mit der therapeutischen Bearbeitung der Kindheit und vergangener Leben. Wir reden oft so mit uns selbst, wie unsere Eltern mit uns geredet haben. Wenn wir entsprechende Situationen aus der Kindheit bearbeitet haben, in denen sich negative Glaubenssätze über uns selbst durch maßregelnde oder verurteilende Botschaften an uns gebildet haben, ändert sich der innere Dialog meist von selbst.

Welche Bereiche gilt es noch zu heilen oder zu transformieren?

Ich glaube, dass wir die Ganzheitlichkeit wieder entdecken können, in dem wir uns wieder bewusst machen, dass alles mit allem zusammenhängt. Wir leben in einer Kultur, in der über Jahrtausende alles in verschiedenste Bereiche zerstückelt wurde. Die Landschaft ist ein Beispiel, die Medizin ein weiteres. Zerstückelnde Medizin aber, die nur einzelne Organe oder Symptome betrachtet, so hoch technisiert sie auch sein mag, kann oft nicht mehr heilen, denn Heilung sollte den ganzen Menschen einbeziehen. Wir sollten eine ganzheitliche Medizin wieder entdecken, die den Zusammenhängen zwischen körperlichen Symptomen und der Geschichte eines Menschen nachgeht und diese Zusammenhänge in die Behandlung mit einfließen lässt.

Diese Zerstückelung findet sich natürlich auch in jedem von uns. Je mehr wir uns dessen bewusst werden, desto mehr Möglichkeiten haben wir, ihr entgegenzuwirken. Viele von uns sind durch die traumatischen Erlebnisse in diesem und in vergangenen Leben in mehrere oder sogar viele Teile gespalten. Wenn wir diese Erlebnisse bearbeiten und es schaffen, die Teile wieder zusammenzufügen, dann werden wir wieder zu dem, was wir sein können und was eigentlich in uns angelegt ist, dann finden wir unsere Kraft, unsere Lebensfreude wieder, und dann *fühlen* wir, was richtig für uns ist. Wenn wir selber *fühlen*, was für uns gut ist, dann benötigen wir weniger Gurus und Führer im Äußeren, weil wir eine Göttliche Führung im Inneren besitzen.

Wenn viele Menschen in unserer Gesellschaft ihre Wunden heilen und zu reifen Menschen werden, die sich selbst und andere lieben und respektieren und die sich über die Entwicklung ihrer Seele über viele Leben hinweg bewusst sind, wird unsere patriarchale Gesellschaft langsam andere Formen annehmen und in eine neue Struktur münden. Ich weiß noch keinen Namen für diese neue Gesellschaftsform, denn sie wird weder ein Patriarchat noch ein Matriarchat sein.

Vielmehr wird es eine Art und Weise des Zusammenlebens sein, in der weniger Gewicht auf Herrschaftsverhältnissen und mehr Gewicht auf Partnerschaftlichkeit liegt. Damit meine ich Partnerschaftlichkeit zwischen Mann und Frau, zwischen Eltern und Kindern, zwischen Geschwistern und anderen Familienmitgliedern, zwischen Kollegen und zwischen Freunden. Jeder Mensch wird aufgrund seiner Entwicklung und Reife eine natürliche Autorität aufweisen, die von den anderen respektiert wird.

Literaturverzeichnis

Biddulph, Steve (1996): Manhood, Finch Publishing Pty, Sydney, deutsch: Männer auf der Suche, München: Beust.
Bowman, Carol (1997): Children's past lives, Bantam Books, New York, deutsch: Ich war einmal. München: Wilhelm Heyne (1998).
Chang, Stephen T. (1988): The Tao of Sexology – The Book of Infinite Wisdom. San Francisco: Tao Publishing, deutsch: Das Tao der Sexualität. München: Heinrich Hugendubel (1992)
Chopich, Erika J., und Margaret Paul (1990): Healing your Aloneness. New York: Harper Collins, deutsch: Aussöhnung mit dem inneren Kind. Freiburg: Hermann Bauer (1993).
Dahlke, Ruediger (1999): Krankheit als Sprache der Seele. München: Wilhelm Goldmann.
Dahlke, Ruediger (1992): Krankheit als Sprache der Seele. München: C. Bertelsmann.
Dahlke, Ruediger (2000): Krankheit als Symbol. München: C. Bertelsmann.
Davison/Neale (1996): Abnormal Psychology. New York: John Wiley & Sons, deutsch: Klinische Psychologie. Weinheim: Psychologie Verlags Union (1996).
Dethlefsen, Thorwald / Dahlke, Ruediger (1983): Krankheit als Weg. München: C. Bertelsmann.
Freud, Sigmund (1896): Briefe an Wilhelm Fließ, Frankfurt: S. Fischer.
Freud, Sigmund (1896): Zur Ätiologie der Hysterie, in: Freud, Gesammelte Werke, Bd. 1, Frankfurt: S. Fischer (1972)
Freud, Sigmund / Josef Breuer (1896). Studien über Hysterie, in: Freud, Gesammelte Werke, Bd. 1. Frankfurt: S. Fischer (1972)
Gershom, Yonassan (1992): Beyond the Ashes. Virginia Beach: ARE Press, deutsch: Kehren die Opfer des Holocaust wieder? Dornach 1997.
Gruen, Arno (2000): Der Fremde in uns. Klett-Cotta Verlag
Herman, Judith Lewis (1993): Die Narben der Gewalt. München: Kindler
Jung, Mathias: (1996): Das sprachlose Paar. Lahnstein: Emu Verlag
Kenyon, Tom, und Judi Sion (2002): The Magdalen Manuscript, ORB Communications, deutsch: Das Manuskript der Magdalena. Burgrain: Koha.

Klinghardt, Dietrich (1996): Lehrbuch der Psycho-Kinesiologie: ein neuer Weg in der psychosomatischen Medizin. Freiburg i. Br.: Bauer

Kreisman, Jerold J. und Straus, Hal (1989): I hate you – Don't leave me. Understanding The Borderline Personality, Los Angeles: Price Stern Sloan, deutsch: Ich hasse Dich, verlass' mich nicht. Die schwarz-weiße Welt der Borderline-Persönlichkeit. München: Kösel (1992)

Michel, Peter (2003): Karma und Gnade.

Miller, Alice (1979): Das Drama des begabten Kindes. Frankfurt: Suhrkamp

Miller, Alice (1980): Am Anfang war Erziehung. Frankfurt: Suhrkamp

Miller, Alice (1981): Du sollst nicht merken. Frankfurt: Suhrkamp

Nabokov, Vladimir (1976): Lolita. Reinbek: Rowohlt

Netherton, Morris, und Nancy Shiffrin (1978): Past Lives Therapy. New York: William Morrow & Co., deutsch: Bericht vom Leben vor dem Leben. Frankfurt: Ullstein (1990)

Northrup, Christiane (1994): Women's bodies, women's wisdom, New York: Bantam Books, deutsch: Frauenkörper, Frauenweisheit. München: Zabert Sandmann (1994)

Rijnaarts, Josefine (1987): Dochters van Lot. Amsterdam: An Dekker, deutsch: Lots Töchter. Über den Vater-Tochter Inzest. Hildesheim: Claassen (1988)

Rinpoche, Sogyal (1994): The Tibetan Book of Living and Dying. New York: Harper Collins, deutsch: Das Tibetische Buch vom Leben und vom Sterben. Bern: Scherz (1996)

Rush, Florence (1984): Das bestgehütete Geheimnis: Sexueller Kindesmißbrauch. Berlin: Orlanda Frauenverlag

Rutter, Peter (1989): Sex in the forbidden zone. New York: Jeremy P. Tarcher, deutsch: Verbotene Nähe. Düsseldorf: Econ (1991)

Vallieres, Ingrid (1997): Praxis der Reinkarnationstherapie. Stuttgart: Naglschmid

Weiss, Brian L. (2001): Liebe kennt keine Zeit. München: Ullstein Taschenbuch

Wilson Schaef, Anne (1987): When Society Becomes an Addict. San Francisco: Harper & Row, deutsch: Im Zeitalter der Sucht. München: dtv (1991)

Wilson Schaef, Anne (1989): Escapy from Intimacy. San Francisco: Harper & Row, deutsch: Die Flucht vor der Nähe. München: dtv (1992)

Wolf, Naomi (1990): The Beauty Myth. London: Chatto & Windus, deutsch: Der Mythos Schönheit. Reinbek: Rowohlt (1991)

Woolger, Roger (1987): Other Lives, Other Selves. New York: Doubleday, deutsch: Die vielen Leben der Seele. München (1992)

REINKARNATION

Joanne Klink
Früher, als ich groß war
Reinkarnationserinnerungen von Kindern
Pbk., 264 Seiten, SBN 3-89427-024-1

Im Volksmund sagt man, kleine Kinder besäßen noch ihre „Himmelsaugen" und meint damit, dass sie Bürger zweier Welten sind.
Joanne Klink trägt in ihrem lebendigen und von kindlicher Lebensfreude und Unschuld geprägten Buch eine Fülle von Berichten zusammen, in denen Kinder von ihren Erinnerungen an frühere Leben erzählen. Gerade in der kindlichen Reinheit und Unverbildetheit wurzelt die beeindruckende Überzeugungskraft dieses Buches. Die kindliche Seele sprudelt über, zeigt sich in Bildern und Worten und legt so Zeugnis ab für die uralte Weisheitslehre von Tod und Wiedergeburt.